智慧景区建设指南

中国风景名胜区协会 主编

中国建筑工业出版社

图书在版编目（CIP）数据

智慧景区建设指南 / 中国风景名胜区协会主编.
北京 ：中国建筑工业出版社，2025. 5. -- ISBN 978-7
-112-31207-8

Ⅰ. F592.3-39

中国国家版本馆 CIP 数据核字第 2025QD0135 号

责任编辑：王晓迪
责任校对：张惠雯

智慧景区建设指南

中国风景名胜区协会　主编

*

中国建筑工业出版社出版、发行（北京海淀三里河路9号）
各地新华书店、建筑书店经销
北京光大印艺文化发展有限公司制版
建工社（河北）印刷有限公司印刷

*

开本：787毫米×960毫米　1/16　印张：25¾　字数：343千字
2025年5月第一版　2025年5月第一次印刷
定价：**88.00**元
ISBN 978-7-112-31207-8
（43912）

编委会

顾　　问：张永利　　信宏业　　郝　力
主　　编：党安荣
副 主 编：梁　焱　　左　齐　　王飞飞　　赵旭伟

编写人员：崔宇迪、宋磊、陈斌、张海平、王春鹏、王勇、苏元元、邵先国、廖丹、徐千倩、张可、汤云超、王敏、张宏基、李洪鹏、第宝锋、王曹栋、程序、陈晨、关丹丹、彭思龙、曲葳、陈冰凌、曾雅婕、张冬益、陈国强、蔡鸿、张利霞、张思国、孙行君。

参编单位：中国风景名胜区协会智慧景区专业委员会、清华大学、四川川投智胜数字科技有限公司、北京清华同衡规划设计研究院有限公司、中国电子工程设计院有限公司、黄山风景区管理委员会、泰安市泰山风景名胜区管理委员会、修武县云台山风景名胜区管理局、杭州西湖风景名胜区综合指挥保障中心、青岛市崂山风景名胜区管理局公共服务中心、中林信达（北京）科技信息有限责任公司、杭州西湖大数据运营有限公司、河南华景乐游电子科技有限公司、华夏票联（北京）科技有限公司、中华通信系统有限责任公司河北分公司、山东融城互通数据服务有限公司、四川领创数智科技有限公司。

　　我国风景名胜区作为国家依法设立的自然和文化遗产保护区域，承载着华夏文明的丰厚积淀和发展足迹，是世界自然与文化的中华博物馆。1982 年，第一批中国风景名胜区设立，耕耘 40 余载，中国风景名胜区在生态保护、文化传承、审美启智、科学研究、旅游休闲、区域促进等方面取得了诸多瞩目的成就，为人类提供了卓越的生态伦理和文化智慧。

　　截至目前，全国有 244 个国家级、807 个省级风景名胜区，总面积 22.4 万平方千米，占全国陆地总面积的 2.3%。在 244 个国家级风景名胜区中，绝大部分具有丰富的自然与文化资源，有世界级价值和影响。各级风景名胜区的保护和建设，有效地带动了景区及周边旅游的发展和区域居民脱贫致富，为促进地方经济社会可持续发展作出了巨大贡献。

　　我国风景名胜区在建立伊始借鉴了国外国家公园规划、建设、管理的理念和制度，在漫长的发展过程中，依据科学规划、统一管理、严格保护、永续利用的原则，根据我国国情和历史文化差异不断守正创新，形成了鲜明的中国特色。随着新一轮科技革命与产业变革加速演进，中国经济发展迈入新常态，在从高速度转向高质量、从"重视数量"转向"质量提升"、从"规模导向"转向"结构更新"、从"要素集聚"转向"创新升级"的新形势下，数据作为要素资源的地位愈发凸显。风景名胜区也处于新发展时期，迫切需要创建新服务、新活动和新管理模式。站在建设数字中国和智慧社会的战略交会点，风景名胜区的数字化转型与智慧化发展成为高质量发展的重要引擎。

　　2020 年国务院常务会议明确提出了要支持建设智慧景区，指导景区应用科技成果提高服务能力和管理水平;《中华人民共和国国民经济和社会发展第十四个五年规划和2035年远景目标纲要》提出了"建设景区监测设施和大数据平台"等景区智慧化的重点任务;《"十四五"林业草原保护发展规划纲要》部署了自然保护地体系"实行综合监测、智慧监管,建成高水平高效率的林草生态网络感知系统";2023年,《数字中国建设整体布局规划》颁布,强调"以数字化驱动生产生活和治理方式变革,打造自信繁荣的数字文化、建设绿色智慧的数字生态文明",从宏观层面为风景名胜区数字化转型、智慧化发展提供了重大的政策指导和实施方向。

智慧景区建设的目的是实现资源保护数字化、经营管理网络化、游客服务泛在化、社会服务智慧化,以数据带管理、促保护、增效益,助力景区形成生态、文化、社会、经济的可持续发展新格局。随着科技的不断进步和数字化转型的加速,智慧景区建设已成为风景名胜区未来发展的重要方向。为适配风景名胜区新时代发展需求和信息通信技术发展驱动,指导风景名胜区稳步开展智慧景区建设,进一步提高风景名胜区保护、管理和服务水平。2022年,中国风景名胜区协会经研究审议,组织部分国内智慧景区建设取得一定成绩和经验的风景名胜区、核心技术企业、大专院校、科研院所、行业协会、领域专家等开始《智慧景区建设指南》(以下简称《指南》)编制工作。

编制期间,编制组进行充分调研,从风景名胜区建设需求分析和顶层设计出发,强化系统思维与统筹发展,通过明确维度和量化指标进行指导,以数据为核心,夯实信息基础设施建设,打造风景名胜区数据平台,聚焦智慧大脑发展,以推动应用服务的落地实施,同时配套完善的保障体系,对智慧景区建设项目进行全过程管控,以确保智慧景区建设顺利推进。同时,本《指南》以景区智慧票务、一网统管、智慧交通、森林防火、旅游服务、韧性决策分析等方向为切入点,通过浙江西湖、河南云台山、四川峨眉山、四川青城山—都江堰、四川九寨沟、吉林长白山等智慧景区建设成果，展现了理论内涵在现实应用中的成效，更加有效地指导实践工作。

本《指南》的编制是在综合考虑社会、经济、自然、文化、科技等多方面要素的基础上，坚持智慧景区建设战略导向、问题导向、需求导向，致力于给风景名胜区行业从业者带来实用、有效的智慧景区建设指引，同时激发更多的启迪与思考。目前科学技术迭代频繁，部分新技术应用场景尚不够成熟，因此，本《指南》未对相关内容进行深入探讨，仅做简要提及，以期引起相关各界的重点关注，并进行提前布局规划。

本《指南》后期将根据实际情况不断完善和更新，以适应不断变化的新需求和技术发展，我们将通过公众号和在线学习平台，不定期推送最新技术和产品、典型案例和研究成果；也期待各界在实践中不断总结经验，对《指南》提出宝贵意见和建议，共同推动智慧景区的建设和发展。

《智慧景区建设指南》编委会

2024 年 11 月 28 日

目录

■ 1　智慧景区概述 ·· 1
　1.1　定义内涵 ··· 2
　1.2　发展历程 ··· 6
　1.3　发展趋势 ··· 26

■ 2　需求分析与顶层设计 ·· 31
　2.1　总体设计方法 ·· 31
　2.2　需求分析 ··· 32
　2.3　总体原则 ··· 41
　2.4　建设目标 ··· 43

■ 3　总体技术框架 ·· 46
　3.1　概述 ·· 46
　3.2　信息基础设施 ·· 49
　3.3　景区数据平台 ·· 50
　3.4　景区智慧大脑 ·· 52
　3.5　应用服务体系 ·· 53
　3.6　保障体系 ··· 56

■ 4　信息基础设施 ·· 59
　4.1　概述 ·· 59
　4.2　物联感知设施设备 ·· 62
　4.3　基础网络 ··· 76

4.4 数据中心 ·· 82

4.5 指挥调度中心 ·· 93

■ 5 景区数据平台 ·· 103

5.1 概述 ·· 103

5.2 数据平台架构 ·· 106

5.3 数据平台建设 ·· 108

5.4 数据标准规范 ·· 130

5.5 数据权限与安全 ·· 136

5.6 平台实施分类说明 ·· 140

■ 6 景区智慧大脑 ·· 141

6.1 概述 ·· 141

6.2 算力平台 ·· 144

6.3 智能平台 ·· 147

6.4 决策平台 ·· 155

■ 7 智慧资源保护 ·· 161

7.1 概述 ·· 161

7.2 生物多样性监测 ·· 164

7.3 文化保护监测 ·· 165

7.4 生态环境监测 ·· 167

7.5 自然灾害监测 ·· 169

7.6 森林防火监测 ·· 178

■ 8 智慧景区管理 ·· 182

8.1 概述 ·· 182

8.2 运行管理 ·· 188

8.3　游客管理 ··· 194

8.4　交通管理 ··· 197

8.5　安保管理 ··· 202

8.6　应急管理 ··· 207

■ 9　智慧景区服务 ··· 215

9.1　概述 ·· 215

9.2　信息服务 ··· 219

9.3　游览体验 ··· 220

9.4　快捷服务 ··· 223

9.5　咨询投诉 ··· 225

9.6　应急救援 ··· 227

9.7　涉旅企业 ··· 227

9.8　旅游管理 ··· 229

■ 10　智慧景区营销 ··· 230

10.1　概述 ··· 230

10.2　营销渠道 ·· 233

10.3　营销体系 ·· 234

10.4　营销分析 ·· 238

10.5　营销评价 ·· 240

■ 11　智慧创新应用 ··· 243

11.1　概述 ··· 243

11.2　技术创新 ·· 245

11.3　实践创新 ·· 248

11.4　协同创新 ·· 252

11.5　成果管理 ·· 254

■ **12 保障体系** 257

  12.1 概述 257

  12.2 顶层设计 258

  12.3 组织保障 260

  12.4 安全保障 262

  12.5 运行保障 264

  12.6 标准规范 265

  12.7 后期保障 268

■ **13 智慧景区建设项目全过程管控** 270

  13.1 概述 270

  13.2 立项阶段 272

  13.3 招标阶段 274

  13.4 建设阶段 275

  13.5 验收阶段 278

  13.6 运维阶段 279

  13.7 项目建设方式 280

  13.8 未来展望 283

■ **14 建设实践** 285

  14.1 云台山智慧票务平台 285

  14.2 西湖景区一网统管平台 306

  14.3 峨眉山景区智慧交通平台 321

  14.4 长白山国家级自然保护区森林防火智慧管理平台 341

  14.5 青城山—都江堰智慧景区旅游服务平台 367

  14.6 九寨沟景区韧性决策分析系统 385

参考文献 396

智慧景区概述

　　中国经济发展迈入新常态，在从"高速度"转向"高质量"、从"重视数量"转向"提升质量"、从"规模导向"转向"结构更新"、从"要素集聚"转向"创新升级"的新形势下，迫切需要景区提供新服务、开展新活动、建立新管理模式。同时，大数据、物联网、云计算、人工智能、5G 等新技术、新业态蓬勃发展，推动了景区的数字化、信息化、智能化建设，催生新兴产业业态，加快了新质生产力的发展。2020 年国务院常务会议明确提出了要支持建设智慧景区，指导景区应用科技成果提高服务能力和管理水平，《中华人民共和国国民经济和社会发展第十四个五年规划和 2035 年远景目标纲要》中对景区建设提出了"建设景区监测设施和大数据平台"等智慧化重点任务；国家林业和草原局、文化和旅游部等部门相继出台了《国家公园管理暂行办法》、《关于加快推进智慧景区建设的通知》等系列政策文件，也都强调了要鼓励发展智慧景区建设，实现智慧管理和服务。

　　生态环境是景区赖以发展的基础和内在动力，良好的自然环境是吸引旅游者前来的主要因素之一。自《中共中央　国务院关于加快推进生态文明建设的意见》发布以来，生态建设和环境保护逐渐成为新常态，景区的生态效应将得到极大的释放，智慧景区建设将成为生态文明建设的重要支撑。为了使景区内的生态资源最大化发挥生态效益，景区必须严格保护区域原始生态，禁止过度破坏和随意开发区域的生态资源，而智慧景区在监测、智能决策、动态管理等方面的优势是对生态保护最有力的，可以保障景区可持续发展。

党的二十大明确提出了要"推进文化自信自强","加大文化遗产保护力度",景区拥有众多宝贵的自然遗产、文化遗产资源,是中国文化传承的重要载体。无论文化遗产还是自然遗产,在其保护、管理、利用过程中,数字化展示与传播都有着重要作用。一方面,智慧景区建设通过数字化展示传播,有助于普及科学知识、提升综合素养、认同遗产价值、唤醒保护意识、促进保护传承、增强文化自信等,是践行文化强国的有效手段。另一方面,景区内所有产业模式不能缺少持续性的资源供给与维护,需要依靠原始生态和人文资源的充分协调和支撑,推动智慧景区全新产业模式顺利发展,实现具有带动性的区域产业的数字化转型,推动智慧景区内相关数字产业经济发展。

智慧景区基于物联网、智能感知、定位和监控技术,可主动、及时感知景区资源、活动、人员等各方面信息,对景区地理事物、自然资源、游客行为、景区人员行迹、景区基础设施进行全面、实时处理和可视化管理,使游客游玩过程更加顺畅,提高其舒适度和满意度,为游客提供更优质的服务。智慧景区将最新管理理念与最新技术成果高度集成,全面应用于景区管理,能够进一步优化再造景区的业务流程和运营模式,提高景区的管理质量和工作效率,从而更有效地保护景区资源,与环境、社会、经济三大方面进行更广泛的互联互通。

1.1 定义内涵

1.1.1 智慧景区内涵

在全世界"数字地球"理念向"智慧地球"理念转变的宏观战略背景下,"智慧景区"新理念应运而生,它是产业跨领域融合创新的产物,立足于传统景区规划,将环境与资源保护作为最终目标，以提升管理与服务为抓手，借助新一代信息网络技术来满足游客日益增长的物质文化等个性化需求。为促进中国景区的数字化、信息化建设发展，政府部门提供了较多的政策支持，早在2014年，《国务院关于促进旅游业改革发展的若干意见》（国发〔2014〕31号）中提出要制定旅游信息化标准、加快智慧景区建设，"智慧景区"建设等新理念被广泛认可并落地实践，《国民经济和社会发展第十四个五年规划和2035年远景目标纲要》中也强调了要推动景区的数字化建设。

自2010年起，中国学术科研界就开始探索研究智慧景区的概念与意义。在解读智慧地球、智慧城市概念的基础上，智慧景区可以认为是一种创新型景区管理系统，根据风景名胜区资源保护、业务管理、旅游经营、公众服务、决策支持的需要，景区建设的总体框架可以概括为"3个平台、5大系统、7项保障"[1]。智慧景区高度集成最新管理理念与最新技术成果（如物联网、云计算等），从经济、环境和社会三个方面对景区进行更广泛的互联互通、更透彻的精准感知和更科学的可视化管理[2]。智慧景区通过原始数据采集、数据传输转换、数据资源管理、数据信息分析和数据决策处理等智慧化手段，借助物联网等新兴技术，实现对景区自然和人文综合环境的精准感知和远程控制，从而优化日常管理和资源保护格局，最终实现智慧景区的长远发展和可持续化经营[3]。

综合智慧城市和智慧景区相关领域研究学者的观点结论和研究成果，本书中智慧景区的概念是指通过空天地遥感、传感网、物联网等信息技术对景区自然及人文资源、多种环境状况、游客行为状态、景区职工活动、景区基础设施和服务设施等进行全面、透彻、及时感知，对游客、景区工作人员实现可视化管理，辅助优化再造景区业务流程和智能化运营管理，同旅游产业上下游企业形成战略联盟，实现对自然资源和文化遗产的有效保护，提高服务质量，实现景区环境、社会和经济的全面、协调、可持续发展。

1.1.2 智慧景区的特征

1.1.2.1 借助物联感知技术，提升资源保护水平

当前，以信息技术为代表的科技革命不断取得重大突破，将现代信息技术与景区管理工作有机结合，对景区的资源保护是一种十分有效的技术手段，也是国家对智慧景区信息化与数字化建设的关键要求。

应用视频采集、热成像感知、野外定位、视频智能分析等技术，智慧景区能够对辖区内的气象变化、空气质量、水质变化、生态植被、自然地质变化进行长期监测，对客流量、车流量、天气变化进行科学严谨的大数据分析，形成"空天地"一体化全面感知体系和"一张图"监管平台，实现全地形、全天候、全方位监测和实时预警，在挖掘打造主题游览产品的同时，对稀有动植物、文物古迹、建筑景观等资源进行了有效保护。

1.1.2.2 利用移动互联技术，促进精细管理服务

景区数字化水平的提高赋能、景区治理和服务水平提升，使得景区的监管和服务更加精准细致，可以应用到游客个性化推荐、景区咨询与投诉、游客满意程度、景区经营情况、舆情管理等大数据分析上，有效提高景区和政府相关部门实时监控和执法监管的有效性、便利性和针对性，助力景区服务优化、景区管理决策和旅游行业指导。与此同时，新兴网络技术恰好可以满足游客的多元化需求，为游客旅游的吃、住、行、游、购、娱全过程提供便利服务，游客自助化水平逐渐提升，可通过景区官网、手机 App、小程序等自主获取相关信息并计划行程，最终快速完成"获取智慧景区旅游咨询—计划游览行程—景点人文知识查询—网络预订（虚拟体验）—旅游攻略分享"整个便捷简化的流程。景区通过开发线上工具，可直接为游客提供到目的地的导航功能、景区门票以及纪念品

的导购功能、景区内扫码讲解的导游功能等，使"一部手机游遍天下"的智慧景区最初畅想成真。

1.1.2.3　借助大数据技术，优化旅游供给产品

景区经营的飞速发展最终要回归到产品和服务的价值提升上，这些离不开大数据的支持，除了互联网信息技术外，大数据、云计算甚至人工智能等技术将帮助从业者挖掘与匹配客户需求，从而带来产品体验升级。与此同时，景区数字化转型优化了旅游产品供需对接模式，使得景区服务产品和景区营销的个性化程度逐渐提升。智慧景区将对游客来源、性别年龄、日常行为习惯、消费偏好等基础信息进行合法收集，并作用户画像分析，以便更精准、更有针对性地识别发现重点客源市场，识别并跟进追踪潜在旅游消费群体，精准投放广告，进行产品促销，推荐并提供有特色的差异化景区产品和景区服务。例如，通过大数据技术可以获知某一个智慧景区的主要客源地，了解其是以团队为主还是自驾游为主，以及旅游时间偏好（高峰期出行、错峰出行），再通过智能分析绘制景区游客用户画像，提高景区对目标客户的认知，有针对性地，进行多元化营销，从而达到有效吸引、有效达成交易等目的。

1.1.2.4　多元主体参与，构建协同运营模式

传统模式下，景区与景区之间、景区与相关产业之间以及景区内的跨部门协作机制尚未完全形成，外部孤立、内部割裂的现象较为普遍。智慧景区以平台资源联动产业，通过多套软硬件服务系统之间数据互联互通，与企业、政府等主体合作，实现可持续协同运营，摆脱单一的门票经济。例如景区与周边民宿、品牌酒店等协同运营，打通酒店门禁系统，推出一车入园等服务，让游客到景区以后不必再排队换票，可刷脸直接入园，实现不同酒店、景区、餐饮、交通等多运营主体之间的协同。未来，智慧景区的核心竞争力

不只在于其得天独厚的自然资源和人文建筑，更在于对多方资源的协同，使得景区内不同部门板块、不同产业以及不同运营主体密切协作，一方面为游客带来更好的体验，另一方面为从业者、投资商带来更好的机会。

1.1.2.5　标准化建设，支撑行业有序发展

当今社会各领域都紧跟步伐，积极将新一代信息技术融合在自身产业和服务的发展与创新中，在相关法律法规和政策文件暂未跟上新技术涌现以及旧技术改革的情况下，也需要相关标准与建设指南来暂时填补政策上的空白。因此，在一定的新兴技术发展基础、一定的行业规模和可复制推广的智慧景区建设经验基础上，应尽快推进智慧景区相关标准与建设指南的制定与推广。智慧景区标准制定，需要抓住全社会共同推进数字城市和数字政府等数字化转型建设的机遇，借助物联网、人工智能、大数据等新一代信息技术，全面提升旅游业务数字化转型，为智慧景区建设提供国家政策、行业信息、景区管理、设施技术和特色化服务等方面的框架支撑。同时，随着景区数字化应用的井喷式增长，数据安全和管理安全漏洞也层出不穷，也需要管理人员权衡数字化应用的利弊。因此，需要统筹制定智慧景区安全管理制度的标准规范，明确与落实主体责任。通过智慧化和标准化规范智慧景区的各项业务流程，科学化和标准化落实智慧景区评价考核机制，从根本上解决智慧景区发展的质量与安全问题，保障数据采集、数据传输、数据存储、数据共享、数据使用全过程的安全，全面提升旅游行业现代化转型过程中的综合治理能力。

1.2　发展历程

在数字化高速变革的时代背景下，国务院、文化和旅游部出台了多项政策鼓励智慧景区、智慧旅游建设。物联网、大数据技术、

5G 通信技术、人工智能技术等新一代信息技术被广泛应用到景区转型升级的过程中，为景区与游客之间的信息交互和诸多应用场景提供了有力支撑。各景区的智慧化建设也在有条不紊地进行，初步形成了不同方面的规范标准，为行业发展提供了宝贵的经验。

1.2.1 探索历程

20 世纪末至 21 世纪初，我国已经从国家层面开展了"数字化景区"建设工作。2004 年，"数字黄山"和"数字九寨沟"被列为建设部"十五"科技攻关重点项目数字景区示范工程；2006 年，建设部公布数字化景区建设试点名单，北京八达岭、吉林净月潭、江苏云台山等 18 个国家重点风景名胜区入选。2010 年 3 月，中国风景名胜区协会和中国电子学会公布数字化示范基地；同年 9 月，《住房和城乡建设部关于国家级风景名胜区数字化景区建设工作的指导意见》（建城函〔2010〕226 号）发布，提出要以数据中心和指挥调度中心为核心，整合景区管理资源，实现信息共享，推进风景名胜区信息化建设。随着智慧旅游概念兴起，"数字化景区"逐步被"智慧景区"概念所取代，同时，"国家大数据战略"提出，数字化转型和数据资产应用相关政策出台，业界对智慧景区的研究总量呈现不断上升趋势。国内对智慧景区的广泛研究始于 2010 年，主要集中在两个方面：一是在智慧地球、智慧城市大背景下，探讨智慧景区的概念、内涵、框架和评价等理论内容；二是针对具体景区的建设与应用研究，如基于物联网的九寨沟风景名胜区智慧景区建设研究、基于云计算的黄山风景名胜区建设研究等。

1.2.1.1 理论研究方面

党安荣等首先阐述了智慧景区的内涵，在此基础上提出了智慧景区建设的总体框架，以及智慧景区构建的五个层面，并将其概括为信息基础设施、数据基础设施、共享服务设施三个平台，资源保护、业务管理、旅游经营、公众服务和决策支持五个系统，管理政策、运行机制、资金投入、信息技术、规范标准、人才队伍和安全七大保障。葛军莲等提出了智慧景区发展中存在的问题，利用多元利益主体的利益诉求理论，对智慧景区智能服务体系进行构建，体现了利益主客体的关系在中国国情下的存在意义[3]。邓贤峰等人从智慧景区评价标准体系出发进行研究，首先给出评价的一般方法，再给出构建的基本思路，对体系术语进行了详细介绍，最后通过三级标准、多个维度对智慧景区的评价进行了细化，为智慧景区建设提供了较为有益的参考[4]。汪侠等构建了基于游客的智慧景区评价指标体系，运用模糊综合评价，对南京夫子庙进行了智慧景区的实证性评价[5]。对智慧景区的评价有较为多元的视角解读，除了传统的游客视角外，还有从生态旅游[6]、国土空间规划[7]等其他视角的评价，中国部分省份也已经结合地方特色制定了地方标准，但目前普适化的国家或行业标准还未正式发布。

1.2.1.2 实践应用方面

邓贵平等设计了基于物联网设备的视频巡航系统，主要特点为个性化定制地图联动、视频立案及分组巡航等。此系统已在九寨沟智慧景区得到了实际应用[8]。张菲菲指出，黄果树景区的智慧旅游发展主要应用于景区物联网建设、应用研究平台、电子商务网站和流量预测系统，并指出黄果树景区智慧旅游发展需加强景区服务、营销、管理水平和智慧建设[9]。李苗裔等在对智慧景区理念解读的基础上，以黄山风景名胜区为例，提出了社会性网络服务（social network service，简称 SNS）数据在满足智慧景区精明规划、精细管理、精准服务需求方面的可能性，构建了基于社会性网络服务的景区客流研究[10]；黄蔚欣等以黄山风景名胜区为例，利用 Wi-Fi 定位形成游客时空轨迹数据，进一步采用比较分析、频繁项集挖掘以及轨迹聚类等方法对景区春节及其前后的客流规律进行了研究[11]。吕燕指出智慧景区发展应结合大数据，从数据采集、数据挖掘入手，实现景区智慧服务、商务、生活、人才的精细化管理，提高旅游管理的水平和效率[12]。曾欣蕾以江西吉州窑景区为例，研究了文化遗产旅游地景区数字化转型的路径与对策，从数字技术、供给侧改革以及游客需求三个维度出发，提出可以通过完善景区数字化新基础设施建设、完善智慧平台建设、做好后续智慧运营、开发文旅特色产品等手段进行景区数字化转型[13]。

综上所述，目前，我国的智慧景区研究主要集中在两个维度，包括智慧景区的发展、概念、内涵、框架和评价体系等理论内容以及智慧景区的建设与应用研究。未来，深度融合新一代信息技术和对景区具体需求的满足将成为研究热点，随着技术应用研究的突破和政企资金的大量注入，构建综合、集成、全面的智慧景区是大势所趋。

1.2.2　相关政策

在建设数字中国、智慧城市、智慧园区等新兴技术赋能各产业的宏观背景下，国务院、国家发展和改革委员会、文化和旅游部[14]发布了一系列与智慧化、数字化建设相关的政策以及指导意见，为智慧景区的规划与建设创造了积极向好的政策环境，指引了智慧景区未来的改革发展方向（表1-1）。

智慧景区建设相关政策　　　　　　　　表1-1

发布时间	文件名称	发布单位	主要内容
2023年5月	《国家文物局文化和旅游部国家发展改革委关于开展中国文物主题游径建设工作的通知》	国家文物局、文化和旅游部、国家发展和改革委员会	鼓励技术创新，运用大数据、云计算、人工智能等技术提供可视化互动展示、沉浸式体验，以内容生动、形式活泼的呈现方式，增强文物主题游径的知识性、故事性、趣味性和启发性

续表 1-1

发布时间	文件名称	发布单位	主要内容
2023 年 4 月	《工业和信息化部 文化和旅游部关于加强 5G+ 智慧旅游协同创新发展的通知》	工业和信息化部、文化和旅游部	持续加强 5G 网络建设，逐步丰富景区 5G+ 智慧旅游应用场景，探索 5G+ 智慧营销与智慧管理新模式，打造示范标杆
2022 年 8 月	《"十四五"文化发展规划》	中共中央办公厅、国务院办公厅	大力发展智慧旅游，推进智慧景区、度假区建设
2022 年 6 月	《国家公园管理暂行办法》	国家林业和草原局	国家公园管理机构应当充分运用现代化技术手段，提高管理和服务效能，推动国家公园实现智慧管理和服务
2021 年 11 月	《住房和城乡建设部 国家文物局关于加强国家历史文化名城保护专项评估工作的通知》	住房和城乡建设部、国家文物局	各地应积极采用云计算、大数据、"互联网+"等新信息技术手段，加强对名城工作的动态管理，提高名城评估的效率和质量。鼓励有条件的地区结合专项评估工作需要，推动历史文化保护数据库、中华文化数据库建设，并做好与城市信息模型（CIM）基础平台和城市体检评估信息平台的衔接
2021 年 7 月	《"十四五"文化和旅游市场发展规划》	文化和旅游部	在线旅游行业数字化赋能行动。支持平台企业承担旅游服务新基建功能，引导旅游资源优化配置，以产品和内容为载体开展业态创新融合，赋能中小旅游企业创新发展，推动旅游企业数字化转型升级。实施"艺播"计划。充分利用市场力量，推动中华优秀传统文化数字化转型，引导文艺表演团体、文博机构、非遗传承人利用新媒体、新技术开展线上直播
2021 年 3 月	《国民经济和社会发展第十四个五年规划和 2035 年远景目标纲要》	国务院办公厅	深入发展大众旅游、智慧旅游，创新旅游产品体系，健全旅游基础设施和集散体系，强化智慧景区建设
2021 年 3 月	《加快培育新型消费实施方案》	国家发展和改革委员会等 28 个部门和单位	鼓励制定智慧旅游景区建设指南，完善分时预约、在线预订、流量监测、科学分流、无接触式服务、智能导游导览等功能

续表 1-1

发布时间	文件名称	发布单位	主要内容
2020 年 11 月	《文化和旅游部 发展改革委　教 育部　工业和信 息化部　公安部 财政部　交通运 输部　农业农村 部　商务部　市 场监管总局关于 深化"互联网＋ 旅游"推动旅游 业高质量发展的 意见》	文化和旅游部、 国家发展和改革 委员会等 10 个 部门	提出优化"互联网＋旅游"营商环 境，以数字赋能推进旅游业高质量 发展。意见提出，到 2025 年，国家 4A 级及以上景区基本实现智慧化转 型升级，全国旅游接待总人数和旅 游消费规模大幅提升
2020 年 11 月	《文化和旅游部 关于推动数字文 化产业高质量发 展的意见》	文化和旅游部	加快新型基础设施建设。支持面向 行业通用需求，建设数据中心、云 平台等数字基础设施，完善文化产 业"云、网、端"基础设施，打通 "数字化采集—网络化传输—智能 化计算"数字链条。加强 App、小 程序等移动互联网基础设施建设， 完善文化领域数字经济生产要素， 促进产业互联互通。主动对接新基 建，用好新基建政策、平台、技术， 提升数字文化产业发展水平。支持 5G、大数据、云计算、人工智能、 物联网、区块链等在文化产业领域 的集成应用和创新，建设一批文化 产业数字化应用场景
2019 年 12 月	《关于改善节假 日旅游出行环境 促进旅游消费的 实施意见》	国家发展和改革 委员会	大力发展"智慧景区"，鼓励智 慧景区建设，充分运用虚拟现实 （VR）、4D、5D 等人工智能技术打 造立体、动态展示平台，为游客提 供线上体验和游览线路选择，鼓励 各地积极提升智慧旅游服务水平， 重点推进门票线上销售、自助游览 服务，推进全国 4A 级以上旅游景 区实现手机应用程序（App）智慧 导游、电子讲解等智慧服务

续表 1-1

发布时间	文件名称	发布单位	主要内容
2018 年 3 月	《国务院办公厅关于促进全域旅游发展的指导意见》	国务院办公厅	推进服务智能化。涉旅场所实现免费 Wi-Fi、通信信号、视频监控全覆盖，主要旅游消费场所实现在线预订、网上支付，主要旅游区实现智能导游、电子讲解、实时信息推送，开发建设咨询、导览、导游、导购、导航和分享评价等智能化旅游服务系统
2018 年 3 月	《关于规范主题公园建设发展的指导意见》	国家发展和改革委员会	支持主题公园企业加强科技创新，充分调动社会各方面积极性，促进技术创新、业态创新、内容创新、模式创新和管理创新。支持利用数字技术、仿真、互联网等高新技术支撑文化内容、装备、材料、工艺、系统的开发和利用，加快技术改造步伐
2017 年 8 月	《住房城乡建设部关于进一步加强国家级风景名胜区和世界遗产保护管理工作的通知》	住房和城乡建设部	各省风景名胜区和世界遗产主管部门要逐步建立遥感监测体系，提升主动监管能力，强化对风景名胜区和世界遗产的动态监管，掌握风景名胜区和世界遗产的保护与利用状况，及时发现和制止破坏风景名胜和世界遗产资源的问题和行为

在国家部委的牵头带领下，各省各地区也在积极发布政策公告推动智慧景区建设与落地，如 2021 年浙江省发布《浙江省智慧景区建设导则》，促使属地风景名胜和人文景区在规定时间内加速完成数字化、智慧化、网络化等模式改革和服务升级；2021 年北京市发布了《智慧旅游景区基本要求及等级评定》（征求意见稿），将智慧景区划分为三个等级，由低到高依次为 A 级、AA 级、AAA 级，以评促改，以查促改，促使实现京内全域旅游景区智能化、规范化和产业化，最终实现景区长远发展和社会经济增长的联动效应[15]。在国家政策和行业标准的推动

下，智慧景区、"互联网＋旅游"正成为下一个行业趋势和领域热点，加强智慧景区建设已然是未来五年的重点工作，诸多利好政策必将推动智慧景区的发展，景区智慧化建设的优势将逐渐凸显。

1.2.3　技术应用

新技术不断创新与迭代，建立景区与游客、管理人员与景区基础设施、各基础设施之间的协同联系和关联互动是未来发展的重中之重。新一代信息技术正在不断刷新智慧景区的定义和概念。物联网、5G 通信、云计算、数字孪生、人工智能、边缘计算等新兴技术及各种衍生应用等技术的融合，创造出更高效、便捷、绿色、安全的新型生产工具，促进新质生产力发展，推动"智能＋"时代到来（图 1-1）。科技创新是加速形成和发展新质生产力的核心要素。近些年，国家特别强调科技创新的重要性，积极推动高校和企业产学研相结合，推动技术整合、产品迭代和系统升级，为智慧景区提供高技术含量、高可靠性、高经济性的顶层技术逻辑和底层设备基础，推动人类社会进入全面感知、可靠传递、智能处理、高效管理、精准决策的万物互联时代。

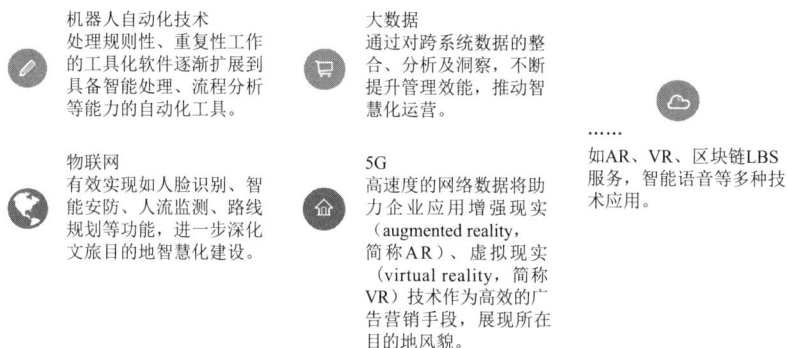

机器人自动化技术
处理规则性、重复性工作的工具化软件逐渐扩展到具备智能处理、流程分析等能力的自动化工具。

大数据
通过对跨系统数据的整合、分析及洞察，不断提升管理效能，推动智慧化运营。

物联网
有效实现如人脸识别、智能安防、人流监测、路线规划等功能，进一步深化文旅目的地智慧化建设。

5G
高速度的网络数据将助力企业应用增强现实（augmented reality，简称 AR）、虚拟现实（virtual reality，简称 VR）技术作为高效的广告营销手段，展现所在目的地风貌。

……
如 AR、VR、区块链LBS服务，智能语音等多种技术应用。

图 1-1　智慧景区技术应用

智慧景区设计和建设可通过选择以 5G 移动通信技术为代表的新一代信息技术促进技术与产业融合发展，支持随时随地随需地在线连接与交互，为景区基于开放协同资源共享的个性化服务、业务协作提供了机遇，可更好、更快、更方便地支撑智慧景区转型升级；借助基于互联网的开放、协作平台，为管理部门之间的交互、分享、协作提供了便利，为分散在不同地区的游客提供了分享信息、资源的途径。新质生产力的培育和发展离不开新技术、新主体、新机制、新动力和新场景的协同推进，需要不断创新的场域载体支撑。智慧景区为新质生产力的发展提供了新的市场需求，为新技术和新产业提供了更广阔的应用场景，为游客提供了多样化的消费体验。

1.2.3.1　机器人自动化技术提升景区运营效率

机器人自动化技术是将原有的解决规则、重复工作的工具软件逐步扩展为新型的具有智能处理、流程分析等功能的自动化机器人，能够有效减少人力成本。大连市发现王国景区便通过机器人自动化技术开启了"智慧潮玩"新模式，引进高端机器人餐饮设备 30 多台，包括机器人版咖啡机、机器人版棉花糖机、机器人版冰激凌机等。这些机器人设备是基于先进的计算机程序和互联网技术设计的智能应用设备，从机器人宣传产品口味、游客下单、机器人制作再到交于游客之手，实现机器人一条龙全自助服务。游客只需要通过自己的手机扫描机器人设备前的二维码，就可以点餐、选择口味，并最后在线提交订单后支付，"机器人厨师"就会自动操作。值得注意的是，游客可以通过窗口观察食物制作的全过程，除了品尝美味的食物，还可以体验未来科技的乐趣。

1.2.3.2　物联网技术促进景区资源精细保护

物联网通信瓶颈的突破，使得人工智能、云计算、大数据等新兴技术能够充分触及智慧景区的每一个角落，从各个层面助力景区的运营生产。例如，乐山市在8个中小景区利用新兴的物联网技术，消除"数据孤岛"，让旅游系统与移动设备实现数据的互享互联互通，提供低成本、高效率、专业性和开放性的营销与管理服务产品，加速了文旅行业数字化转型的步伐。泰山风景名胜区在重点火险区域布局95处高点物联网监控终端，利用"高点瞭望＋热成像探测＋烟雾识别"技术，可见光、热点、烟雾同步探测，单点覆盖半径3km，火情自动探测、自动报警、自动定位，实现火灾处置的"打早、打小、打了"目标。各类物联网技术的应用，从决策支持、管理高效、产业生态、资源共享、安全环保等多方面提升景区资源效率和经济效益，实现经济与环境的双赢。

1.2.3.3　大数据与云计算技术赋能景区科学决策

大数据和云计算的应用服务将赋能智慧景区的日常组织管理和重大事件决策。大数据可应用于海量数据的存储、处理和分析，从海量数据中发现逻辑规律和信息价值，服务于生产和生活。基于海量感知数据的并行处理、数据挖掘和规律发现，为景区提供多种不同主体、不同层次、低成本、高效率的智能服务，推动景区智慧转型升级。云计算技术是智慧景区能够智能应用于各种平台的重要基础。首先，它可以赋能基础设施，为智慧景区的各种应用服务提供计算和存储空间，支持按照实际需要灵活扩展绿色高效的智慧景区基础设施使用模式。其次，依托云计算技术，智慧景区可以打造全面感知、互联互通、融合共享、业务协作的一站式景区服务。如黄山风景名胜区坚持"游客交互、服务一线、实用实效、数据共享"的原则，构建"一核心（数据治理核心）、一库（黄山自然与人文因子环境监测数据库）、三平台（"迎客松欢迎您"游客服务平台、景区大数据指挥中心平台、迎客松掌上指挥调度平台）"的数智化格局，提供科学决策支撑，助推景区可持续发展。重庆中国三峡博物馆通过人脸检测、边缘技术来统计计算游客的参观数据，在后台对游客的性别、年龄、停留时间等数据进行统计分析，形成直观的大数据展示，帮助景区管理人员了解观众对博物馆展品的关注程度，为博物馆管理者提供决策依据。

1.2.3.4　5G技术助力人机业务深度协同融合

随着物联网终端在景区基础设施中的大规模应用，仅仅依靠固网宽带和4G网络作为数据的传输手段难以全面满足需求，表现在数据传输方式灵活度低、无线网络带宽小、时延长等方面。以5G为基础构建的泛在传感网络将成为智慧景区建设的基础，也是实现人、机、物深度融合发展的关键基础设施之一。5G网络覆盖的无人清扫车、无人巡逻车、无人观光车、无人飞行器已应用于丽江古城，成为景区新的"网红"。5G无人清扫机可独立规划路线，独立识别障碍物和行人并主动规避，实现无水干洗、干湿两用作业等，可通过错峰补足夜间清洁功率不足的短板，提高作业效率。5G无人巡逻车可将景区内巡逻场景的声音和图片实时传回指挥中心，实现对重点人员的搜索和关注。如遇紧急情况，可通过"一键求助"功能直接联系工作人员，进行查询、求助和投诉。5G无人观光车可实现自动分流限速、安全驾驶、自适应巡航、智能避障、定点停车、自动停车、紧急制动等功能。5G无人飞行器可实现自动巡航、返航等功能，为景区安全防控、消防巡查、景区测绘、文物保护、指挥调度等提供有力支撑。

1.2.3.5　扩展现实技术营造景区虚实结合沉浸式体验

扩展现实（extended reality，简称XR）技术是一种融合了增强现实（AR）、虚拟现实（VR）、混合现实（mixed reality，简称MR）技术的拓展现实技术，通过计算机模拟出虚拟环境，带给人三维立体的沉浸感，数字时代XR技术对智慧景区发展至关重要。中国三峡博物馆打造 AR 智能导航系统，结合丰富的文物博物馆资源，结合移动互联网、地理信息系统（geographic information system，简称 GIS）等最新技术，进行室内三维建模定位，将博物馆静态、动态资源和趣闻一并呈现给社会公众，打造视觉、听觉、触觉等多重感官体验，通过屏幕连接、立体互动展示，为参观者提供全新的引导服务。黄山花山世界·花山谜窟主题园区由花山广场、临江谜径、谜窟山谷、神画山湖四大主题片区构成，结合"沉浸式体验"新需求，充分应用互动投影、5G+AR/VR、全息、多媒体等高科技手段，巧妙地将文化、科技、艺术与自然山水、千年谜窟进行融合，以主题夜游为特色，以谜窟历史为文化内涵，打造集自然观光与科技体验于一体且可以复游复购的网红打卡胜地。2021 年获选国家文化和旅游科技创新工程示范项目，2023 年又获选为 20 个沉浸式文旅新业态示范案例。

除上述技术外，区块链、基于位置服务（location based services，简称 LBS）、智能语音等多种技术应用也支撑着智慧景区建设的技术环境，伴随着机器人自动化技术、大数据、物联网等新一代信息技术在智慧景区的多场景多元化应用，"沉浸式"体验逐渐成为景区的经营消费主流和创新服务主流，技术的迭代发展为后数字时代智慧景区的发展带来了更大的潜力，助力景区创新与可持续发展。

1.2.4 标准规范

从当前中国各地的景区数字化发展来看，实际创新应用远远超前于理论法律规范。各省市相关部门应通过完善、强化法律规范，加强监督管理，树牢底线意识，同时也要适当引导，利用标准化规范和树立典型等温和手段引导市场主体规范发展。近年来，智慧景区相关的标准规范已经得到了一定的探索，重点涉及旅游服务、安全保障、应急管理等方面，是行业发展的重要理论和技术支撑，是提高景区产品与服务质量的重要参考，是推动景区创新转型升级的关键环节。在充分迎合游客个性化需求和提高游客满意度的同时，也起到大幅度提升智慧景区经济效益和生态效益的作用，优化智慧景区发展的各个管理环节和服务流程，推动景区向规模化、智慧化、规范化方向发展。

1.2.4.1 资源保护

国家质量监督检验检疫总局和中国国家标准化管理委员会于2014年12月出台的《旅游景区数字化应用规范》GB/T 30225—2013规定了在旅游景区实施数字化建设过程中，应将数字、信息、网络技术等现代信息技术手段应用到景区的保护、管理和开发之中，加强景区的资源监测能力，提升景区的资源保护水平，规范景区的资源开发利用；2020年重庆市生态环境局发布《旅游景区生态环境保护技术指南》DB50/T 1052—2020，涉及景区自然保护地、生态环境敏感区、野生动植物等生态环境保护工作的相关指导和建议，提出环境管理和监测的相关机制；2021年由国家市场监督管理总局发布的《旅游景区可持续发展指南》GB/T 41011—2021，规定了资源节约与再利用的建议措施，利用智能控制系统、节能技术，开展合同能源管理，指导旅游景区可持续发展。

1.2.4.2 业务管理

国家市场监督管理总局和中国国家标准化管理委员会于2019年8月出台《面向景区游客旅游服务管理的物联网系统技术要求》GB/T 37694—2019，规定了面向景区游客旅游服务管理的物联网系统的架构和系统实现技术要求，包括目标对象、感知控制、网络传输、基础服务、业务服务、交换终端服务、系统实现及信息安全等；四川省市场监督管理局在2021年10月颁布的《智慧旅游景区建设规范》DB51/T 2849—2021 中对景区建设的基础支撑、景区安全和运行保障等都有一定的标准和规范；江西市场监督管理局于 2020 年 4 月发布的《智慧景区建设指南》DB36/T 1234—2020 中，对视频监控等方面提出建设要求。2015—2021 年，福建省、河南省、湖南省、西安市先后发布了《智慧景区等级划分与评定》DB35/T 1716—2022、《智慧景区建设评价规范》DB41/T 1859—2022、《智慧景区建设和评价规范》DB43/T 2132—2021、《智慧景区等级划分》DB6101/T 3116—2021 等，系统地提出了智慧景区建设评价的原则、内容、组织、对象、方法及流程，对规范地方智慧景区的业务管理起到指导性作用。

1.2.4.3　旅游服务

国家旅游局于 2017 年 11 月颁布的《旅行社在线经营与服务规范》LB/T 069—2017 规定了通过互联网在线经营和服务的旅行社的功能分类、经营基本要求、旅游信息在线展示要求、旅游产品在线交易要求和在线经营服务要求，适用于应用互联网经营旅游产品的旅行社；国家市场监督管理总局、中国国家标准化管理委员会于 2019 年 8 月发布的《面向景区游客旅游服务管理的物联网系统技术要求》GB/T 37694—2019 规定了面向景区游客旅游服务管理的物联网系统的架构和系统实现技术要求，包括目标对象、感知控制、网络传输、基础服务、业务服务、交换终端服务、系统实现及信息安全等；北京市于 2021 年发布《智慧旅游景区基本要求及等级评定》（征求意见稿）规定了智慧旅游景区要利用最新一代信息技术，对景区地理事物、自然资源、旅游者行为、景区工作人员行迹、景区基础设施和服务设施进行全面、透彻、及时地感知，对游客、景区工作人员实现可视化管理[15]；四川省、辽宁省、江西省以及河北秦皇岛市在智慧景区评级、建设指南中也对旅游服务做出了相关的建设规定和要求。

智慧景区建设标准规范的制定与实施，可有力地贯彻落实国家有关部门的政策要求，在智慧景区建设、管理、评价的全生命周期中充分发挥标准的战略性、引领性、支持性和规范性作用，为评价景区的智慧化程度提供技术依据，为文化和旅游管理部门监督和管理景区提供有效的方法和抓手，科学引导景区开展数字化、信息化、智能化建设工作，优化景区特色化产品和服务，提升智慧景区现代化管理和协同能力。

1.2.5　建设实践

在世界第三次信息工业革命和传统产业革命的浪潮中，移动通信技术和互联网信息技术应运而生，对推动产业优化升级和技术迭代创新发挥了巨大作用，使传统行业逐渐数字化、网络化、智能化，也为传统旅游业转型升级提供了有力支撑。5G、人工智能、云计算、大数据等数字技术在旅游业中广泛应用，景区管理新业态、智慧服务新模式被不断探索并逐渐满足游客的多元化个性化需求。智慧景区前期规划数据平台、智慧大脑等基础支撑设施，建设运营应主要围绕资源保护、智慧管理、智慧服务、智慧营销等景区核心模块进行优化转型，并从顶层设计、组织管理、信息安全等全方位多角度构建保障体系，全面提升景区智慧水平。

1.2.5.1　构建景区智能化基础设施

智慧景区建设以相关智能化信息设施为基础支撑，包括作为信息媒介的基础网络光纤、用于数据采集交换的数据平台以及可以承担智能决策与指挥运营的景区智慧大脑等。智慧景区信息基础设施依托移动互联网／物联网、4G/5G、全光组网等基础网络，部署视频监控、智慧灯杆等物联感知设施，搭建数据中心与指挥调度中心基础环境，通过建设数据平台进行数据的采集、储存、交换、开放以及安全管理，集成云计算、人工智能、机器学习等多种信息技术构建景区智慧大脑，利用时空数据算法将大数据转化为景区各用户系统所需的各种知识，从而为建设景区资源保护、智慧管理、智能服务、智慧营销等应用体系提供基础运营环境与支持服务。例如，浙江乌镇作为中国最早实现智慧景区打造的景区之一，2019年完成"乌镇超脑平台"搭建，实现物理乌镇与数字孪生乌镇同步运行，通过物联网管理每一台设备，安全事件响应速度提高85%，危险事件发生频率降低46%，节省人工消耗65%；西湖风景名胜区构建"四横四纵"技术架构，基于景区治理和服务要求，组成与之配套的物联感知基础设施，形成"云、网、端"一体融合的感知基础设施体系，可集中调度包括物联感知设备、感知网络、政务网络、云资源在内的各类基础设施资源，实现景区各类事物的"全息感知"，为景区"精准分析、多维展示、科学决策、快速处置"提供了基础支撑。

1.2.5.2　形成全方位资源保护体系

在自然资源保护方面，3S集成技术，即全球导航卫星系统（global navigation satellite system，简称 GNSS）、遥感技术（remote senescing，简称 RS）、地理信息系统的进步大幅提升了动态环境监测的普及程度，通过地球观测卫星或飞机从高空观测地球，监测的区域范围大，获取环境信息快速准确，能够及时发现水体污染、大面积空气污染、森林大火、洪水淹没区、地质灾害等。天空中运行的气象卫星，可以以较短的周期观察同一地区，配合使用无线／有线环境传感技术对景区生态环境进行监测，获得环境动态观测数据，如气象数据、空气质量数据、水质监测数据、噪声监测数据等。通过对景区资源特征的可视化分析，能够进一步了解景区生态环境承载力、石漠化、水土流失情况等。与一般的景区业务系统相比，能实现更高效的管理，为保护景区资源、提升游览效率总体目标提供信息技术保障，更有利于进行生态环境资源保护方案的实时动态调整。

在文物、文化遗产保护方面，视频采集、多种无线传感终端可以充分探测景区内的牌坊碑文、文物古迹、建筑景观、博物馆收藏、非物质文化遗产等宝贵资源所处微环境的状态，借助数字化、大数据等技术进行环境的现状分析和可视化展示，以此为基础对相应的保护措施进行精准化的调整改进。如西安针对古城墙保护，设置了 3090 个文物变形监测点，并设置了 1027 个监控图像数据接入信息中心，实时监控城墙墙体及附属建筑物变形情况，实现了客流统计、护城河水位监测、热成像周界监测以及区域绊线入侵监测。同时，打造了"无人机 +VR 沉浸式"高清实时图传，带来"空中览古城"的新奇体验；建造了国内最大的唐长安城智慧沙盘，综合运用声、光、电、数字投影等技术，让游客感受唐长安的雄伟和震撼。

1.2.5.3　打造立体式智慧管理模式

智慧景区与优秀通信运营商和互联网服务公司对接，充分依托国内外最新的物联网、云计算、移动通信、人工智能等新一代信息技术，设计并搭建智慧景区大数据中心，增加智慧服务和管理相关内容，全面提升游客的优质服务体验。构建并赋能智慧景区云计算服务平台，将景区获取的设备、资源和游客相关数据通过云平台进行实时存储、计算、分析和展现。依托大数据中心建设，将联通、移动等移动通信公司的数据及微信支付、支付宝等消费数据导入大数据中心，可实时分析游客消费偏好。深度优化景区的电子票务预订体系，建立景区自主平台的直销系统，同时将更多的售票平台接入景区的直销系统，使智慧景区真正接入各大在线旅行代理（online travel agency，简称 OTA）分销平台，逐渐弱化现场购买纸质票的购票方式，方便游客通过多种途径进行线上购票。不断完善智能化旅游监测定位系统，为了更好地保障游客的人身安全和财产安全，逐步推进景区监测定位系统全覆盖，缓解景区安保压力。加强景区与城市之间的信息互通，景区设立突发事件应急联动中心，和本地110系统智能互联，实现专人守护、专人负责。例如，青岛崂山风景名胜区非常重视游客在景区的个人安全，通过合理化布局视频监控设备，包括具备全方位视频监控和客流采集功能的摄像头和红外线感应仪器，可以及时统计游客数量，便于统一管理。泰山风景名胜区针对景区高峰客流动态监测预警难题，2017年研发热力图指挥系统，通过布点45个智能卡点计数、智能区域密度相机，实时监测景区游客分布密度，在三维平台上以红、黄、绿颜色反映客流动态，清晰地展现了景区人流聚集情况，并依此合理调配工作人员。

1.2.5.4　提升景区智能服务"软实力"

景区以游客实际体验为重点，加强对通信网络基础设施建设的资金和技术支持，积极推进现有网络的优化升级，提供个性化智能服务设施，结合吃、住、行、游、购、娱等旅游板块和GNSS定位搜索功能，构建基于电子地图的景区智能软件。完善景区信息服务，在游客服务中心和游客休息区设置多媒体终端机，方便游客自助查询，旅游信息发布内容合理完善，包括景区基本信息、景区分布情况、旅游流量、旅游安全信息等，方便游客合理规划行程，加深对景区的认知。建立服务质量监督体系，在主管单位、媒体和游客的监督下，对景区服务人员及其服务质量进行监督，及时发现问题并予以解决。提升服务理念，注重人性化管理，为老年人、孕妇、儿童、残疾人等特殊群体提供个性化的服务，满足游客需求。景区构建新媒体矩阵，依托传统宣传反馈渠道，融合最新5G信息技术，打造适合景区发展、满足游客需求的游客评价反馈体系，提高游客的互动参与频率。深度参与景区的特色活动和享受特色服务是提高游客体验、加深游客印象的重要途径之一，借助 VR 虚拟技术，通过具有景区文化特色的智能终端设备实现虚拟游览，融入游览的过程可设置生动有趣的文化、历史故事等，亦可设置有奖问答游戏增加互动性，实现虚拟与现实相结合，知识与旅游相结合，趣味与文化相结合，工作人员或智能机器人可引导游客积极参与，加强与游客的深层互动交流和实际需求反馈，使游客的体验感大幅度提升。如四川九寨沟风景名胜区推出了全域旅游景区 VR 游览平台和"5G 游九寨"旅游小程序，开发了 92 个系列 1800 余种特色文创产品，在基础设施、旅游接待、供给体系等方面全方位提升智能服务水平。

1.2.5.5　凸显精准化智慧营销优势

依托物联网、互联网、移动通信等技术，景区可以打破系统间资源和信息的隔离，改变传统旅游运营模式，从票务、旅游、住宿、娱乐等多个模块，实现旅游产品、营销方式等各个环节的电子化、信息化、智能化，从而多层次、全方位地分析游客在景区的旅游体验需求，进而开展精准营销工作。基本的线上营销渠道包括建立官方网站和自媒体营销。景区通过官网集中展示风景名胜区的自然和人文资源、最新活动信息、门票预订信息、交流论坛、重点问题问答专区、游客反馈投诉专区等。同时，借助最新的虚拟体验技术，将文字、图片、音频、视频结合在一起，通过虚拟现实使游客通过门户网站获得逼真、全方位的享受，增强景区与游客的互动性。自媒体主要通过微信、微博等多种平台进行宣传，其传播速度快、受众广等特点使景区受到持续关注，借助移动端"微"营销便捷的渠道，用户可在第一时间获得旅游信息。例如，2021 年泰山风景名胜区推出"智慧泰山"慢直播平台，以高清延时摄影技术，借助新媒体平台将旭日东升、云海玉盘、晚霞夕照等奇观美景视频快速上线，并通过平台智能算法实现网络全域精准推介。海南三亚热带海滨风景名胜区根据旅游大数据平台分析，发现 Z 世代年轻人成为旅游市场消费能力增长最快的客群，2022 年"进入三亚港"的青年客群占比接近 50%。针对主要客群的喜好，三亚市就旅游产品进行创新，打造"模特赛＋景区""野趣三亚"等特色活动，并在长沙、上海等重点客源城市进行主题推广和宣传信息精准推送，开展线上直播等精准营销活动，从而吸引更多目标游客，带动本地交通、餐饮、住宿产业共同发展，提高景区经济效益。

1.2.5.6 构筑智慧景区保障体系

为确保景区智慧系统平稳运行，打造更加优质、安全、健康的景区运营环境，需要建立健全智慧景区的安全保障体系，主要涉及管理制度、运维安全、组织架构三个方面，包括对景区整体的顶层设计、标准规范体系的建立与执行、组织管理、运营管理以及信息安全保障。管理制度包括景区运行管理过程中共同遵守的办事规程或行动准则，在智慧景区的建设中，通过一系列制度及标准规范的建立来保障系统的正常运营和持续发展。运维安全包括信息技术（information technology，简称 IT）系统的可靠稳定运行，其监控的主要目标包括主机服务器（操作系统）、数据库、网络设备、业务应用系统、数据安全、防火墙、负载均衡、机房环境等。组织管理架构是保障智慧景区持续运营的基础，在智慧景区建设和运营过程中要明确规定景区管理部门的职责，保证各个部门各司其职并相互协作、相互监督，才能实现景区的协调可持续发展。例如，五台山风景名胜区与公安、消防、综合执法队等多个相关部门建立合作机制，健全五台山风景名胜区管委会组织机构设置，制定《通信保障应急预案》等多项管理制度，以支撑保障智慧景区的安全管理和高效运营；天山天池风景名胜区定期开展信息系统安检整合、计算机安全隔离等运维安全保障工作，有效保障景区各类系统切实安全运行。

1.3　发展趋势

在数字时代新形势下，游客需求和智慧景区建设发生了相应的变化：游客们变得更偏爱线上到线下（online to offline，简称O2O）的活动，"智能升级"成为景区建设新风尚；旅游者的需求呈现个性化、泛在化并举的特点，需要景区发掘游客需求画像、合理细化对应服务措施；旅游市场逐渐全球化，应对多元化、多语言、多文化的精准景区战略设计十分有必要；传统服务模式逐渐发生改变，以信息技术智慧创新景区服务环节和服务方式来满足游客的个性化需求并提升服务体验；景区票务系统、导览系统、数据分析系统等智能管理应用，逐步取代传统管理模式——信息化在景区建设方面越来越重要。受疫情影响，居家期间，"远程"成为2020年人们生活的关键词之一。面对新兴消费趋势的到来，地方景区也在顺应线上线下消费融合的趋势成长，借助数字化提升服务能力，打造智慧景区。

基于以上发展形势和新需求，智慧景区的发展有以下五大趋势。

1.3.1　强化系统思维与统筹发展

在政策层面，以系统思维为抓手，全局谋划、重点布局、整体推进、统筹推动智慧景区高质量发展，成为"十四五"时期旅游业发展的重要方向。智慧景区的发展逐渐跳出原来的单点思维和单线思维，顺应经济社会发展、人民美好生活需要和生态安全保障，转向宏观视野。2021年，国家相关部委坚持系统观念，综合考虑国内外环境、区位差异等多重因素，就旅游业长期可持续发展制定出台了一系列"十四五"发展规划，也明确提出智慧景区的建设。与此同时，各景区积极对标国家政策，以系统思维统筹景区与产业的发展，加强前瞻性思考，深刻洞察发展大势，理性认知国内外错综复杂的发展环境；统筹规划，立足全局视野把握事物发展规律，通过系统思维分析事物的内在机制，运用系统方法处理事物发展的矛盾；加强战略性布局，以高度协同的战略布局应对重大危机，实现高质量发展；加强整体性推进，实现全局与局部相协调，整体推进和重点突破相统一。这既是面对世界百年未有之大变局的必然要求，也是立足新发展阶段破解发展困局的有效举措。

1.3.2　突出保护与管理的智能化

按照景区自身资源的特点和规律，根据管理的基本职能和不同发展阶段的需要，智慧景区通过信息基础设施、景区数据平台、景区智慧大脑、应用服务和保障支撑体系多个系统协同运作，有效地优化配置景区各类资源、协调景区各种关系，促进人力、财力、物力和信息资源整合，实现景区综合效益的最大化和景区的可持续发展。景区管理信息化项目多采用系统集成技术、设备物联网技术，结合 GIS 技术，实现对景区视频监控、广播、Wi-Fi、停车场、报警、消防、巡更、验票闸机等智能化设备的物联交互和统一管理，在环境监测、生物监测、地质监测、自然灾害监测、文化保护、森林防火等方面通过各类监测管理分析系统对景区资源进行实时监测、数据采集、统计分析、预警预测，并提供可视化的人机交互决策功能，为重大公共安全等突发事件及时提供信息数据支撑。目前故宫、杭州西湖等一大批景区已经构建了信息化、数字化的支持系统，下一步将架构更智慧的运营体系，实现全面的数字化与应用、管理升级。

1.3.3　呼唤多元应用场景的转型

随着新兴技术发展与生活娱乐方式改变，智慧景区的建设不断丰富，数字消费新业态日益多元。智慧景区结合年轻人青睐的动漫动画、游戏直播、原创内容服务、互联网游戏服务、互联网广告服务及可穿戴智能文化设备等数字新模式，正成为新的旅游行业热点。同时"元宇宙""ChatGPT"等新技术飞速发展，为景区营造个性化交互体验与沉浸化旅游氛围提供更多元的技术手段，也为景区多元应用场景拓展重构开拓了新思路。文化和旅游部印发的《"十四五"文化和旅游科技创新规划》（文旅科教发〔2021〕39号）中明确提出，"推动文化和旅游装备的谱系化、智能化和成套化，提升设计制造水平，逐渐形成国产装备的核心竞争力"。虚拟数字空间与传统现实空间的融合发展是未来景区发展的必然趋势，数字化、智能化转型升级已成为推动景区发展新衍生品的题中之义，智慧景区需要不断深化数字化转型，以"数"寻"机"做韧性治理实践，在深耕产品、练好内功的基础上，基于大数据支撑逐步打破景区与游客的边界，链接两者间服务、消费、体验等各个环节，才能助推景区的长期可持续发展。

1.3.4　注重景区发展的韧性建设

景区是城市的重要生态经济部分，部分区域自然灾害类型多、频率高、灾损重，大规模传染病数次暴发，危害公共安全的社会事件时有发生。为应对突发危机事件及其他外部冲击和干扰，保障景区系统健康运行和可持续发展，景区需要注重发展韧性建设，积极推进韧性景区指标体系建设，提升景区对外界变化的抵抗防御能力、吸收适应能力、恢复重建能力、风险转移能力和可持续发展能力。数字化背景下，智慧景区的韧性建设一方面需面向景区可持续发展的重大战略需求，从资源保护、景区服务、景区管理等维度建立韧性景区动态评价指标体系；另一方面，可以通过各类智慧化手段，从风险监管、物资储备、培训演练等方面规划部署防灾减灾与应急管理项目，做好灾前灾害预防和解决预案，灾中充分调动景区内外社会资源，灾后能及时总结经验教训，综合提升景区应对突发事件的准备能力、适应能力、恢复能力，打造具备动态平衡性、兼容性、多样性、适应性的多网络连通的基础设施系统。智慧化手段包括建立景区韧性因子大数据库、灾害风险特征图谱、韧性评估评价模型、韧性评价地图集与韧性信息系统等，通过相关平台系统的技术耦合，全面提升景区管理的计划性、灾害的预见性，以及灾中灾后的应对性，实现一体化、精细化的景区智慧管理，增强景区面对各类风险的抵御能力、适应能力和恢复能力，创建高质量发展的韧性景区。

1.3.5　期待新型业态及联动发展

首先，在数字化战略的推动下，沉浸式产业发展迅速。万物沉浸时代正在来临，沉浸式艺术展、沉浸戏剧、沉浸乐园、沉浸城市会客厅等沉浸式业态蓬勃兴起，非常受广大消费者喜爱。其次，满足地方旅游需求的轻旅游、周边旅游兴起，轻装出行和周边出行逐渐成为居民新的出行习惯。最后，夜间经济潜力释放，夜间文化旅游成为居民新的消费选择。智慧景区也正在深化多方融合，联动发展。"演艺影视 + 旅游观光""文化 IP+ 景区主题公园""博物馆 + 文创纪念品""非遗 + 特色旅游"等跨行业跨品类的梦幻联动日趋紧密，在技术赋能下正在向更宽领域、更广范围促成新业态发展，带动智慧景区持续运营。

景区的发展离不开品牌建设，品牌建设离不开口碑传播和宣传运营。以"IP 塑造 + 平台赋能"为特征的社交传播正促进景区品牌塑造创新联动发展的新模式、新业态。智慧景区要重视 IP 塑造，善于发现社会热点，抓住景区特点，浓缩塑造典型文化人物或者景区景物，通过高质量的内容和价值升华，实现景区品牌的优化提升，同时充分利用媒体快捷的特点，聚焦目标人群，丰富景区体验，实现社会传播价值的优化。

需求分析与顶层设计

智慧景区的需求分析和顶层设计是建设智慧景区的重要步骤，它们涉及对景区建设、运营、管理、服务和游客体验等各个方面的全面考量和规划，本章将介绍智慧景区规划设计的基本过程。

2.1 总体设计方法

智慧景区规划在明确智慧景区建设具体目标的基础上，自上而下地将目标层层分解，依次对智慧景区的建设任务、总体架构、实施路径等进行设计，其规划设计的基本过程可以分为需求分析、总体设计、建设内容设计以及保障体系设计四项活动，并且下一项活动的开展需要针对上一项活动的输出内容进行检验和反馈。

需求分析，首先应该依据国土空间规划、区域发展环境、技术发展趋势等宏观环境层面的分析结果确定景区发展的战略目标与发展形势，明确景区发展面临的挑战机遇等。其次，对景区所在城市现状进行调研分析，包括资源环境情况、经济发展情况、信息化建设情况以及其他相关规划等，同时对景区自身的发展现状进行调研评估，包括景区基础建设、优劣势条件等。在此基础上，聚焦景区的建设需求分析，梳理出景区用户现状与需求、业务及业务协同现状与需求、应用系统功能现状与需求、信息数据资源现状与需求、基础设施建设现状与需求、网络信息安全现状与需求、标准化现状与需求等。

总体设计则是在需求分析的基础上，综合宏观发展环境与建设调研现状确定智慧景区建设的指导思想、基本原则等，明确景区的战略定位、细分目标、发展的总体目标与阶段性目标等建设目标与重点建设任务，提出智慧景区建设总体架构。依据景区建设需求和目标，从业务、数据、应用、基础设施、安全、标准等维度和各维度之间的关系出发，提出相应量化评价指标来指导智慧景区建设。

建设内容设计依据总体设计中的目标体系进行具体展开，包括对景区基础设施的部署、数据平台的搭建、景区智慧大脑管理中枢的建设、景区资源保护、景区管理、景区服务、景区营销等业务的具体开展内容和运行模式，依据智慧景区重点建设任务，明确智慧景区建设项目工程属性、目标任务、实施周期、成本效益、政府与社会资金、阶段建设要求等。

保障体系设计是在前期阶段成果的基础上，划分工程建设实施的各阶段任务目标，提出相应的组织、安全、运行等风险保障措施，编制相应的管理标准规范，并实施对建设项目的全过程管控，确保智慧景区建设顺利推进。

2.2 需求分析

2.2.1 战略与定位

全国众多的景区拥有丰富的自然人文资源，具有鲜明的中国特色及世界影响力，承载着中华民族五千年的历史文化。尤其是风景名胜区体现了典型的"天人合一"式的发展演替历程，有着独特深远的中华历史渊源，自 1982 年国务院批准并宣布第一批国家风景名胜区至今，风景名胜体系已经覆盖全国。国家针对风景名胜区的建设出台了一系列保护及管理的政策文件，10 个国家公园试点涉及 19 个风景名胜区，其中 7 个为国家级风景名胜区，它们是我国推进生态文明与美丽中国建设的重要载体。风景名胜区拥有独特的艺术美学价值和深厚的历史文化价值,不仅给广大旅游者提供了广阔的休闲游览空间,还能够充分满足他们对精神和文化的需求,是众多国内外游客休闲旅游的绝佳选择。随着我国旅游事业的高速发展,每年超负荷的旅游活动给风景名胜区的保护工作带来了一系列困难,其景观资源的完整性、生物多样性、生态环境和景观美感度均遭受了不同程度的破坏。生态环境脆弱的区域在遭到破坏后难以恢复,珍贵的自然和人文资源逐步退化甚至可能面临消亡,基于这一现状,处理好风景名胜区保护与利用的关系,无论是对其规划和管理还是对我们的生存环境都是至关重要的。中共中央办公厅、国务院办公厅在 2019 年 6 月印发《关于建立以国家公园为主体的自然保护地体系的指导意见》(简称《指导意见》),指出对现有的自然保护区、风景名胜区等各类自然保护地开展综合评价。

2020 年 7 月,《国家林业和草原局自然保护地司关于切实加强风景名胜区监督管理工作的通知》(保监字〔2020〕41 号)发布,强调"风景名胜区是我国自然保护地体系建设的重要组成部分,在保护和传承自然遗产、建设生态文明和美丽中国中发挥着重要作用",要求各级林草主管部门、风景名胜区管理机构提高政治站位、严格执行政策法规、全面开展排查、强化监督管理。同时强调,"要严格执行《风景名胜区条例》,严格风景名胜区规划的编制、审批和实施,严禁在风景名胜区规划批准前进行各类建设活动,严禁破坏自然生态和自然人文景观,严禁不符合风景名胜区功能定位的开发建设,坚决防止新增违法违规案件"。

当下正处在 21 世纪的新时代、新时期和新阶段,资源和环境保护的战略定位从未像此刻一样受到重视与关注,智慧景区建设的出发点是保护资源和环境,数字化、网络化和智能化是新时代资源保护工作的基本前提和重要基础,处理好利用和保护的关系已成为当前发展的关键。景区资源保护就是要充分发挥景区时空大数据的特点和优势。首先，构建时空大数据采集、管理、处理、分析和应用的技术体系，特别是加强基于时空大数据的决策支持分析，识别景区资源的时空特征，在适当的时间和空间采取合理的保护行动，实现实时、快速、高效的资源保护目标；其次，文化传播也是智慧景区建设的重要方向，尤其在 2020 年后出行受到制约的情况下，基于新一代信息技术支撑逐步打破景区与游客的边界，链接两者间服务、消费、体验等各个环节，进而助推全链条产业数字化、智能化发展；最后，智慧景区建设构建精细到景区"人"与"物"的监控体系，不断横跨虚拟世界和真实世界，虚拟世界和真实世界是社交和生活场景的两个平行组成部分，从而真正促进景区的数字化转型，倒逼景区创新管理模式，面向当前形势实现可持续发展。

2.2.2　机遇与挑战

2.2.2.1　发展机遇

（1）生态文明建设新趋势

2017 年 10 月，"必须树立和践行绿水青山就是金山银山的理念"被写进党的十九大报告，"增强绿水青山就是金山银山的意识"被写进新修订的《中国共产党章程》；2022 年 10 月，党的二十大报告中再次强调了生态文明建设工作作为新时代使命任务的重要性。"大力推进生态文明建设"成为习近平新时代中国特色社会主义思想构建过程中非常重要的组成部分。打造生态文明景区，发展生态文明旅游是大趋之势。生态文明建设是景区可持续发展的核心内容与高级形态，强调景区利益相关者之间内部和谐、与自然和谐、与社会和谐。建设景区生态文明，需要全面加强生态环境保护与建设，加大管理和保护力度，提高景区生态资源环境的可利用率，对环保监管能力的需求越发突出。

智慧景区建设可以将信息化和景区建设融合起来，通过信息技术手段，实现对景区重点生态指标的实时采集与智能分析，使管理部门实时了解风景区的生态状况，包括植被、水文、大气、生物等自然资源的变化情况，从而进行相应的决策管理，提高环境监测的高效性和科学性，使景区的生态环境得到持续的保护和发展。在生态文明建设的要求下，智慧景区建设有较大的市场需求。

（2）"双碳"战略新要求

2020年，习近平总书记在第75届联合国大会一般性辩论上提出，中国将提高国家自主贡献力度，采取更加有力的政策和措施，二氧化碳排放力争于2030年前达到峰值，努力争取2060年前实现碳中和。2021年碳达峰、碳中和——"双碳"目标先后被写入《政府工作报告》和《中华人民共和国国民经济和社会发展第十四个五年规划和2035年远景目标纲要》。

在"双碳"目标的约束下，实现景区高质量发展的价值重塑，合理的实施路径尤为重要。良好的林木、水体资源本身就是碳补偿的重要因素，因此，在景区的整体规划建设中，大力开展碳汇保护、碳源整合，合理规整碳源，协调开发土壤中生产、吸收碳源的能力，凸显旅游业碳汇补偿的外延价值是实现"双碳"目标的重要途径。同时，景区高质量发展离不开科技创新，在"双碳"目标的要求下，绿色发展和生态技术将融入旅游产业的发展，通过创新低碳科技，为增能降碳、绿色转型提供有力支持。

（3）数据成为新型生产要素

数字技术蓬勃发展，数据日益成为重要战略资源和新生产要素，中国对此高度重视。2020年4月，《中共中央 国务院关于构建更加完善的要素市场化配置体制机制的意见》提出了土地、劳动力、资本、技术、数据五个要素领域；2022年12月，《中共中央 国务院关于构建数据基础制度更好发挥数据要素作用的意见》明确了数据作为新型生产要素是催生新产业、新业态、新模式的关键，并提出要建立数据资源持有权、数据加工使用权、数据产品经营权"三权分置"的数据产权制度框架；2023 年 2 月中共中央、国务院印发的《数字中国建设整体布局规划》中强调"以数字化驱动生产生活和治理方式变革，打造自信繁荣的数字文化、建设绿色智慧的数字生态文明"；2023 年 8 月，财政部出台《企业数据资源相关会计处理暂行规定》，提出从 2024 年起，企业在编制资产负债表时需增设"数据资源"项目，正式开启数据资源"入表"时代。

数据作为生产要素也是智慧景区建设的重大机遇，智慧景区建设需要挖掘数据实际效用，实现"用数据说话""以数据谋划"，例如通过分析人员流动、资源保护、旅游经营、设施管理、文化宣传等多个方面的海量数据，一方面对景区实现低成本运营、高效率运行发挥重大作用，另一方面将支撑景区文创产品创新，创造新型消费方式。作为新型生产要素，数据将给景区的全面发展提供新动能。

（4）国土空间规划新格局

2019 年，《中共中央　国务院关于建立国土空间规划体系并监督实施的若干意见》指出，国土空间规划是国家空间发展的指南，是各类专项规划的基础。国土空间规划要科学有序统筹布局生态、农业、城镇等功能空间，促进经济社会发展格局、城镇空间格局、产业结构调整与资源环境承载能力相适应。其中，经济发展、空间格局、产业结构等内容均与景区发展息息相关。

现行的国土空间规划政策进一步提高了对空间资源保护利用的要求，由于景区建设的特殊性，其涵盖的生态保护地块面积大、数量多，要求景区服务的发展运用"一张图"思维，结合国土空间资源特色、发展现状、公共服务需求为游客提供特色服务，并在服务设施、产业项目布局、交通组织、景观设计等方面予以落地。另外，为了有效地为空间赋能，挖掘空间中的经济效益，特别是将生态用地、耕地等国土资源与旅游服务相结合，在有限的国土空间基础上提升空间的利用效率，需结合国土空间规划格局调整优化产业结构、推动新型景区转型与升级，以更好地衔接国土空间规划体系。

（5）智慧景区利好政策密集出台

《中华人民共和国国民经济和社会发展第十四个五年规划和2035年远景目标纲要》提出，深入发展大众旅游、智慧旅游，创新旅游产品体系，改善旅游消费体验。推动景区、博物馆等发展线上数字化体验产品，建设景区监测设施和大数据平台，发展沉浸式体验、虚拟展厅、高清直播等新型文旅服务。为落实国家战略，各部委、各地区也对智慧景区等相关领域作出了重点指示，如2020年11月发布《文化和旅游部　发展改革委　教育部　工业和信息化部　公安部　财政部　交通运输部　农业农村部　商务部　市场监管总局关于深化"互联网＋旅游"推动旅游业高质量发展的意见》，支持智慧景区、数字展馆、云旅游等建设，提出以创新驱动全面塑造发展新优势，是推动我国文旅景区高质量发展新优势的重要抓手。"十四五"时期，各层级规划纷纷布局，景区高质量发展、旅游产业健全完善、社会文明程度提升、文物保护利用、科技创新发展等方面有了更为坚固的政策保障体系。

2.2.2.2　面临挑战

由于景区空间要素的多样性涉及诸多敏感行业，导致相关的突发事件也呈现多样频发的势态，包括森林火灾、生物灾害等自然灾害，电力、特种设备等公共设施和设备事故，传染病疫情、食品药品安全等公共卫生事件，重大刑事案件、社会群体性事件等社会安全突发事件。景区安全事故的突发性、复杂性、紧迫性对景区应急管理、安全防范提出了要求，是景区建设必须要面对的挑战之一。

与此同时，景区广泛涉及自然生态环境的资源规划建设，新时期背景下国家和人民对生态环境的高需求和高要求，也对景区提升生态环境规划与管理能力提出了新挑战。

（1）应急管理体系不够完善

景区中的突发事件正呈现多发态势。2022年陕西省宝鸡市太白山景区发生舆情事件，天津市蓟州区九山顶自然风景区、山西省吕梁市上林舍生态旅游景区、湖北省恩施州地心谷景区等多家景区出现游乐设施设备安全事故。上述景区所发生的事件反映出当前景区安全防范存在漏洞，管理服务不到位，应急管理体系仍有不完善之处，应急系统在规范化、全过程化、标准化、数字化方面有待改进。另外，全球变暖趋势加剧引起极端天气频发，例如河南、山西暴雨等，也对旅游业的应急应变能力提出挑战。

（2）景区监管能力亟待增强

新兴技术领域政策法规的出台相比于技术创新和发展速度明显滞后，使用新一代信息技术的行业缺乏有效监管并面临风险。面对当前景区发展新的产业形态、新的商业模式和新的融资模式，监管往往存在法律空白或灰色地带，容易出现权利和义务无法认定、无可遵守的特殊情况。"云展览""云旅游""云演艺"等新业态，以及邮轮旅游、房车露营、冰雪旅游等新业态，都可能面临行业发展不规范、旅行者权益得不到有效保障的潜在问题，亟待规范引导。新业务形式的快速迭代以及新领域缺乏系统的法律法规，使得市场监管更加困难。智慧景区监管面临着新的挑战，需要强化技术应用，实现景区的精细化监管与运营，避免造成生态环境和游客的损失。

（3）高质量供给不够充分

从消费者需求端看，据"第一财经"相关数据显示，2023年旅游在中国人的消费意愿排行榜上排名第一，占比高达91.2%，在社会进入高质量发展时期，居民的精神愉悦类消费崛起。然而，2022 年全国游客满意度综合指数为 80.52，同比下降 2.37%；2023 年一季度，全国国内游客综合满意度指数为 80.41，季度同比下降 1.4%，虽然总体处于"满意"区间，但反映出近年来我国居民的消费潜力并未完全得到有效释放，景区服务水平还有提升空间。

从供应方面看，产品的供应水平与高质量发展的要求仍存在差距。供给的结构性短缺与日益多样化的景区旅游需求不相适应，据中国旅游研究院调查数据显示，2022 年，交通、餐饮、住宿、购物、娱乐等涉旅服务游客满意度指数下降，交通拥堵、停车困难、住宿性价比偏低、娱乐创新不足等问题制约了旅游服务质量提升。缺乏内容创新能力和高效管理能力是我国景区优质服务和产品供应仍然不足的主要原因。

2.2.3 建设需求

随着近些年对智慧景区建设的积极探索，景区内置新业态日益多元，对高质量服务的需求也在数字化转型中日益凸显。对景区管理者而言，需要逐步实现整合营销、整合服务、统一管理，通过相关平台系统，不仅可以为游客推送旅游信息，还可以附加赠送旅游产品信息、服务信息和配套资源。智慧景区的建设需要一定资金支持，因此在智慧景区建设过程中需要优先建设一些收益明显的项目，从而保障智慧景区建设的持续开展。具体展开来看，主要包括以下三个方面。

2.2.3.1 景区资源保护

资源环境是景区赖以生存的根本，需要加强对文物、古建筑、文化遗产等资源保护工作的监督，扩大监控范围，优化监测手段。实现对展柜、展厅、文物库房环境（如温度、湿度等）的监测与管

理；运用信息技术对景区古树名木以及动物的栖身环境进行监控和
管理，保护景区的生物多样性；通过监控自动报警系统，对人员进
入林区、防火情况进行监控，避免盲区，对游客的破坏行为做到及
时发现、及时制止；对水资源进行监测保护，包括水质监控、流量
监控、安全预警等；通过智慧景区的建设帮助解决森林病虫害的问
题，运用大数据技术对其进行有效防治，解决防治信息传递滞后问
题，实现病虫害隐患信息的及时传输。

2.2.3.2　景区业务管理

精细化管理新模式能够促进资源整合、提高管理效率，是强化
日常业务管理的必要手段，也是提升安全管理能力的重要支撑。面
向业务管理体系存在条块分割、信息孤岛、协同不够等问题，景区
创新发展需建设跨部门的信息共享机制。同时，智慧景区也离不开
物联网、大数据、人工智能等技术。一方面，需要通过物联网技术
对景区的交通流量、人流、水电、交通、设施等进行监控。另一方
面，通过实时采集资源、环境、设施和人员的大数据，并对其进行
管理、处理、分析和应用，深度提取有用信息，通过人工智能技术
预测未来数据，进而对业务管理进行精确决策，构建智慧业务管理
信息系统，形成各方联动、及时反应的应急指挥体系，实现管理的
秩序化、规范化、流程化和智能化。

2.2.3.3　景区服务与营销

深化景区服务的重点是为特定对象，在特定时间和空间，使用
特定形式，选择特定内容，提供个性化定制营销服务。游客的个性
化需求越来越明显，对景区的信息需求深度也在不断增加，这对景
区的服务提出了更高的挑战。智慧景区营销的目的不只是吸引游客
来到景区，还有让更多的人认识到景区资源与环境的价值，实现
景区科普教育和价值传播的功能。依托物联网实时获取资源、环

境、设施、人员等的信息，获取游客在景区的位置信息、消费习惯，借助大数据挖掘和分析游客的旅游需求。通过智能移动通信技术、实时位置服务技术与游客进行多方位的互动，利用 XR 技术，借助短视频、直播等形式为游客带来更丰富的体验，并根据相关大数据分析其偏好和需求，匹配景区的科普内容、资源、环境和设施等信息服务。借助信息化技术手段，景区在信息服务、浏览服务、交通服务、咨询与投诉服务、应急救援服务等方面得到个性化、多样化、数字化的提升，融合康养、工业、乡村等更多元素打造 IP，形成景区新品牌，催生新业态，从而受到更多游客欢迎。

2.3 总体原则

2.3.1 指导思想

立足新发展阶段、贯彻新发展理念、构建新发展格局，以改革创新为根本动力，以满足人民日益增长的美好生活需要为目的，以推动旅游业高质量发展为主题，统筹物质、信息和智力资源，推动新一代信息技术创新应用，统筹保护利用景区资源，创新提高景区可持续发展，努力推动景区文化与旅游深度融合，成为文化多样性、景观依赖性、城市融合性的生态典范，努力实现景区更优质、更有效、更可持续、更安全的发展。

2.3.2 建设原则

严格保护，永续利用：坚持人与自然和谐共生，尊重、顺应和保护自然，落实生态安全理念，建立健全以生态系统良性循环和有效防控生态环境风险为核心的生态安全体系。落实新发展理念，推动碳达峰和碳中和，形成节约资源、保护环境的智慧景区建设模式。

科学规划、战略统筹：智慧景区的设计、建设、运营和维护等全生命周期管理是一个长远计划、逐步渐进、时刻创新、不断优化的大型项目，需要在景区管理并统一规划的基础上分期分批建设。加强科学规划，按照总体规划方案，集中各方面优势资源，形成智慧景区体系的推进机制；按照协调推进的要求，统筹考虑各领域、相关单位和系统的重点建设项目，全力支持科学、协调、稳步地推进。

分期实施、小步快走：智慧景区的建设需要一个集中管理的平台来整合和协调景区资源保护与利用、业务管理与社会服务等多种业务，所有应用系统应按照开放标准互连，并具有良好的可扩展性。但是智慧景区建设不可能一蹴而就，应分阶段进行，规划各阶段的目标和任务，优先安排建设周期短、见效快、在景区经营管理中发挥重要作用的基础项目，促进智慧景区建设快速见效，推动智慧建设进程。

统一标准、方便共享：智慧景区的规划设计和建设运营应按照国家相关标准和行业规范来开展，秉持严格规范、统一标准、统一接口、统一管理的原则，降低智慧景区资源共享的阅读和统计障碍，实现景区内部各部门与外部旅游企业上下游和政府管理部门的多元主体资源共享。

安全实用、先进可靠：智慧景区每个系统都必须保证其数据安全和准确可靠，需要搭建安全防御系统来有效防止外部恶意攻击和内部数据泄露，确保整个系统的重要数据安全可控和权限分明。智慧景区规划和建设系统的技术方案应详尽清晰，数据安全硬件、软件应先进适用，根据景区的实际动态和静态数据量需要选用数据库，而不是盲目追求最先进的技术和最大容量的数据库造成资源浪费。

2.4 建设目标

2.4.1 总体目标

专注于智能化资源保护、景区管理、游客服务和景区营销，以新一代信息基础设施、信息资源开发利用、新技术应用、智慧景区标准及经验传播为抓手，深化和完善智慧景区体系框架，构建普适、集成、智能的新型智慧景区，为科学保护自然生态环境、提升旅游业质量和效益提供引擎和重要支撑。

第一，面对网络结构复杂、设备资源冗杂等问题，要实现固定网络和移动网的融合与统一，对自建网络实施扁平化管理，提高网络业务支撑能力，形成高速、移动、全面、集成、安全的新一代信息基础设施，为智慧景区的长远发展和可持续化经营搭建框架、奠定基础。

第二，智慧景区的建设不仅是实现大量数据的简单存储，还要对数据进行整合、挖掘，更要形成知识的积累和沉淀。以"协作"为基本出发点，突破部门局限，重新组合景区的特质资源，让景区的所有系统都按照统一标准收集、存储、管理、共享，形成广泛收集、共享、开放和深度应用的数据资源体系，为智慧景区可持续发展提供支持。

第三，注重推进集约化的应用体系建设，提升应用系统建设的时效性，逐步形成扁平化的应用体系管理和生产架构，对分散系统进行整合，形成景区智能应用的功能综合体，有效应对业务多样化及变革带来的挑战，提高系统建设的实用性与科学性，从而助推景区管理服务体系的优化，促进资源保护、景区管理、游客服务、安全决策支持等网络应用系统建设的协同管理。

2.4.2　阶段目标

通过智慧景区建设，促进资源环境的科学保护和利用，加强对景区业务的管理和监督，促进景区管理科学化，进而为游客提供一站式平台体验以及更加规范、贴心的公众服务，提高景区文化与历史内涵的呈现水平，力争在资源保护、景区管理、服务、营销和创新应用等方面取得显著成效，创造优质景区环境，提升景区服务质量，提高景区旅游业务的综合管理和运营能力。

智慧景区的建设目标可分为以下三个阶段。

近期：本阶段首先要完成智慧景区规划设计的编制工作，探索符合景区的建设方案和建设时序，选取需求迫切的项目进入优先建设项目列表当中。同时开始启动信息基础设施、综合支撑平台、综合环境监测系统、游客服务系统等需优先建设的项目。

中期：本阶段重点优化完善信息基础设施、综合支撑平台和应用系统建设。景区在智慧能力建设，跨部门、跨行业、跨区域资源整合，共享交流、协同应用等方面取得突破，有效支持景区智能化建设，实现旅游体验的实质性提升，推进景区信息技术专业人才梯队建设。

远期：通过两个阶段的落地实施，大幅提升景区智能化水平，逐步推动设施共建、数据共享，激发数据生产要素对景区资源保护、经济社会等传统管理模式的革新，发挥放大、叠加、倍增效用，从而树立旅游目的地智慧景区建设的标杆和典范，将"智慧景区"发展的经验在全国乃至全球推广。

2.4.3　评价指标

智慧景区的评价指标旨在由量化指标来规范智慧景区建设，总体分为控制项和评分项，其中评分项包括智慧景区保障体系、基础设施、数据资源、景区应用和创新运用等评价内容。从智慧景区业务维度来建立科学、客观、实用的景区智慧化评价指标体系，坚持定性与定量、动态与静态相结合，注重智慧景区建设的质量与成效（详见《智慧景区评价指标》T/CNPA 01—2023）。

3

总体技术框架

　　智慧景区涉及景区运行发展的方方面面，通过信息技术与景区管理和服务等深度融合，持续提升景区智能化管理水平和个性化服务能力。本章将深入介绍智慧景区建设的总体技术框架，主要分为信息基础设施、景区数据平台、景区智慧大脑、应用服务体系、保障体系等方面。

3.1　概述

　　智慧景区建设充分运用最新一代信息技术，以数据为核心，夯实信息基础设施建设，打造景区数据平台，聚焦智慧大脑发展，推动应用服务落地实施，构建"用数据交流、用数据决策、用数据展示、用数据服务"的创新高效管理模式，形成跨部门、跨系统、跨业务的景区新型运营与管理体系，充分调动政府、社会、景区和游客等多方主体参与智慧景区建设，形成共商共建共治共享的发展格局，为景区管理人员、游客等提供科学有序的服务（图 3-1）。

3.1.1　信息基础设施

　　信息基础设施是智慧景区建设的底层架构，发挥着必不可少的重要作用。为保证智慧景区的上层平台设计和服务应用顺利推进，要充分部署环境感知终端、传感器、GNSS、智慧灯杆、票务终端、防雷系统、无人机等物联感知设施设备；对有线网络、无线网

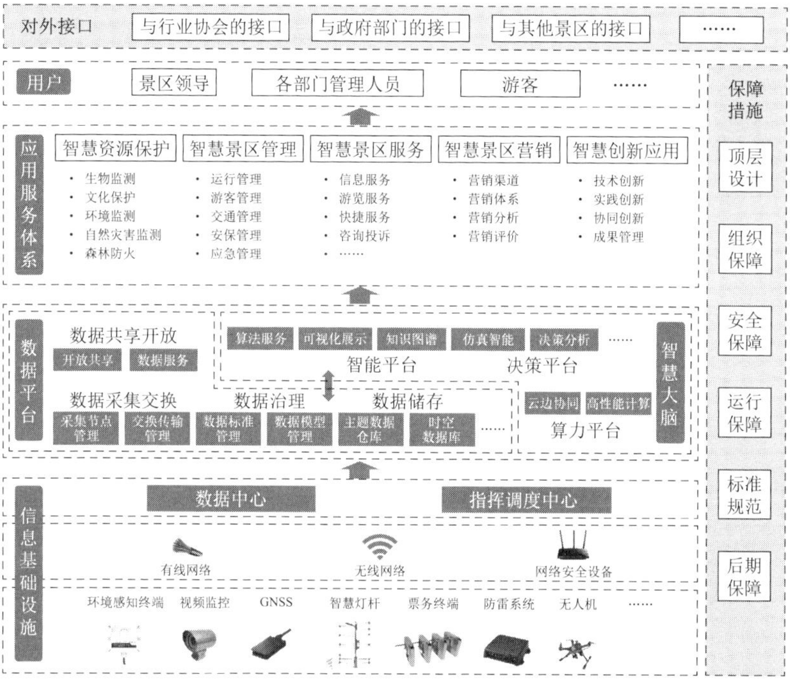

| 对外接口 | 与行业协会的接口 | 与政府部门的接口 | 与其他景区的接口 | …… |

| 用户 | 景区领导 | 各部门管理人员 | 游客 | …… |

应用服务体系

智慧资源保护	智慧景区管理	智慧景区服务	智慧景区营销	智慧创新应用
• 生物监测 • 文化保护 • 环境监测 • 自然灾害监测 • 森林防火	• 运行管理 • 游客管理 • 交通管理 • 安保管理 • 应急管理	• 信息服务 • 游览服务 • 快捷服务 • 咨询投诉	• 营销渠道 • 营销体系 • 营销分析 • 营销评价	• 技术创新 • 实践创新 • 协同创新 • 成果管理

数据平台

数据共享开放：开放共享、数据服务

智能平台：算法服务、可视化展示、知识图谱、仿真智能、决策分析　决策平台

数据采集交换：采集节点管理、交换传输管理

数据治理：数据标准管理、数据模型管理

数据储存：主题数据仓库、时空数据库、……

算力平台：云边协同、高性能计算

智慧大脑

信息基础设施

数据中心　指挥调度中心

有线网络　无线网络　网络安全设备

环境感知终端　视频监控　GNSS　智慧灯杆　票务终端　防雷系统　无人机　……

保障措施：顶层设计　组织保障　安全保障　运行保障　标准规范　后期保障

图 3-1　总体框架图

络进行整体基础网络融合，并设置网络安全及审计设备；搭建数据中心、指挥调度中心，为景区数据平台和智慧大脑提供物理环境，形成智慧景区夯实的信息基础设施。

3.1.2　景区数据平台与智慧大脑

景区数据平台与智慧大脑是智慧景区关键"数据枢纽"。数据平台本着数据集成、系统管理、平台支撑的构建理念，充分利用云计算和大数据等最新技术，完善数据采集交换、数据治理、数据存储计算和数据共享开放体系，形成覆盖景区全部业务场景的功能实用、性能稳定、系统融合、随需扩展的高效能智慧景区数据平台。景区智慧大脑充分彰显景区智慧化程度，围绕算力、智能、决策等维度打破信息壁垒，使得多方主体共享数据资源，优化资源配置，促进服务和管理业务协同，提供直观可视化展示，实时动态监测预警，方便应急指挥，支撑科学决策分析。景区数据平台与智慧大脑之间存在着密切的数据交换关系，共同促进智慧景区的数字生态系统的运行。

3.1.3　智慧景区应用服务体系

智慧景区应用服务体系通过大数据分析、人工智能等最新技术与景区场景融合应用，赋能智慧景区各服务和管理部门，为游客提供精准便捷的多维度、多层级、多粒度、体系化的景区智慧化服务，主要包括智慧资源保护、智慧景区管理、智慧景区服务、智慧景区营销、智慧创新应用五个方面，探索智慧景区管理和运营长效模式，助力传统景区成功转型发展。

3.1.4　保障支撑体系

保障支撑体系是贯穿智慧景区管理和运营全过程的辅助支撑。智慧景区从规划与建设、组织保障、运营保障、信息安全、标准规范等角度出发，通过机制模式的创新，全方位保障智慧景区建设与运行。

3.1.5　对外接口

对外接口支撑智慧景区对外信息共享和功能联动，纵向可连接景区协会等行业相关系统，实现与垂直行业领域的数据交换和信息共享，横向可联动景区所在行政区的政府相关部门以及其他景区，实现多部门、多业态的联合互通。通过充分预留对外接口，将进一步推进智慧景区管理服务的协同联动。

3.2 信息基础设施

景区信息基础设施包括物联感知前端设施、基础网络、数据中心和指挥调度中心四个部分。通过建设智慧景区信息基础设施，旨在夯实景区未来发展基础，为景区的保护、管理、运营、服务等业务提供设施保障，建设以"泛在、融合、韧性"为特征的信息基础设施，满足智慧景区运行所必需的高质量数据要素供给，提供丰富多元、安全可信、融合贯通的服务能力。

3.2.1 物联感知设施设备

景区物联感知设施设备是智慧景区运行的基础前提，为最终形成智慧景区开放协同的感知体系、保证数据资源的自由流动，需要达成标准统一、设备协同、安全性强等目标。物联感知设施设备从技术构建的角度主要分为感知设备、执行设备、环境控制设备、通告警示设备等，典型的设施应用包括视频监控、客流监测、环境监测、智慧灯杆等。

3.2.2 基础网络

随着景区网络逐渐成为更加高效、开放的平台，对网络带宽及速率的要求也越来越高，景区基础网络升级为景区信息化、智慧化启动的首要任务，景区需要根据实际需求更新网络传输技术以及基础网络建设，包括有线网络和无线网络的部署，同时要强调网络安全及审计的保障。

3.2.3　数据中心

在现代化旅游产业发展中，景区的运行数据信息量、数据种类不断增加，数据中心的建设能够为景区海量数据处理提供足够的计算能力。智慧景区数据中心可以采用公有云、私有云及混合云的资源部署模式，充分利用景区已建的数据中心能力，支持景区和游客海量数据的即时调度、处理。

3.2.4　指挥调度中心

为了更好地实现风景名胜区日常管理与资源调度，满足突发状况下的应急指挥需求，需要综合设置指挥调度中心。指挥调度中心有具备智慧景区信息化综合数据展示能力的专属物理空间，发挥监测预警、指挥调度功能，可以分为信息展示系统、融合通信调度系统以及会议会商系统三个基本部分。

3.3　景区数据平台

智慧景区采用"数据采集交换 + 数据赋能"的建设模式，基于顶层设计、数据集成、系统管理、平台支撑的思想，在云计算平台、大数据中心基础之上，依据用户管理、权限管理等流程，构建一个覆盖景区全部业务场景的数据采集交换平台，打造"功能实用、性能稳定、系统融合、随需扩展"的高效能数据管理平台。数据平台的建设内容包括数据采集交换、数据治理、数据存储以及数据共享开放等，并通过数据标准规范的编制与数据权限和安全控制，保障数据采集共享的各个环节安全顺畅，其建设过程应分阶段、分步骤、有重点地分类实施。

3.3.1 数据平台建设

数据平台的建设囊括数据的采集、治理、储存、共享的全过程，由数据采集交换平台、数据治理平台、数据储存计算平台、数据共享开放平台组成。数据采集交换平台的主要功能包括采集交换管理、交换传输管理、清洗转换管理等。数据治理平台将各业务系统、各类型的数据按照主题分类，对采集的数据进行规范化管理。数据存储计算平台实现对海量数据资源的接入、存储、处理和计算。数据共享开放平台提供数据共享开放以及数据服务功能。

3.3.2 数据标准规范

数据标准规范的目的是对分散的数据建立统一的定义基准与数据标准成果，指导景区数据获取、甄别与规范存储，从而进行跨层级、跨部门的多元异构数据的整合交换，有效破解数据孤岛的困境。具体建设内容包括数据资源目录、数据存储规范、景区元数据标准、景区数据交换规范等。

3.3.3 数据权限与安全

智慧景区建设涉及大量的敏感数据，为避免数据泄露、滥用、篡改等风险，需要规范数据权限和保障数据安全。通过对数据申请、数据操作、数据访问的权限管理方式，以及采取网络安全、数据脱敏、资源隔离、数据共享安全、数据传输加密等技术手段，共同保障数据采集、储存与使用等环节的安全。

3.4　景区智慧大脑

通过建设景区的智慧大脑实现数据交换、共享，优化景区资源配置，支撑决策指挥，促进业务协同，为游客提供精准便捷的服务。围绕算力、数据、智能、决策等维度，探索构建全面的感知智能、认知智能等创新服务，为景区智能生命体各组成部分赋能，提供多维度、多层级、多粒度、体系化的景区智能化服务。建设内容包括算力平台、智能平台、决策平台三个方面。

3.4.1　算力平台

景区智慧大脑算力平台可采用"集中 + 分布式"模式建设运行，具体由云计算平台、边缘计算平台和高性能计算平台组成，它们分别为景区智慧大脑各种信息的即时处理提供强大的计算能力。云计算平台主要为景区智慧大脑数据处理提供足够的计算能力，边缘计算平台解决大规模数据传输引发的网络拥堵和服务响应速度降低等问题，高性能计算平台为需要高性能计算能力的应用场合而准备。

3.4.2　智能平台

人工智能服务平台提供一站式的数据分析与挖掘服务，可以支撑数据挖掘和建模的全部流程。平台通过集成主流的机器学习算法库，包括人工智能（artificial intelligence，简称 AI）算法服务平台、商务智能（business intelligence，简称 BI）平台、知识图谱智能分析以及机器学习服务，为满足景区各类场景功能开发的应用需求提供有力支持。

3.4.3   决策平台

景区智慧大脑决策分析为景区管理决策提供基于专业视角的大数据分析支持，通过数字孪生、评价分析以及系统开放服务便捷迅速地展示景区运行数据与基础逻辑论证，同时培养面向不同对象、不同场景的开放与自身迭代的能力，最终为景区管理者呈现详尽、适用且实时更新的决策分析报告。

3.5   应用服务体系

智慧景区应用服务是直接面向景区管理者、游客以及其他用户的各类应用，主要包括资源保护、景区管理、景区服务、景区营销与创新应用五个方面（图3-2），采用互联共享、融合提升、科学管理和体制创新的先进设计理念，逐步建立体验丰富、运转高效的智慧景区应用服务体系。

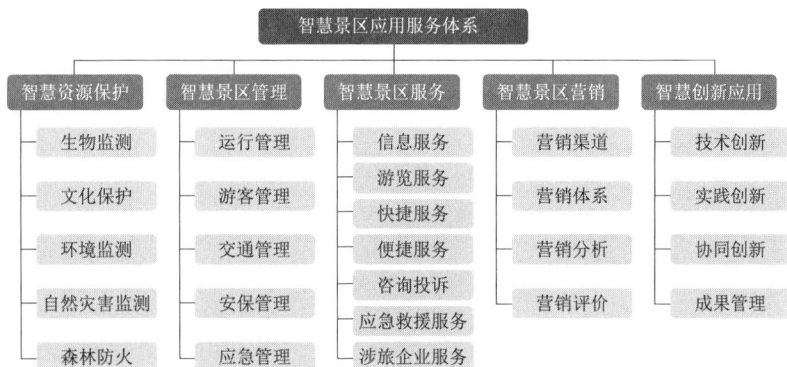

图3-2   智慧景区应用服务体系

3.5.1   资源保护

景区生态环境、文化遗产等资源具有较高的人文和科学价值，是亟须地方重点保护和密切观察的对象。为使景区各类资源能够得到智能化、精细化管理，需要管理者更充分、准确、及时地感知和使用各类资源信息，在生物监测、文化保护、环境监测、自然灾害监测、森林防火等方面通过各类监测管理分析系统对景区资源进行实时监测、数据采集、统计分析、预警预测，实现指挥调度及时补救，方便景区人员对预警数据和违法现象及时获取并现场处置，实现有效的全程全方位智慧化资源保护，全面提升景区韧性。

3.5.2 景区管理

为有效解决景区数据孤岛、信息不共享、分析不全面、调度效率低、资源配备缺乏科学依据等问题，更好地调度管理以服务游客，智慧景区运用云计算、物联网、移动通信和 GIS 等信息技术提升景区日常运行管理、游客管理、应急管理、交通管理水平，提高景区智能协同的办公能力、全方位的运行管理能力、游客服务管理的支撑能力、整合景区分散交通的管理能力，以及巡更安全管理能力，建立事事预防、事事有应对方案的应急管理体系，促进景区管理工作更加精细化、智能化、立体化、联动化，从而大幅度提升景区的管理效率和水平。

3.5.3 景区服务

景区服务是景区的软实力，规范而又个性化的服务不仅能减少旅游质量问题，还有助于提高游客的满意度，提升景区的品牌形象，形成口碑效应。智慧景区在传统景区服务的基础上，运用互联网、云计算、大数据、人工智能、虚拟现实等信息技术打造各类智慧服务应用场景，为游客提供游前、游中、游后的景区服务内容和全方位、个性化的一站式旅游服务，强化景区服务的实用性、及时性，给游客提供新奇体验，并通过服务数据分析不断优化，打造优质的景区信息服务、游览服务、快捷服务、咨询投诉服务、应急救援服务、涉旅企业服务等各类服务，同时提高景区服务韧性。

3.5.4　景区营销

智慧景区的景区营销融合了互联网、大数据、人工智能等信息化技术，运用数字化营销平台与监测分析、营销工具，实现旅游产品创新与推广，提高营销分析决策能力，从营销渠道、营销体系构建、营销分析、营销评价等角度提升景区产品品质及品牌影响力。智慧化营销依托景区的旅游资源，全方位推介景区的景点、酒店、美食、演出、会展、机票、租车、旅游线路及各种产品、商品、礼品，可全面提升旅游营销的效率和效果，达到更好地推广旅游资源、销售旅游产品的目的。同时景区所有营销活动应在资源方景区的统一主导下开展并完成，避免出现失控的无序状态。

3.5.5　创新应用

智慧景区的发展，应用是基础，创新是核心。世界全面进入信息化时代，行业以创意、科技和运营为驱动，不断加速数字化协同产业生态从而智能化发展。智慧景区应紧跟时代潮流，结合景区实际，融合应用新一代信息技术，在游客体验、产业业态、盈利模式、运营模式等方面进行创新实践，通过创意性、数字化、智能化的创新提升能力。在部门协同、多方联动、"产、学、研"合作方面进行协同创新，实现景区资源整合共享与有效利用的系统化、集约化的变革。同时，做好对景区 IP、专利等知识产权创新成果的管理。

3.6　保障体系

　　景区的智慧化建设其实是一个较为复杂且庞大的系统工程，是现代化的技术手段与科学的管理理论的集成，有助于全面提升景区的硬实力和软实力，有利于培养景区的核心竞争力，并且能够有效降低危机发生的概率，减少损失。智慧景区顶层设计、组织保障、运转保障、标准规范等保障体系贯穿智慧景区建设的各个方面，为智慧旅游建设提供基础支撑，确保智慧旅游体系安全、可靠和可持续发展。

3.6.1　顶层设计

　　智慧景区的规划不仅体现在先进的技术手段上，更重要的是景区的服务与管理理念，智慧景区的顶层设计方案需要从需求分析、总体设计、架构设计、标准规范、实施路径设计五个层面开展。通过梳理游客、景区主管部门、景区、企业等服务对象的建设需求，确定智慧景区建设的指导思想、基本原则、建设目标、重点任务等，从而对景区的业务、数据、应用、基础设施、安全体系、标准体系等进行架构设计，最后提出智慧景区建设重点工程的建设运营模式和实施阶段计划，确保智慧景区建设顺利推进。

3.6.2　组织保障

　　智慧景区的组织管理包括组织机构、管理制度、人才管理与资金保障。在组织机构方面，设立智慧景区建设领导小组或景区信息化管理部门、成立智慧景区专家咨询委员会有利于形成智慧景区持续运营的智力支持体系；在管理制度方面，建立智慧景区项目管理制度与指挥调度管理制度，可确保项目和业务顺利运作；在人才管理方面，可从制定培训规则、员工绩效评估和激励、人才流失风险管理三个方面开展，培育结构合理的人才队伍；在资金保障方面，应从项目预算、投融资机制、资金使用制度等多个层面保障合理使用和有效监督。

3.6.3　安全保障

智慧景区的信息安全保障须严格按照国家安全部门对公共场所网络安全的相关要求，建立主机设备安全、网络安全、数据安全及追踪溯源多重防御体系。充分利用身份认证、访问控制、防火墙、网络隔离、数据加密等技术保障系统安全，防止数据泄露和滥用，防范网络攻击和恶意行为，保证智慧景区运营的稳定性和可靠性。

3.6.4　运行保障

智慧景区的日常服务需要各个部门相互配合，保障运作顺利。运行保障体系包括运行机制建立、运维流程管理以及运营管理规范，明确定义各个业务流程的目标和范围、运营步骤、关键成功因素和绩效指标、有关人员的责权利以及各个业务流程之间的关系，确保项目正常有序开展。

3.6.5　标准规范

标准规范体系是智慧景区建设和发展的基础，是智慧景区项目规划设计、建设管理、运行维护、绩效评估的管理规范，包括数据标准、应用标准、安全标准、基础设施标准、管理标准等。标准编制遵循科学性、适用性和规范性要求，标准编制完成后需要专门的工作领导小组监督规范的贯彻执行。

3.6.6　后期保障

　　为保障项目后期持续运营，智慧景区后期保障需要建立对项目设备、工具、数据等方面的维护、监督和评价保障机制，及时建立和维护相关资产数据的保障信息系统，并对项目运营情况进行监测、评估、反馈和改进。

信息基础设施

智慧景区信息基础设施建设以新型基础设施作为引领，应用新兴信息技术对传统基础设施进行赋能增效、改造升级。信息基础设施建设，旨在夯实景区未来发展基础，为景区的管理、服务、资源保护等业务提供设施保障，形成以"泛在、融合、韧性"为特征的信息基础体系。

4.1 概述

智慧景区信息基础设施以大数据、云计算、物联网等新一代信息技术为支撑，对景区的各类信息进行整合、分析和应用，以提升景区的管理效率和游客的旅游体验。信息基础设施的建设在遵循总体规划的前提下，分阶段、分层次进行，建设内容包括物联网感知层、网络通信层和应用层，它们共同组成景区信息基础设施架构（图4-1）。

物联网感知层：各种物联网感知终端，如视频监控、公共广播、安防报警、停车场系统、交通卡口系统、车船管理系统、空气水质监测、票务配套设备、智慧灯杆、信息发布等相关数据采集和传感设施设备等。

网络通信层：包含有线、无线和移动通信技术，如4G/5G/6G、Wi-Fi、卫星、微波、超短波、射频识别（radio frequency identification，简称RFID）、窄带物联网（narrow band internet of things，简称NB-IoT）、星闪（Near Link）等。

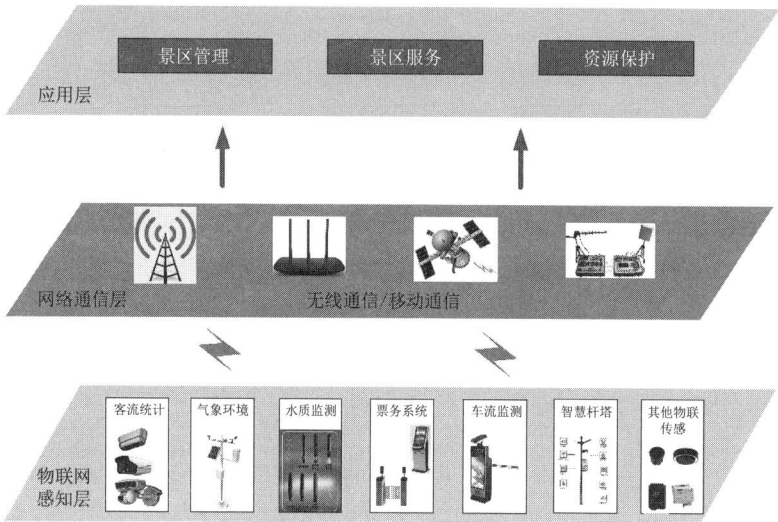

图 4-1　景区信息基础设施架构图

应用层：包含各种景区管理、景区服务、资源保护等业务系统、应用系统或软件系统等。

4.1.1　建设目标

智慧景区信息基础设施建设的目标是通过现代信息技术的应用，提高景区的管理效率和服务质量，同时也为游客提供更加便捷的旅游体验。景区基础设施建设为提升游客体验，提高景区管理效率，采用统一标准、统一规范、统一接口、统一编码等，实现景区信息化建设的标准化和资源共享。

4.1.2　建设思路

智慧景区的信息基础设施建设旨在通过先进的技术手段，提升景区的管理效率和游客的体验满意度，基础设施整体建设思路如下。

4.1.2.1 整合各类信息基础设施

智慧景区的信息基础设施建设需要整合各类硬件设施，包括景区的基础网络、机房建设、视频监控、指挥中心、各种物联传感监测等系统的数据。

4.1.2.2 引入云计算技术

云计算技术在智慧景区建设中扮演着重要角色。它不仅可以提供强大的数据处理能力，还可以实现数据的集中存储和管理。例如，黄山风景名胜区的数据基础设施建设就提出了基于云计算构建智慧黄山风景名胜区数据基础设施的规划方案[16]。

4.1.2.3 利用大数据和 AI 技术

大数据和 AI 技术可以对游客的行为数据进行深度分析，帮助景区实现精准管理和服务。例如，通过对游客消费数据的分析，可以了解游客的消费喜好和频次，从而为游客提供更加个性化的服务。此外，AI 技术还可以应用于人脸识别入园、智能导览等。

4.1.2.4 建立全域网络覆盖

智慧景区的网络基础建设应实现全域网络覆盖，确保游客在景区内的任何位置都能享受到便利的网络服务[17]。包括提供免费Wi-Fi 覆盖，使游客可以随时随地获取旅游资讯和服务。

4.1.2.5 实现信息的全域感知和共享

智慧景区应具备全域信息感知和共享的能力。通过各种传感器和设备，可以实时收集和传输景区内的各类数据，如游客流量、环境监测数据等。这些数据可以帮助景区及时调整管理策略，提高服务效率[18]。

4.1.2.6　优化票务系统

票务系统是智慧景区建设中关键环节。应引入电子票务系统，支持在线购票、二维码入园等便捷方式，同时还可以与各种分销平台对接，实现统一管理。

4.1.2.7　提升游客服务体验

智慧景区建设的最终目的是提升游客的体验满意度。因此，在设计信息基础设施时，应始终以游客为中心，提供全方位的智慧化服务，包括智能导览、语音讲解、一键导航、VR 全景等服务功能。

4.1.2.8　加强信息安全防护

在建设智慧景区信息基础设施的过程中，必须重视信息安全防护工作。应采取相应的技术和管理措施，保护游客的个人信息和支付安全。

综上所述，智慧景区信息基础设施建设思路应围绕整合硬件设施、引入先进科技、优化票务系统、提升游客服务体验和加强信息安全防护等方面展开。通过这些措施，可以实现景区管理的智能化、服务的个性化和营销的精准化，从而提升景区的整体竞争力。

4.1.3　建设内容

智慧景区信息基础设施的建设主要包括各种物联网感知终端、基础网络、数据中心和指挥调度中心。

4.2　物联感知设施设备

物联感知设施设备是智慧景区建设的重点，是建设智慧景区的基础前提。应建设以物联网技术为核心、以感知设备和执行设备为要素的物联感知体系，通过身份感知、位置感知、图像感知、环境感知、设施感知和安全感知等手段及执行器，提供对智慧景区的基础设施、环境、设备、人员等方面的识别、信息采集、监测和控制。

4.2.1 感知设施主要特征

智慧景区部署各种物联网感知终端，如视频监控模块、环境监测模块、通信服务模块、一键求助模块等，用于采集或发布传感数据等。目前存在感知设施种类繁多、标准不统一、设备难协同、数据难互通等问题。为了创造开放、协同的感知体系，让数据在设备与设备之间、设备与云端之间都能自由流动，实现跨设备、跨系统、跨业务的协同，感知终端需遵循设备协调、标准接口、可多端部署、安全保障等要求，按照实际场景需求部署搭载。

4.2.1.1 标准统一

景区各类感知终端产生的感知数据是智慧景区运行的基础要素。感知数据需通过统一物理模型标准、设备接口标准、数据格式标准，为横向、纵向数据互通打下基础。同时以感知终端模型为底座，统一协议、统一管理、统一授信，有效屏蔽不同厂商的差异，减少开发适配工作量，降低安全风险，使数据可靠、高效地流动。

4.2.1.2 设备协同

景区感知终端运行应支持多设备可连接、智能判断、自动协同，取代人工操作。一方面通过连接各类感知终端，使感知终端、控制器与手持终端感知靠近、自连接、自组网，实现配置的自动同步和传感数据的自动上报；另一方面通过感知终端操作系统覆盖大大小小的设备设施，实现各类感知设施控制和互联互认。

4.2.1.3 安全增强

为保证景区物联网终端安全，需构建一套新的协同安全、数据安全的生态秩序，实现"正确的人，通过正确的设备，正确地访问正确的数据"，以保护设备中的数据隐私和网络安全。

4.2.2 感知设施技术构建

对大多数景区而言，所建设的物联传感设施设备从技术构建的角度主要分为以下几类。

4.2.2.1 感知设备

感知设备是指通过传感器获取对象信息，对运行状态数字化采集的设施设备，应具有网络接入功能，能将感知数据传送到服务器。

4.2.2.2 执行设备

执行设备可根据各类应用和指令，对智慧景区的基础设施、环境、设备和人员等进行管理和控制。执行设备包括但不限于环境控制设备、安全执行设备、通告警示设备等。

4.2.2.3 环境控制设备

环境控制设备应具有通过各种环境控制手段对景区的整体或局部环境进行控制的能力。

4.2.2.4 通告警示设备

通告警示设备应具备通过声音、光学等信号对景区的管理者或使用者提出通告和警示的能力。

4.2.3 感知设施功能要素

参考上海市经济和信息化委员会 2022 年 11 月发布的《新型城域物联感知基础设施建设导则（2022 版）》对物联感知终端的分类方法，对智慧景区物联感知前端设施按照应用领域、主要功能、感知设施应用等进行分级分类描述，一级包括资源保护、景区管理、景区服务 3 项；二级包括空气监测、遗产监测、客流监测等在内的 12 项；三级包括土壤水分监测、车船调度、景区周期安全监测等在内的 36 项（图 4-2）。

	应用领域	主要功能	物联感知		
智慧景区感知要素及物联感知前端设施	资源保护	遗产监测	污染气体传感器	物联网倾角传感器	辐照强度传感器
		地灾监测	裂缝倾斜加速度监测仪	雨量站泥位计断线仪	振动传感器
		防火监测	热成像光谱摄像机	烟雾湿度传感器	气体传感器
	景区管理	空气监测	PM$_{2.5}$颗粒物传感器	CO$_2$含量传感器	大气负离子浓度传感器
		气象监测	空气温湿度传感器	风速风向测量仪	大气压强降雨量传感器
		土壤监测	土壤温湿度传感器	土壤水分传感器	土壤pH传感器
		水文监测	水深探测仪	流速流向仪	水质传感器
	景区服务	客流监测	红外/图像客流监控	客流密度计数监控	人脸识别监控
		车辆管理	红外图像识别	雷达激光监测	停车场道闸
		票务管理	门禁道闸	信息发布终端	智慧杆塔
		设施运控	设备箱网电传感	机房设施传感	建筑物传感
		安全监测	周界防护摄像机	光纤传感	微波雷达

图 4-2　智慧景区感知设施分类矩阵

4.2.3.1　资源保护

（1）遗产监测

通过感知前端设施部署和文物保存微环境调控实现对被保护遗产的实时监测、数据采集等。监测类型包括可移动文物监测、不可移动文物监测、生物监测三种。

（2）地质灾害监测

近年来山岳类景区道路的边坡滑坡、崩塌等灾害增多，对游客生命和财产安全构成巨大威胁。地质灾害安全监测的趋势是综合应用多种监测技术和方法。目前国内外比较先进和成熟的技术主要有GPS、三维激光扫描等监测和预警系统。

（3）防火监测

景区火灾监测系统感知前端多采用热成像双目重载云台，通过红外智能烟火检测技术，实现烟火智能识别，并结合高清一体化可见光云台摄像机及后端智能可视化综合监测管理软件实现烟火智能识别并自动报警，与单一采用可见光检测方式相比具有更高的准确性；同时，运用重型数字云台转动的方位角和俯仰角、长焦镜头的焦距实现火点自动精确定位，通过摄像机和传输链路将视频图像和控制信号传输到指挥中心进行监视、存储和管理。

4.2.3.2 景区管理

根据景区微环境监测需求，环境监测前端智能感知设备分为四个类别，分别如下。

（1）气象参数监测感知终端。负责监测局部微环境6项基本气象参数，即空气的温度、湿度、降水量、大气压、风向和风速。

（2）水文参数监测感知终端。该组传感器负责监测局部微环境的流速、水深、流向等。

（3）土壤参数监测感知终端。传感器负责监测土壤水分和土壤温度。

（4）空气质量监测感知终端。该组传感器可对局部微环境的负氧离子、$PM_{2.5}$、CO_2三个因子的浓度进行监测，三个因子反映了当前的空气质量，对外出活动、景区旅游具有指导作用，此类监测主要面向益民服务。

4.2.3.3 景区服务

智慧景区运行管理涉及客流监测、车船管理、景区服务、设施运行控制和安全监测五个方面。功能包括客流计数监测，客流密度监测，双向客流监测，车船调度，停车场监控，道路监控，交通导引，售检票终端，信息发布终端，智慧灯杆、栈桥、管线监测，设备运行监测，重点建筑安全监测，周界视频监控，微波雷达监测，光纤传感监测。

4.2.4 主要物联感知设施设备

智慧景区物联感知设施包括视频监控、客流统计、停车场管理、公共广播、安全报警、车船调度、智慧灯杆等多源异构物联网感知设施（设备），此类设施（设备）的数据采集和转发为智慧景区提供了数据基础。现对智慧景区主要物联感知设施（设备）进行介绍。

4.2.4.1 视频监控

景区视频监控通过技术手段，可以实现远距离、大范围、全天候的区域管控。对景区来说，视频监控可以极大地提升景区的管控力度，降低景区运行风险，同时在突发应急事件发生时迅速反应，为景区保护、管理和服务提供技术支持。

从技术角度来看，视频监控系统的发展经历了三个阶段：第一代模拟视频监控系统，第二代数字视频监控系统，第三代网络视频监控系统。得益于互补金属氧化物半导体（complementary metal oxide semiconductor，简称 CMOS）、数字信号处理器的发展和数字压缩技术的进步，视频监控系统迈入"高清"时代。CMOS 传感器与先进的 DSP 以及编码方案相配合，使高清视频监控成为现实。网络视频监控前端摄像机的分辨率已从 100 万像素升级到 200 万、500 万、800 万甚至 2000 万像素。视频监控"高清化"的同时也为视频监控系统的"智能化"提供了基础，为视频监控系统的智能分析收集到大量的原始数据信息，极大地促进了监控数据的深度开发和利用。

景区视频监控系统以适应复杂使用环境为目标，建设一套智能化的全天候综合防控系统。具体要求如下。

（1）集成化：景区视频监控系统采用全国安全防范报警系统标准化技术委员会 2023 年 7 月 1 日开始实施的《公共安全视频监控联网系统信息传输、交换、控制技术要求》GB/T 28181—2022，通过综合管理集成平台，对现有标清监控系统、视频会议系统、GIS、指挥调度系统等进行集成，实现与其他各个系统资源的互联互通。

（2）智能化：智能分析技术集合了视频图像处理、视频图像分析以及大数据等多领域的前沿技术，通过智能分析技术使指定事件与视频图像建立对应的映射关系，使智能分析模块从海量的视频图像信息中快速准确地识别、提取目标物体并对其行为进行分析理解，实现对事件的提前预判。视频智能分析模块采用嵌入式的智能视频分析算法（主要包括烟火识别、地质灾害监控、区域入侵检测、人员徘徊检测、人群密度检测、物品放置及拿取检测、车辆检测等），通过平台指定接口与前端监控系统联动，支持前端重型转台摄像机、激光夜视云台摄像机及红外快球摄像机自动跟踪与报警。

（3）全天候：景区视频监控系统需要全天候稳定运行，因此系统需结合景区使用环境建设一套稳定可靠的供电系统。针对景区特殊市政条件，采用太阳能、风能、不间断电源（uninterruptible power supply，简称 UPS）和市电互补的供电系统，为监控设备提供电力保障。在进行监控系统设备选型时，充分考虑设备的环境适应性，设备在适应环境的前提下还需具有低故障率、高维护性的特点，室外设备应可防装卸冲击、防雨、防潮、防积冰、防尘等。

（4）存储方式：景区视频监控系统的存储构架可采用前端存储、后端视频监控平台集中存储或两者相结合的存储方案，前端视频监控视频或图片存储时间不少于30天，依据2018年12月起实施的《安全防范工程技术标准》GB 50348—2018和2021年12月起实施的《公安视频图像信息系统安全技术要求》GA/T 1788—2021的规定，一般视频监控系统图像存储设计为不少于30天。

景区视频监控系统按照系统功能可分为四个部分：前端采集部分（包括固定点位视频监控系统、移动无线视频监控系统、振动入侵探测系统和动力环境监控系统），监控部分（包括显控系统、存储系统、控制管理系统、智能分析系统），传输部分（有线网络、无线网络），基础配套系统（包括供电系统、防雷接地系统，防护系统等）（图4-3）。

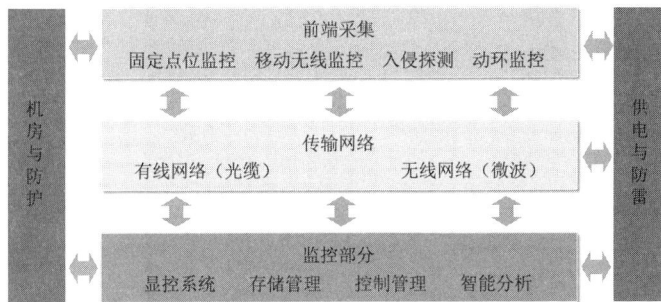

图4-3 景区视频监控系统基本功能组成图

景区视频监控系统建设覆盖范围广，地势地形变化较大，地理环境复杂，理想条件下采用新建有线光纤传输的方式来监控。在布控任务重、工作临时性强、固定监控无法覆盖的区域及地形复杂、环境恶劣、施工难度大、建设成本高的区域采用新建无线传输视频的方式来实现对区域的实时监控。

无线视频监控前端包括便携监控、单兵和车载图传。主要由便携式接收主机、单兵主机、天线、多功能接收机、滤波放大器等设备组成。前端图像及信号融入有线视频监控，并接入监控管理平台。

传输方式主要采用光缆、电缆和无线（微波、超短波）传输方式。

4.2.4.2　客流监测

依据 2000 年 1 月 1 日起发布的《风景名胜区规划规范》GB 50298—1999 中的规定，在保持景观稳定性，保障游人游赏质量和舒适安全的前提下，以及在合理利用资源的限度内，单位时间、一定规划单元内所能容纳的游人数量是限制某时、某地游人过量集聚的警戒值。

国家旅游局 2015 年 4 月 1 日起发布《景区最大承载量核定导则》（简称《导则》），《导则》要求各大景区核算出游客最大承载量，制定相关游客流量控制预案，并对具体的容量测算的依据和方法给出详细的数据及公式。《导则》的出台为景区客流监控制定了国家标准，有利于充分保障旅游者安全，防范踩踏事件等安全事故发生。

2020 年 4 月 13 日，印发《文化和旅游部　国家卫生健康委关于做好旅游景区疫情防控和安全有序开放工作的通知》，指出各地在做好旅游景区疫情防控工作的前提下，坚持分区分级原则，严格落实文化和旅游部资源开发司 2021 年 10 月 26 日发布的《旅游景区恢复开放疫情防控措施指南》要求，做到限量、有序开放，严防无序开放。疫情防控期间，旅游景区只开放室外区域，室内场所暂不开放；旅游景区接待游客量不得超过核定最大承载量的 30%。收费景区在实施临时性优惠政策前要慎重做好评估，防止客流量超限。

景区通过对重点监测区域进行客流密度监测，可自动计算客流密度并据此判别区域的拥挤程度。当客流密度达到设定的阈值时系统会自动显示预警信息，提示工作人员根据处理预案运行支持人群密度显示、全局及区域人数统计、人群密度阈值报警联动的监视功能，为人群全局监测、焦点监测提供强有力措施，实现大范围人群密度实时检测报警。可进行可视范围内人群分布态势叠加热力图的直观展示。

一般客流监测系统（图4-4）主要由前端摄像机和后端管理平台组成，其中前端摄像机包括双向激光客流摄像机、客流计数摄像机、人员密度监控摄像机。通过客流监测的技术手段，获得景区内特定区域实时的人员数量和密度；实现全域客流的精准统计和实时图形化展示，为客流分流引流提供数据支持；建立景区人员密度分级预警级别机制，确定各级预警级别的人员密度阈值；根据景区密集状态启动相应预案，采取措施，控制街区人数，恢复景区正常

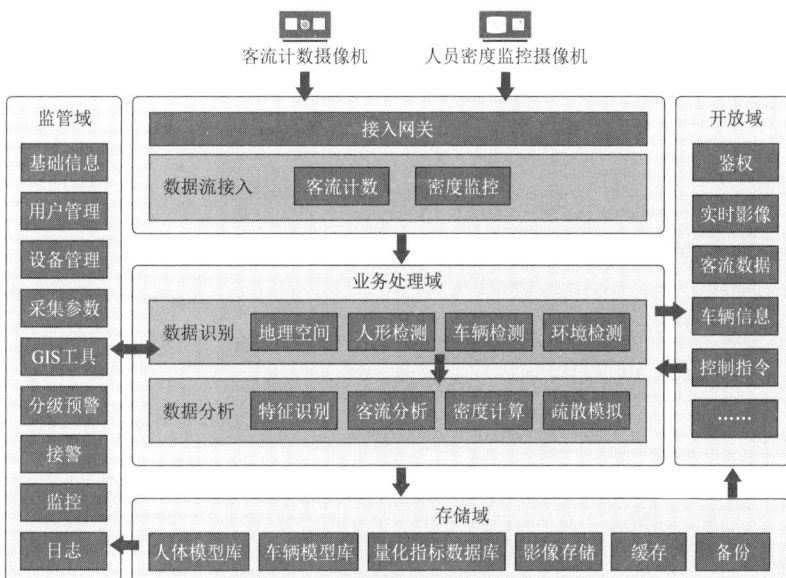

图4-4　客流监测系统功能框架图

游览秩序；实现突发状况下人员快速疏散，开展人员疏散模拟优化分析，确定最优疏散方案，引导人员快速安全疏散，并与相关部门联通，信息共享。

目前，市场上客流监测前端感知设备主要包含激光客流设备、双目客流计数设备及视频客流设备三种。其中激光客流设备统计精度最高，可达99%，且安装环境不受光线影响，但设备价格较高。双目客流计数设备是在视频客流设备基础上发展起来的，相比视频客流设备精准度大大提高，但在纯户外环境下受光线、环境可见度等影响会有一定的波动。精准度最低的是视频客流设备，由于采用图像识别的方式，一般不建议安装于室外环境。

4.2.4.3　智慧灯杆

根据于2020年1月发布的《住房和城乡建设部关于开展人行道净化和自行车专用道建设工作的意见》（建城〔2020〕3号），在景区关键游览路线实现"多杆合一""多箱合一"，集约设置景区内各类杆体、箱体等。

智慧灯杆包括杆体及其搭载的感知终端（各类设备和传感器）是集智慧照明、信息发布、视频监控、环境监测、通信服务、能源服务和一键求助等诸多功能于一体的一种物联网新型基础设施，其物理实体如图4-5所示。

智慧灯杆作为各类物联网感知终端的公共载体，具有通电、联网、分布广泛等特点，像神经元渗透到城市的公路、街道及社区等各个角落。而物联网实现万物互联离不开广泛分布的传感器和无处不在的通信网络。因此，智慧灯杆被视为前端物联基础设施的必要一环，同时具有以下两点优势。

供电能源方面，智慧灯杆作为照明基本载体，具备通电功能，根据景区地理位置和光照强度确定智慧灯杆供电方式，可采用普通市电供电方式、搭载太阳能板或风力发电设备提供电源。

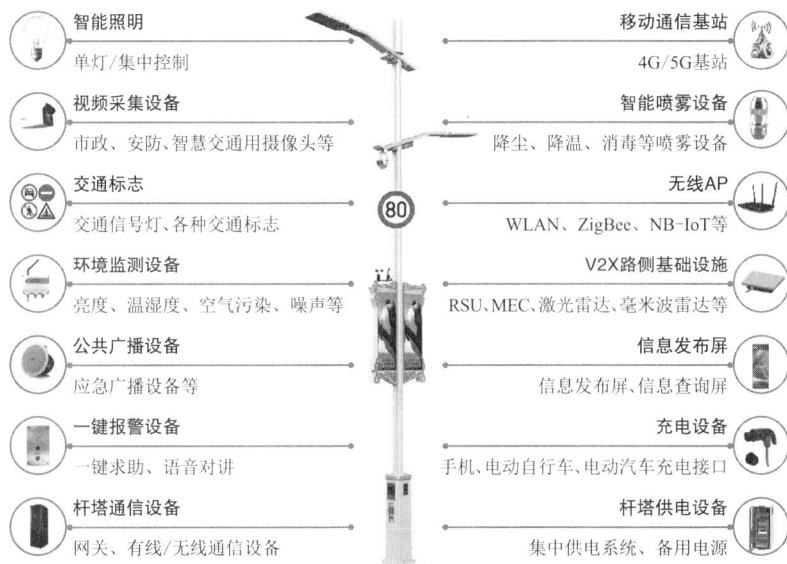

图 4-5 智慧灯杆功能示意图

布局密度方面，智慧灯杆分布于重要客流通道和节点，可通过在智慧灯杆上布置环境传感设备，实现温度、湿度、气压、风速、风向、雨量、辐射、光照度、紫外线、$PM_{2.5}$、PM_{10}、CO、SO_2、NO_2、CO_2、O_3、噪声等环境数据采集。

通常智慧灯杆系统架构由感知层、网络层和应用层组成（图 4-6）。其中搭载的感知层主要包括各种物联网感知终端，如智慧照明模块、信息发布模块、视频监控模块、环境监测模块、通信服务模块、能源服务模块、一键求助模块等，用于采集或发布传感数据等。感知终端遵循统一部署和标准接口，实际部署时可根据实际场景需求，搭载相应感知终端。

智慧灯杆系统需与智慧景区数据平台进行数据交换，智慧灯杆系统的多种传感数据需通过标准接口上传至智慧景区数据平台，数据平台汇总、分析、转换、处理智慧灯杆相关数据，并通过智慧灯杆系统进行统一信息管理和发布。

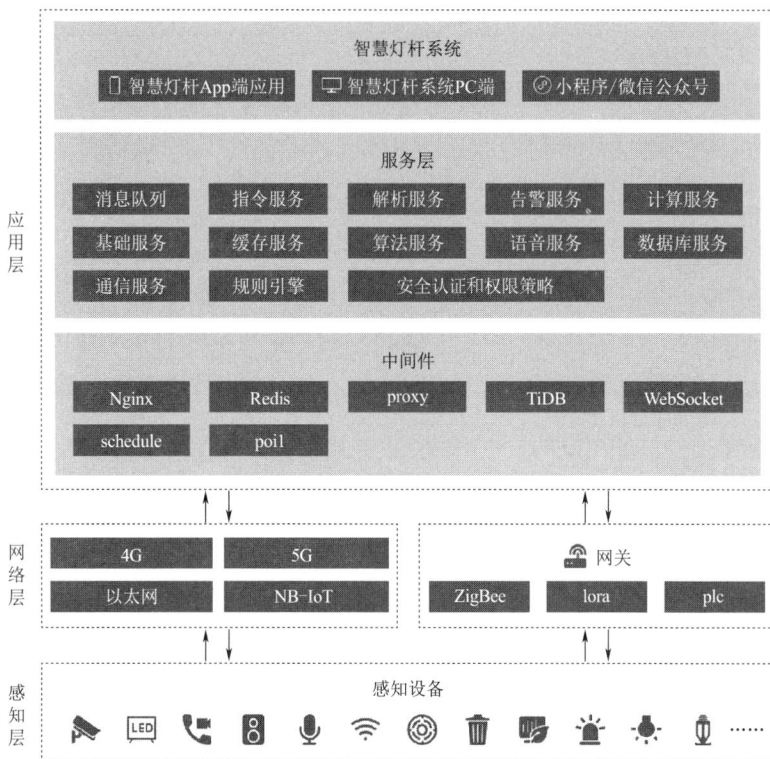

图4-6　基于智慧灯杆物联网系统架构图

4.2.4.4　防雷系统

为最大限度保证设备的防雷安全，按照国家及国际标准，采用多级防护策略。即电源防护和信号防护均应采用三级防护：电源防护即总电源处采用第一级防护，机房电源处或 UPS 前采用第二级防护，用电设备前采用第三级防护；信号防护一般在外线接口处采用第一级防护，交换机路由器处采用第二级防护，终端设备处采用第三级防护。防雷的安全性与采用的防雷级数成正比，因此多一级防雷装置，防雷效果更可靠更有效。

景区由于地理和气候环境特殊，为了保证机房及设备的防雷电安全，应设计直击雷防范和感应雷防范。

（1）直击雷防范：直击雷防范要求接地体的接地电阻在1Ω以下。户外视频杆直击雷防范可以采用上接避雷针的方式，通过良好的电气通路将雷电流导入大地。在机房根据现场环境因素、当地雷暴日及雷电活动规律采用合适的直击雷防护方案，并做好接地网等电位联接。

（2）感应雷防范：感应雷防范主要采取机房屏蔽、设备等电位连接的方式，并配备相应的电源防雷器以及信号防雷器，其中，电源防雷器宜选用具备在线监测功能的，通过监控平台了解防雷器隐患信息。

防雷系统的防雷与接地应符合《安全防范工程技术标准》GB 50348—2018中6.11及《建筑物防雷设计规范》GB 50057—2010、《建筑物电子信息系统防雷技术规范》GB 50343—2012中规定。

4.2.4.5 防灾监测

综合防灾监测感知设备是一种能够对野外灾害环境进行实时监测和预警的设备，需要具备高精度的定位、数据采集、通信、预警和救援等功能，能够对野外灾害环境进行快速、准确地监测和预警，为防灾工作提供有力支持。一般包括以下几个方面。

（1）定位设备

例如GNSS（中国北斗系统、美国GPS等）、基站定位系统等，用于对目标地进行精确定位，帮助监测人员快速找到目标位置。

（2）数据采集设备

例如摄像头、传感器、激光雷达等，用于采集环境数据，包括温度、湿度、光照、植被、土壤等，以及对目标物体的运动、方向等进行分析。

（3）预警设备

例如预警雷达、气象预报设备、地震预警系统等，用于对灾害进行预测和预警，提前通知监测人员可能发生的灾害风险。

（4）通信设备

例如无线通信基站、卫星通信设备等，用于保证监测人员之间的通信畅通，以及实时传输灾害环境数据。

（5）救援设备

例如救援车辆、直升机、无人机等，用于紧急救援和物资运输。

4.3 基础网络

4.3.1 通信技术

4.3.1.1 传输采用的技术

依据景区业务和基础设施条件，景区涉及的传输技术包括以下几种。

标准 AIS 系统（156.025～162.025MHz）、无线呼救（433～443MHz）等系统，工作在 UHF 频段，采用 GMSK、跳扩频等技术等；NB-IoT 基于蜂窝的窄带物联网，可直接部署 LTE 网络，采用的频率为 900MHz 频段；TD-LTE 主要采用基于正交频分复用（OFDM）的射频接收技术和分集天线技术，采用的频率为 1.88～1.9GHz、2.575～2.635GHz；微波视距通信提供宽窄带两种传输能力，宽带通信工作频段为 X 频段（7.7～8.5GHz），窄带通信工作频段为 UHF 频段（800～1000MHz）；卫星通信技术包括 FDMA、TDMA、SCPC、DAMA、对潜瞬间快速报数据专用技术体制，采用的频段主要有 L（1518～1525MHz、1668～1675MHz）、Ka（28～30GHz）、Ku（11.0～14.5GHz）等；光传输方面主要包括 DWDM、ASON、OTN、PTN、MSTP、远距离可见光等技术，采用的频段为 380～790THz。

4.3.1.2 各传输技术手段在系统中的作用

Ku 卫星通信：Ku 卫星通信使用甚小口径卫星终端站（very small aperture terminal，简称 VSAT）技术体制，提供最高

2Mbps 的传输带宽，在缺乏基础网络保障时提供回传链路，是景区在突发应急情况下现场平台接入后援基地的重要传输手段。

Ka 卫星通信：Ka 卫星通信具有大容量传输的能力，提供最高8Mbps 的传输带宽，面向具有大带宽需求的终端用户，提供高速信息回传链路。

光纤：光纤是景区内通信网、物联网主干线路的主要实现手段，包括景区自建传输网络、电信运营商线路。

UHF 通信：UHF 是 AIS、无线呼救等系统使用的主要波段。用于 AIS 终端、呼救终端到接收机的信息接入。

视距微波：视距微波在视距条件下具备最高 64Mbps 的传输带宽，主要用于有限距离内不具备光纤布设条件，但需要满足传输主干布设需求。

4.3.2 有线网络

景区基础网络应通过接入互联网、政务网、电信网、广播电视网等外部网络，形成满足景区内部指挥调度、游客服务、视频监控、应急管理等需求的内部局域网，以保障数据中心、景区办公、前端感知设备、应用终端等的信息和数据交换。可铺设以景区中心机房为核心的通信线路，即在游客中心、售检票处、办公区域、指挥中心、景区主要景点、车行道、游步道铺设弱电管线、通信光缆或网线，并融合有线、无线的通信服务，有 4G 以上的通信信号和无线网络覆盖。

4.3.2.1 网络顶层规划

物理网络方案采用简洁高效的二层架构，由外联域、互联网出口域、对外服务域、核心交换域、运维管理域、系统业务域、终端接入域等组成，骨干链路均采用万兆互联，千兆到桌面，核心交换机和汇聚设备互联至主备机房，整个网络全面支持 IPv6 服务。

　　互联网一主一备双链路方式，同时接入政务网、电信网、广播电视网等外部网络。

　　内部接入部分采用以太网和全光网结合的方式组网，景区外办公及生活区采用以太网组网，终端通过接入交换机与汇聚交换机互联最终上联至核心，景区内采用全光网组网方式，光网络单元（optical network unit，简称 OUN）互联光分器与光线路终端（optical line terminal，简称 OLT）设备双机双联路互联，最终上联至核心。

　　整个网络的安全根据景区实际需要布设，此处以国家网络安全等保二级为例，总体网络拓扑如图 4-7 所示。

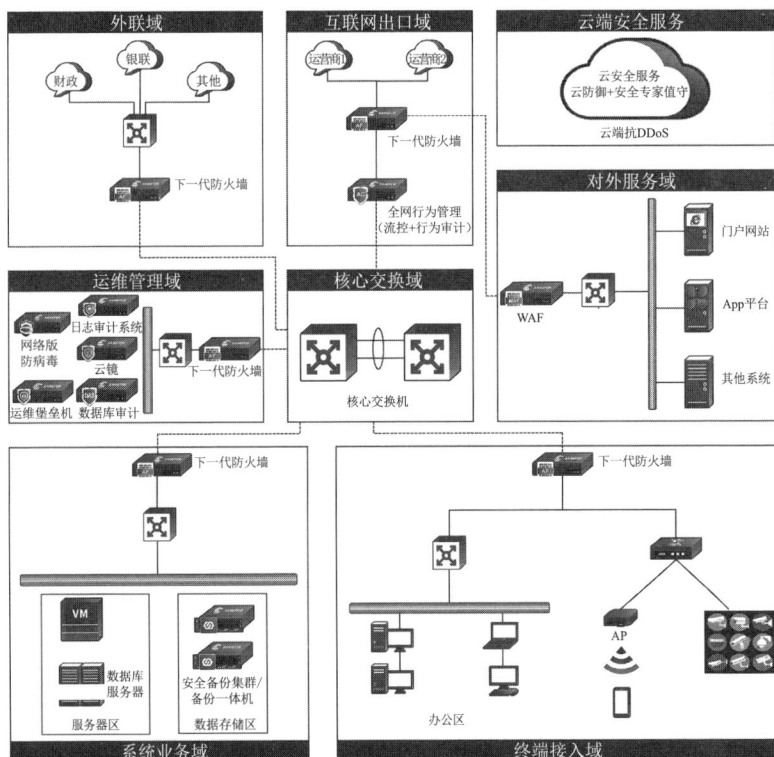

图 4-7　总体网络拓扑图

4.3.2.2　全光接入网络

（1）OLT 设备：部署在中心机房，采用双机部署，作为全光网络对接核心网络的重要节点。

（2）分光器：部署在路侧，采用分光器，主干光纤采用双归接入，分别接入到核心机房的两台 OLT 设备，主干光纤链路选择为不同路径光缆（骨干光缆环形中的顺时针和逆时针双路），配线光纤采用单路接入到 ONU。

（3）ONU 设备：部署在路侧立杆，采用工业级室外 ONU，满足景区视频监控、环境监控、应急广播、森林防火及智慧灯杆等场景网络接入需求。ONU 设备的上行需满足双归属，即核心机房的 OLT 设备级别的冗余保护。

（4）应用终端：无线 AP、广播、监控、信息发布等。

4.3.2.3　IP 地址规划

根据全景区网络设备、业务类型、前端设备数量、用户接入数量等做顶层 IP 地址和路由策略规划。

建议 IP 地址的管理和分配采用动态及静态结合的方式，普通用户的 IP 地址由 DHCP 服务器动态分配，同时为各种主机、服务器、网络设备分配足够的 IP 地址，划分独立的网段，以便能够实现严格的安全策略控制。

IP 地址分配处理不仅要考虑到连续性，还要能做到具有可扩充性，并为将来的网络扩展预留一定的地址空间；充分利用无类域间路由（classless inter-domain routing，简称 CIDR）技术和变长子网掩码（variable length subnet masking，简称 VLSM）技术，合理高效地利用 IP 地址。

4.3.3　无线网络

　　无线承载网络依托先进的无线通信技术，开展景区物联网业务
采集、无线上网和景区监测等数据承载业务。

　　智慧景区的发展需要一步到位地建设为专属服务的无线承载网
络，能够在非视距的条件下为用户提供固定及移动场景下的高带宽
无线数据接入业务，以及数据采集、语音通话、视频监控等多种业
务，能有效解决"安全运行"和"应急管理"领域处理能力不足的
问题（图 4-8）。

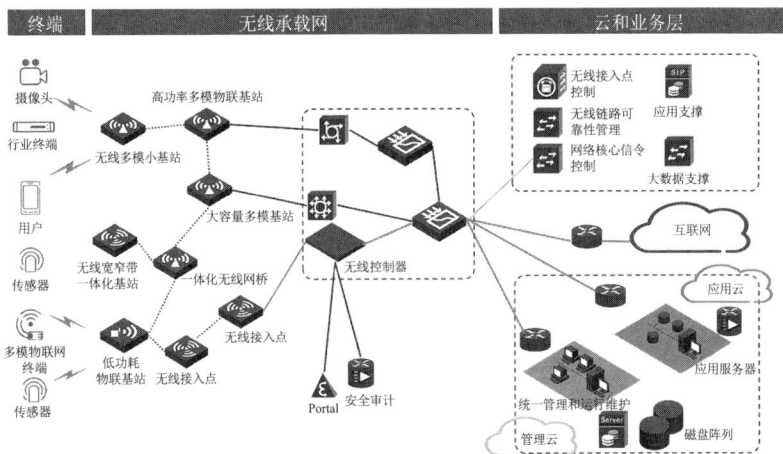

图 4-8　无线承载网络综合设计

　　为响应公安部 2006 年 3 月 1 日起施行的《互联网安全保护技
术措施规定》的相关要求，建立一个通过实名制管理、具有完善的
授权管理体系并方便查询接入无线设备的使用人及所在单位、设备
名称、MAC 地址、IP 地址等关键信息的认证与审计系统。

　　整个无线网络采用"接入点 + 控制平台"的网络架构，在中
心机房部署无线控制器，将无线控制器旁挂于核心交换机上并能
够相互备份冗余；各热点区域的接入点通过运营商网络进行统一

集中管理，统一由控制平台下发配置；接入点采用 PoE 交换机或者 PoE 注入，通过网线进行 PoE 供电；整个景区的无线用户接入时由中心端的认证平台进行统一实名认证，且整个景区内无线漫游（图 4-9、图 4-10）。

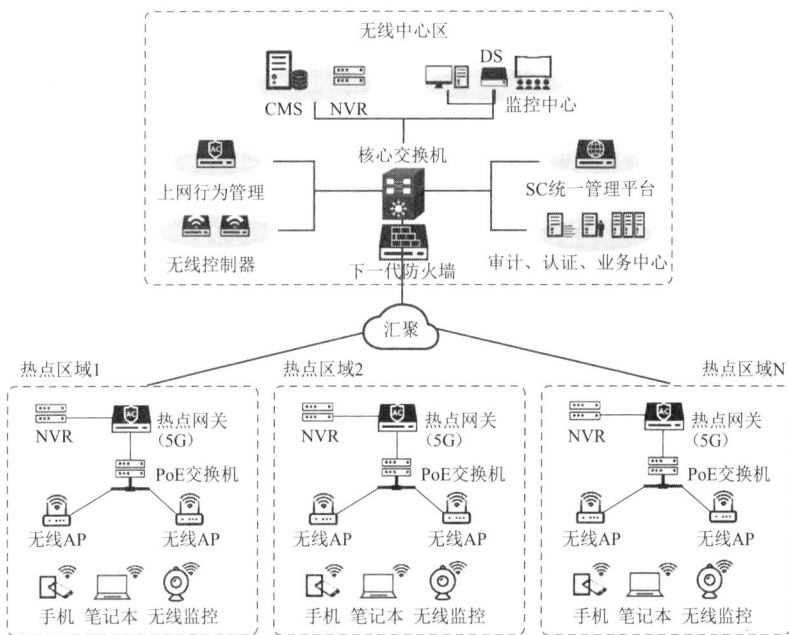

图 4-9　景区无线网络组网拓扑示意图

图 4-10　景区无线网络射频规划

景区通过无线网络可实现广告营销、大数据挖掘、用户行为分析、客流分析、热点地图等。

景区无线网络实现严格的内外网隔离，保证景区内部办公网络既可访问内部资源又可访问公共网络，而游客只允许通过 Wi-Fi 访问公共网络。利用无线控制器的上网行为管理，控制内外网的访问权限。

景区内部工作人员接入时即需要认证，可采用安全证书、用户名口令作为接入网络的凭据，通过认证的用户才允许接入网络。游客移动终端连接景区无线 Wi-Fi，可采用短信验证码或微信认证等方式。

4.3.4　网络安全及审计

景区的无线网由于其开放性，需要安全手段保障无线接入的安全性，保证接入后的权限管理以及接入用户的网络安全。景区无线网属于公共场所信息基础设施，需要遵守《互联网安全保护技术措施规定》《网络安全法》，对游客的上网行为进行管理及审计，防止景区免费 Wi-Fi 带来不必要的法律风险。

4.4　数据中心

景区应建设小型实用的数据中心机房，在机房基础环境建设基础上规划建设网络安全系统、计算存储系统等。景区数据中心机房设计和施工应符合《数据中心设计规范》GB 50174—2017 和《数据中心基础设施施工及验收规范》GB 50462—2024 的规定。基于数据中心基础设施，景区可自建私有云，或租赁通信运营商、系统资源提供商的公有云平台服务，用于部署景区各种业务系统。服务器的硬件和功能应符合《计算机通用规范　第 3 部分：服务器》GB/T 9813.3—2017 的规定。

4.4.1 计算和存储资源

4.4.1.1 公有云平台

智慧景区通过采购服务的方式购买公有云服务，利用公共网络以低廉的价格或免费获得具有弹性的计算资源和服务，根据服务使用量支付费用。可在公有云环境中构建和运行可弹性扩展的应用，在复杂、快速变化的竞争中形成可扩展的、敏捷的、高弹性的、高稳定性的景区业务系统。使用公有云服务不仅可实现不同设备间的数据共享，还能降低景区数字化进程的技术门槛和购买计算资源的成本。

公有云服务按照服务模式可分为以下三类：基础设施即服务（infrastructure as a service，简称 IaaS），平台即服务（platform as a service，简称 PaaS）和软件即服务（software as a service，简称 SaaS），服务模式分类如表（表 4–1）所示。

服务模式分类

表 4–1

服务模式	IaaS	PaaS	SaaS
定义	为用户提供通用计算、存储、网络以及其他基础计算资源，客户通过该服务直接运行任意软件	为客户提供开发语言和工具硬件等，支持应用程序开发，用户可通过该服务控制发布的应用程序和配置应用程序运行环境	为用户提供在云基础设施使用的应用程序，用户可通过客户端设备访问
分类	云主机（Cloud host）	中间件（middleware）	企业资源管理（enterprise resource management，简称 ERM）
	云存储（Cloud storage）		客户关系管理（customer relationship management，简称 CRM）
	内容分发网络（content delivery network，简称 CDN）	应用开发平台（application development software）	协作应用程序（collaborative App）
		数据库（database）	内容应用程序（content App）
	其他	其他	其他

目前国内可获得公有云的平台资源包括：互联网企业创建云（阿里云、腾讯云、百度云）、服务器制造商创建云（中科曙光、紫光云、浪潮云）、运营商创建云（天翼云、移动云、沃云）、IDC 创建云（世纪互联、新网、鹏博士）、国企创建云（中国电子云、中国电科云）、金融业云（平安云、建行云）、独立第三方云服务商（迅达云、七牛云）、国资云服务商（天津国资云）、通信设备商创建云（华为云）等。

4.4.1.2 私有云平台

景区私有云平台即在景区本地自建数据中心，包括私有云计算平台所需的硬件资源（包括各类服务器设备、网络设备）及分布式云操作系统、安全和运维软件等，私有云平台具体需要包含以下功能（表4-2）。

私有云基本功能表

表 4-2

类别	功能点	具体内容
总体要求	一体化平台	• 统一提供从网络、服务器、分布式操作系统到云管理、云服务的一体化平台 • 具备完整的云资源调度、管理和监控能力
	全面支持弹性扩展	• 支持通过负载均衡服务及分布式扩展特性，获得灵活的弹性伸缩能力 • 能够通过增加硬件的方式实现云平台无缝扩容
	必要的安全能力	• 支持云平台内部各种纵深安全机制 • 支持多租户的数据安全机制
	具备统一的运维监控能力	• 提供从软件到硬件、从数据到应用、从云平台到大数据平台的统一运维监控机制，保证端到端的运维监控能力
	基于通用的硬件设备	• 采用标准化、通用性服务器及网络设备，获得适应当前技术潮流的最佳平台性价比
云安全软件	Web 应用防火墙	• 支持部署 Web 应用防火墙软件系统，帮助云内用户应对 Web 攻击、入侵、漏洞利用、挂马、篡改、后门、爬虫、域名劫持等网站及 Web 业务安全防护问题
	主机安全防护	• 支持网站后门查杀、恶意文件基本查杀、黑客账户检测、账户异常登录保护、账户暴力破解拦截等功能

续表 4-2

类别	功能点	具体内容
虚拟专有网络	支持虚拟专用网络	• 支持大量网络用户之间的隔离，保证用户信息安全 • 支持为每个虚拟专有网络提供独立的虚拟路由器、虚拟交换机组件，可以更加多选择性地组网 • 在税务机关对数据的安全要求下，虚拟专有网络可以支持更加细粒度的访问控制和隔离
分布式云操作系统	分布式云操作系统	• 支持以服务的方式支撑用户或者应用系统访问 • 满足为上层的云服务提供存储、计算和调度等方面的底层支持，主要包括协调服务、远程过程调用、安全管理、资源管理、分布式文件系统、任务调度、集群部署和集群监控
	分布式文件系统	• 提供海量的、可靠的、可扩展的数据存储服务 • 支持随机读写和追加写的操作 • 支持增量扩容和数据的自动平衡，提供用户空间文件访问 API
	任务调度	• 提供调度服务，同时支持强调响应速度的在线服务和强调处理数据吞吐量的离线任务 • 提供自动检测系统中故障和热点，保证作业稳定可靠地完成
	集群监控和部署	• 提供对集群的状态和上层应用服务的运行状态及性能指标进行监控的服务，并对异常事件发出警报和记录 • 为运维人员提供整个分布式云操作系统平台以及上层应用的部署和配置管理 • 支持在线集群扩容、缩容和应用服务的在线升级
	分布式系统底层服务	• 提供分布式环境下所需要的协调服务、远程过程调用、安全管理和资源管理的服务 • 为上层的分布式文件系统、任务调度等模块提供支持
监控管理系统	监控管理	• 提供前后台人员统一的云平台监控管理系统服务 • 支持可视化大屏，涉及架构可视化、计算资源可视化、成本对比分析、存储可视化、应用可视化、应用详细信息、安全运营监测等

4.4.1.3 混合云架构

混合云是将私有云和公有云相互结合，实现最佳的资源整合，达到既满足安全性又满足网络、计算可伸缩的要求。

构建景区统一的基础云平台，隔离出专属虚拟化资源池。景区私有云平台服务对象面向景区管理者，实现视频数据本地化管理。

混合云逻辑架构的设计如图 4-11 所示。

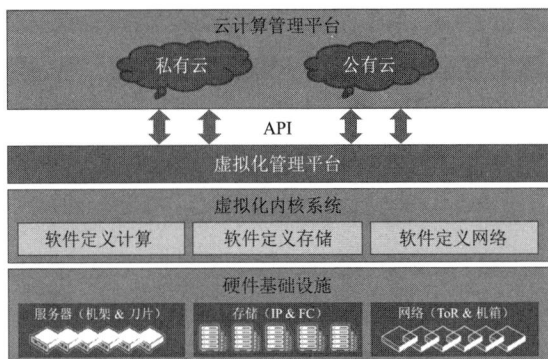

图 4-11　混合云架构图

（1）云计算管理平台

云计算管理平台是云计算资源的操作系统，对云计算数据中心的计算、存储、网络资源进行统一管理和自动化调度，提供图形化的操作界面，使用者仅通过点击、拖拽即可实现对资源的申请、删除等全生命周期管理操作，云计算管理平台接收使用者指令后对资源进行自动化调度，支撑并帮助使用者完成操作。

（2）虚拟化管理平台

虚拟化管理平台是云计算数据中心的中间层，包括服务器虚拟化、存储虚拟化、网络虚拟化。一方面承担计算、存储、网络的虚拟化功能，承担 1：N 与 N：1 的虚拟功能，对虚拟资源进行统一管理；另一方面根据云计算管理平台的操作指令，完成对相应资源的管理与调度操作。

（3）硬件基础设施

硬件基础设施层包括服务器、存储、网络、安全等硬件资源，是云计算数据中心的硬件支撑层，为上层的云计算服务提供硬件支撑服务，其中，服务器进行虚拟化后提供云主机服务，存储进行虚拟化后提供云存储服务，网络进行虚拟化后提供云网络服务。

4.4.2　机房基础环境

风景名胜区按照《数据中心设计规范》GB 50174—2017，结合景区具体环境和其他条件因素，规划满足景区智慧应用需求的数据中心机房。景区提升、改造或新建机房，推荐采用一体化模块机房，可集成配电系统、动力环境监控、制冷系统、机柜、布线、消防等基础设施。作为一种新型数据中心解决方案，在满足传统数据中心对机房基础设施的需求的同时，相较传统 IDC 机房有以下优势：一是模块化标准化设计，灵活匹配各种景区需求与情况。二是一体化模块机房能够实现快速部署，缩短建设周期，甚至可以在工厂实现整体联调，直接运到现场，水电以及网络接入后，直接投入运行。三是可以分期建设，易扩展，在减少初期投资的基础上，实现了数据中心的按需部署，避免固定资产闲置浪费，同时保证了大型数据中心的任意 IT 空间的基础设施配置达到最佳状态。四是绿色节能，模块化数据中心实现 IT 设备按需供电与制冷，让供电和制冷系统的容量与负载需求更为匹配。五是集装箱数据中心易搬迁，具备传统数据中心所不具备的户外放置特性，以及实现机房可搬迁特性。

4.4.2.1　供配电系统

景区数据中心机房要求符合《数据中心设计规范》GB 50174—2017 中的 B 级以上标准。

景区数据中心机房按照国家规定设计为一级负荷，两路电源互为备用，每路电源均能承担本工程全部负荷，即当正常工作电源因事故停电时，另一路备用电源能够自动投入。

电气系统参照主流 IDC 设计标准，采用"双主用、全冗余"的设计，系统可用率达到 99.995%。

供配电系统是整个"一体化"模块机房的基础系统工程，要求具备高安全性、高可靠性，且易于维护和在线扩容。"一体化"模块机房内的 IT 设备和网络设备由 UPS 供电。配电线缆、配电柜及相应的电路，都以满足用电峰值为其设计负荷。

——"一体化"模块机房中，供电输入方式有市电 +UPS。

—— UPS 系统为 N 或 N+1 配置。

—— UPS 采用高效节能 UPS，如高频机架式或"一体化"模块 UPS，UPS 效率在 50% 负载时应达到 94% 以上，在 30% 负载时应达到 93% 以上。

—— UPS 供电后备时间不少于 30min，可根据实际需求增加或减少后备时间。

——宜采用一体化综合柜。一体化综合柜包含 UPS 及其配电系统、机架式空调及其配电系统、IT 设备支路配电系统和监控系统。

—— IT 设备支路配电输出应根据 IT 容量需求配置断路器容量和数量，并预留一定量的开关，以备满足后期增加的设备。

——空调支路配电输出根据实际需求配置断路器容量和数量，并预留一定量的开关。

——模块化综合柜支持上 / 下走线，落地式安装，前操作后维护。

——系统备电要求电池包、电池柜和电池架可选，电池柜 / 电池架支持 12V 铅酸电池，并配置直流型断路器。

输电线路从进线到末端设备全程采取双路物理分隔、独立路由的设计，提高系统容错和防灾能力（图 4-12）。

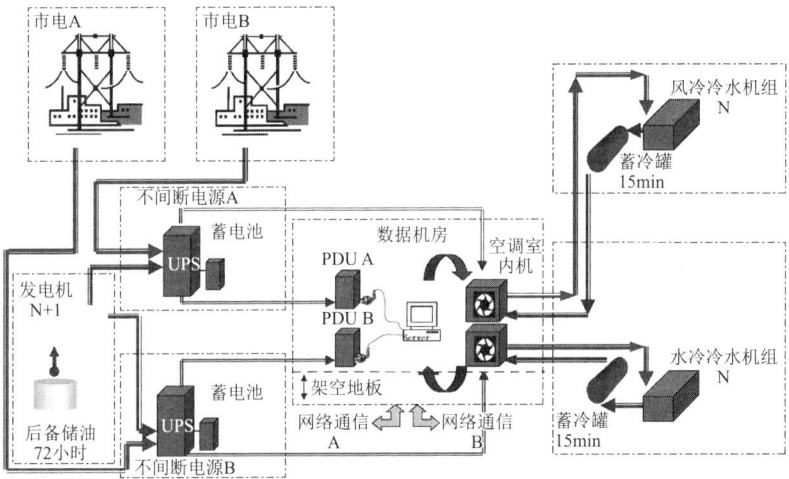

图 4-12　数据中心机柜系统架构图

（1）配电采用分开化设计，包含 IT 配电、空调配电、照明配电等其他用电设备。

（2）IT 设备配电，由发电机等系统提供不间断电源，经过配电单元输出给每机柜 PDU，每个机柜设置 2 个 PDU，保障 IT 负载双回路供电的可靠性。

（3）配电柜供电需配置双路自动切换。

4.4.2.2　空气调节系统

景区数据中心机房空调系统的施工及验收应符合国家标准《通风与空调工程施工规范》GB 50738—2011 和《通风与空调工程施工质量验收规范》GB 50243—2016 的有关规定。

为了降低能耗以及有效利用机房空间，同时缩短机房交付周期，"一体化"模块机房应作为标准化产品设计、建设和交付。除了大型数据中心选用架空地板下送风的方案外，"一体化"模块机房一般选用大风量、小焓差、高显热比的行级空调或机架式空调。选用行级空调时，空调室内机与机柜外形保持一致，室内机宜放置在机柜与机柜之间，以缩短送风距离，室内机与配电柜、电池柜、机柜等并柜形成一个整体。

"一体化"模块机房内设备机柜进风温度推荐 18～27℃。

空调系统支持风机、风扇在线维护。

根据所在地区的气候类型，有适应不同气候类型的空调（适应低温、高温）可选。高温工况下应注意空调制冷量需随环境温度降额使用。

"一体化"模块机房行级空调及设备机柜应合理布置，避免密封通道内形成气流"死区"。

设备间空调系统布置时，宜遵循"先冷设备、后冷环境"的原则。

机柜布置采用"面对面、背对背"的排列方式：相邻两列设备的吸风面（正面）安装在冷通道上，排风面（背面）安装在热通道上，分隔冷热气流，形成良好的气流组织，提高空调的制冷效率。

当机柜内未装满设备时，未安装设备的空间应统一安装挡风盲板，防止冷空气直接由该位置进入热通道，造成冷热气流短路，降低制冷效率。

对于采用机架式空调的"一体化"模块机房，为保证"一体化"模块机房的温度，空调冷气流顺畅地进入机柜进风口，机架式空调送风口宜安装导风格栅。

4.4.2.3 消防系统

"一体化"模块机房提供标准接口与机房消防系统对接，由机房消防系统统一调度。"一体化"模块机房通过设置探测器实现模块内的早期告警，通过开启天窗和联动机房消防系统来灭火，并将告警信号上传至监控系统或消防控制中心。

严格按照《消防设施通用规范》GB 55036—2022 进行设计，

建立一个功能齐全、运行可靠、技术先进的消防自动报警和联动控制系统，要求接入景区的消防系统联动。

根据消防相关规范和保护区的具体环境状况，机房区域的消防主要由火灾自动报警控制系统和七氟丙烷气体灭火系统组成。

在机房的室内空间设置单独的感烟或感温探测器。火灾报警主机和气体灭火钢瓶驱动控制盘组成自动报警及灭火控制系统。

发生火灾时，自动报警及灭火控制系统输出信号能够自动切断新风系统和空调系统及机房的供电系统，即实现与机房的新风系统、空调系统、供电系统联动。

消防区外设置相应的紧急停止按钮、放气按钮、声光报警装置等，与报警系统组成一套完整的气体灭火控制系统。要求消防报警控制系统控制稳定、功能全、误报故障率低。

探测器的选择与点位的确定是根据探测区的不同功能、面积、结构而设计，控制系统有手动、自动和紧急机械启动三种控制方式。探测器布设及应用类型应完全符合设计规范对一级保护建筑探测器布设的要求。

火灾探测器的设置根据各个区域保护区的面积、使用性质、保护对象等综合考虑。

在各个气体灭火保护分区的出入口，分别设置一个紧急启动按钮，安装在主要通道等经常有人通过的地方，手动紧急启动按钮安装在墙上的高度为 1.5m，按钮盒有明显的标志和防误动作的保护措施。

火灾自动报警系统的传输线路采用 24V 供电的控制线路，采用阻燃导线。

4.4.2.4 防雷接地

景区数据中心防雷与接地系统施工及验收应符合国家标准《建筑电气工程施工质量验收规范》GB 50303—2015、《建筑物电子信息系统防雷技术规范》GB 50343—2012 和《建筑物防雷工程施工与质量验收规范》GB 50601—2010 的有关规定。

接地工程设计要求接地电阻不超过 1Ω，以确保地网质量，必须采用联合接地系统（包括保护接地、工作接地和防雷接地）。为了符合接地电阻低于 1Ω 的标准并满足防雷中心的验收要求，必须实施防雷室外工程，确保达到规定的 1Ω 标准。

4.4.2.5　智能管理系统

智能化管理系统是"一体化"模块机房运维人员的信息化工具，系统架构设计应考虑与机房组织管理架构相对应，以便相关人员履行岗位职责，系统功能应能满足机房运维人员对"一体化"模块机房的监控、维护与管理需求。

智能化管理系统应用计算机软件技术、网络通信技术、数据库技术、传感技术等，通过采集、处理和显示"一体化"模块机房的各种智能型和非智能型设备的运行状态、参数及信息，对"一体化"模块机房进行全面监控，并通过分析处理监控信息驱动管理与决策，从而及时高效地做好运行维护，保证"一体化"模块机房的可用性。

配电单元监测：应监测总输入相/线电压、总输出相/线电流。

UPS 监测：应监测输入/输出电压、输入/输出电流、总负载、电池组电压及状态。

空调监测：应监测送风温湿度、回风温湿度、启停状态、压缩机状态。

环境监测：应监测柜组群内温度、相对湿度、漏水情况、烟感。

监测系统自身监测：应监测软、硬件运行状态、告警信息等。

安防监测：应监测视频、出入口控制设备运行状态等。

信息技术设备监测：应监测柜组群内信息技术设备运行状态、告警信息等。

4.5　指挥调度中心

为了更好地实现景区日常管理与资源调度，满足突发状况下的应急指挥需求，建议设置综合指挥调度中心。

指挥调度中心需体现可持续发展设计理念，按照模块化、标准化、经济性、实用性、灵活性、扩展性、兼容性和安全性的要求进行规划设计。

对于不同类型、不同规模的景区，其指挥调度中心的建设需求虽不尽相同，但就满足景区日常运营与应急指挥需求而言，指挥调度中心应配备大屏显示系统、音视频控制系统、指挥坐席调度系统、应急广播系统等，具备指挥调度、远程通信、会务管理等功能。系统可以分为以下三个基本部分。

（1）以视频显示屏系统、信号控制系统为核心的信息展示和态势分析系统。

（2）以呼叫中心、指挥调度控制台为核心，集数据、图像、语音于一体的融合通信系统。远程通信应配备如网络视频会议系统、无线对讲、卫星电话、应急单兵等。

（3）以视频会议为核心的远程会商和协同办公系统。会务管理应配备如发言系统、扩声系统、电子桌牌、无纸化会议系统、音视频控制系统等。

4.5.1　指挥中心基础环境

4.5.1.1　专业功能区域划分原则

指挥中心专业功能区域需要体现可持续发展的设计理念，按照模块化、标准化、灵活性、扩展性、高适应性和高弹性的要求进行空间布局规划。

功能区域组成应根据安全需求、使用功能和人员类别分为限制区域、普通区域和专用区域，其中：限制区域包括运控指挥大厅、应急会商区、运维支持区、配套数据机房等；专用区域包括应急发布区、安全保卫功能用房、会议培训区、管理办公区、动力站房等；普通区域包括休息室、后勤服务室、储物室、医疗室等。

4.5.1.2 核心业务区域面积测算

指挥中心核心业务区域主要指限制区域，包括运行控制指挥大厅、应急会商区、运维支持区、配套数据机房等区域，需要根据其内部部署的人员、设备以及工作台等的数量和布置空间综合确定。

指挥大厅面积与其内部的工作席位和大屏幕设备布置有直接关系。指挥大厅合理规划面积为大屏幕最佳视距区域面积与工作席位、疏散通道等面积之和。

（1）指挥大厅面积估算公式

面积可按下式计算：

$S = S_1 + S_2$，其中：

式中 S 为指挥大厅使用面积（m^2）；

S_1 为最佳视距空间面积（m^2），即拼接显示大屏至最前排工作席位之间的无设备布置空白区域的面积；

S_2 为工作台空间面积（m^2），即工作席位和人员疏散走道区域的面积。

（2）最佳视距空间面积 S_1 估算公式

$S_1 = L_1 \times W_1$，其中：

L_1 为最佳视距，根据实际拼接屏尺寸计算，一般不小于 4m；

W_1 为工作区域宽度：单个工作台宽度 2m× 一排工作台总

数；主通道宽度 2m，辅助通道宽 1m，一般不少于 2 条。

（3）工作台空间面积 S_2 估算公式

$S_2 = L_2 \times W_2$，其中：

L_2 为工作区域深度：按照工作台桌椅和人员活动范围，一般单个工作台最小不低于 1.5m，总深度为工作台排数 ×1.5m；

W_2 为工作区域宽度：单个工作台最小宽度 2m× 一排工作台总数；主通道宽 2m，辅助通道宽 1m，一般不少于 2 条。

4.5.2 信息展示系统

信息展示系统主要由视频拼接显示屏、传输系统、控制系统及辅助系统四个主要部分组成。

各景区基础设施部门应结合实际需求确定信息展示系统组成及设备配置；根据建筑平面、使用环境确定系统各部分设备的安装或放置地点；根据系统各部分设备及其信号源的分布和环境条件，确定传输系统的线路路由设计。

从发光技术上进行区分，视频显示屏系统一般包括 LED 拼接显示屏、LCD 液晶拼接显示屏、DLP 拼接显示屏三大类。

LED 拼接显示屏、LCD 拼接显示屏、DLP 拼接显示屏作为当下主流的三类显示大屏，均有不同的特点及定位，其相应的对比如下（表 4-3）。

主流拼接显示屏对比表　　　　　　　　　　　表 4-3

对比项		LED 拼接显示屏	LCD 拼接显示屏	DLP 拼接显示屏
显示效果	拼缝	没有拼缝的问题	拼缝目前最小，可以做到 0.88 mm，拼缝的黑线非常明显	根据环境的不同可以做到 0.5mm 以下，对显示效果几乎没什么影响，仅能看到有淡淡的拼缝线
	亮度	可达 1200～1500cd/m²	一般为 500～700cd/m²	一般为 500～700cd/m²

续表 4-3

对比项		LED 拼接显示屏	LCD 拼接显示屏	DLP 拼接显示屏
显示效果	分辨率	LED 拼接显示屏在不断地将点间距做小，目前可提供 0.9mm 间距的产品，与 72 英寸屏幕的分辨率相当	从单个拼接显示单元来看，DLP 拼接显示屏和 LCD 拼接显示屏都可以做到 2K 的分辨率，即 1920×1080，如需实现 4K 及以上的分辨率，可以通过增加屏幕数量及相应的高清处理器和显示方案实现	
应用场景		主要用于室外的广告宣传场合，室内的大型会议、产品发布会、晚会、大数据平台等	主要用于显示监控视频的场合，其次是一些以近距离观看为主要求高清显示的场合，如监控室、企业会议室	主要用于高端的大型指挥中心
初装成本		价格适中，使用和运维成本居中	价格便宜，使用和运维成本低	价格贵，使用成本较高
运维成本		由于灯珠数量巨大且属于电流器件，因此相对而言维护较为频繁。一般厂家会随屏配一些显示模块作为备件，显示模组支持完全前维护	在采用 LED 光源后亮度衰减时间大幅延长，因此其维护量相对较少	非常稳定，轻易不会出现故障
使用寿命		10 年以上	10 年以上	10 年以上

主流拼接显示屏从拼接屏显示效果（包括拼缝、亮度、分辨率）、应用场景、初装运维成本、使用寿命等方面对 LED 拼接显示屏、LCD 拼接显示屏、DLP 拼接显示屏各自的特点进行了对比，景区应根据使用性质、系统规模、功能要求、建设投资等实际需求，选择适当的拼接显示屏。

4.5.3　融合通信调度系统

融合通信调度系统运用视频监控、音视频调度等技术，结合景区电话系统、集群系统、监控系统、SOS 报警系统、广播系统、车辆调度系统、单兵系统、卫星通信、4G/5G 通信技术、北斗短报文技术等，实现对景区全方位的监控与调度，为游客提供迅速、准确的信息咨询、业务受理、投诉和应急处置等服务，全面提升景区在多种复杂情况下的通信能力（图4-13），包括：

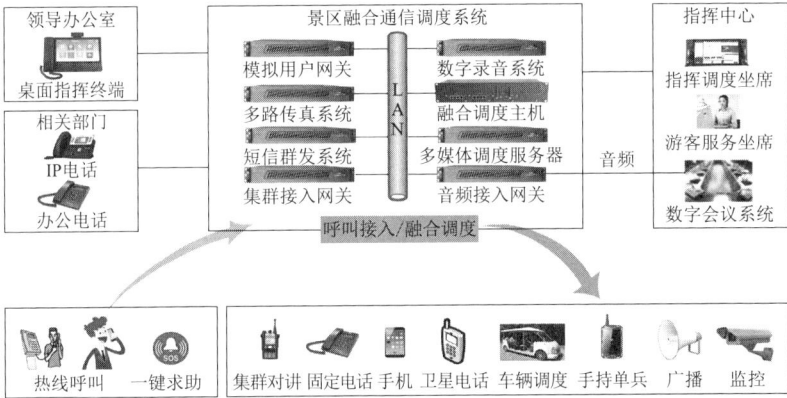

图4-13 融合通信调度系统组网示意图

（1）应急突发状态下，可与外界联络，保障通信的畅通性。

（2）将办公话机、IP话机、集群对讲、手机、多媒体单兵、广播、会议终端等通信终端互联互通，实现统一调度管理。

（3）建设游客服务呼叫中心系统，可集中受理游客的咨询、意见、建议和投诉，及时解决游客反映的热点和难点问题。

（4）建设融合调度系统，提供日常通信调度功能和应急调度功能。

（5）建设多媒体集群系统，提供视频采集、视频回传、集群对讲等功能。

（6）提供语音、告警、视频联动调度功能。

融合通信调度系统，集成多种通信接入，提升景区通信的韧性和鲁棒性。系统应集成卫星、有线、无线、4G/5G方式融合的通信调度系统，支持接入公共交换电话网络、集群系统、IP电话、无人机、多媒体单兵、普通电话、手机、数字会议、监控、广播、报警等系统，实现互通互联，并提供快捷、高效的应急调度功能，同时提供景区呼叫中心热线平台功能。

系统需整合各专业通信系统，实现各通信系统的互联互通，完成跨网通信调度，并提供统一操作控制界面，景区融合通信调度系统应具备以下基本功能。

4.5.3.1　语音业务

语音业务具备游客服务热线、语音调度、电话会议、融合通信、数字录音等功能。

4.5.3.2　视频业务

视频业务具备视频通话、视频调度、音视频联动功能，支持视频话机、SIP 软电话、单兵 App 等接入，支持点对点视频通话、多方视频会商等功能。

视频接入平台可以接入视频监控平台、移动单兵、无人机、摄像头、视频话机等的图像，支持多画面显示、视频轮询、视频回放等功能，并可推送、转发视频画面。

4.5.3.3　多媒体集群

多媒体集群终端通过运营商 4G/5G 或景区 Wi-Fi 等无线宽带网络接入调度系统。集群业务模块可接入多媒体集群终端，提供多种功能，如集群对讲，视频通话，现场视频采集、回传、推送，录音录像，定位等。

4.5.3.4　卫星通信

部分位于地质灾害多发区的景区，在 4G/5G 以及有线通信中断的情况下，利用卫星通信方式可以进行应急和救援等，为应急通信和指挥调度提供保障。

4.5.4 会议会商系统

4.5.4.1 无纸化会议系统

无纸化会议系统是基于局域网、专网或移动互联网的智能会议交互系统,运用通信技术、音频技术、视频技术、软件技术,通过文件的电子交换实现会议的无纸化,系统拓扑(图4-14)如下所示。

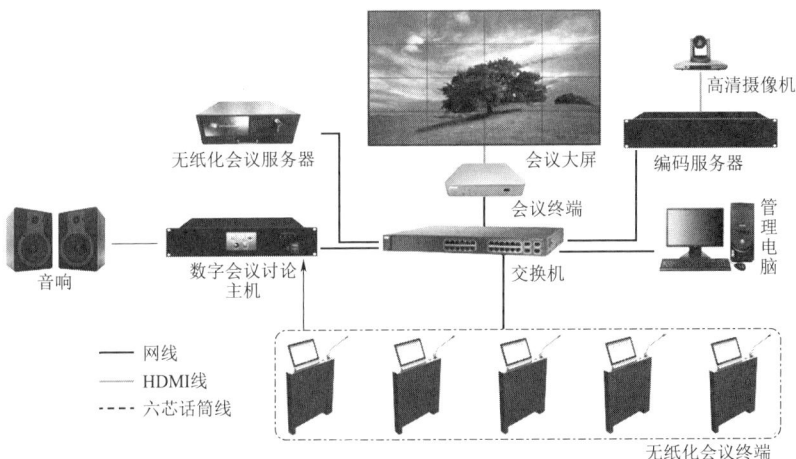

图 4-14 无纸化会议系统拓扑示意图

无纸化会议系统的核心功能主要有会议签到、人名导位、文件分发和上传、文件同步演示、投票表决、手写批注、呼叫服务、语音字幕显示、远程视频会等,实现 Windows、iOS、Android 跨系统平台交互应用。

无纸化会议终端形式多样,有液晶升降会议终端、翻转式液晶终端、平板式无纸化等,设备形式(图4-15)如下所示。

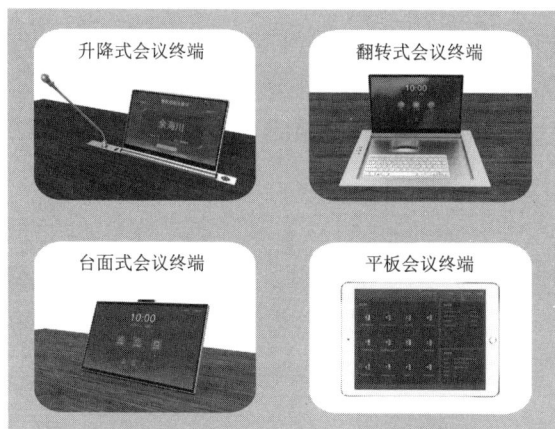

图 4-15　无纸化会议终端设备形式

4.5.4.2　网络视频会议系统

网络视频会议系统可召集景区各个职能部门之间、各个双向可视调度点之间的视频会议，可进行便捷的点对点会议，也可进行多点会议或全网广播会议，支持多级级联会议。利用多种会议模式可满足指挥中心各单位之间开交互式会议、传达方针政策、部署工作、交流经验的需求，实现信息共享和交流，以便统一指挥，召开多方会议进行决策分析及应急指挥。可实现景区日常管理，保障工作有序开展，同时可实现应急指挥与远程调度，快速响应突发事件。

网络视频会议系统还可采用云平台的部署模式，定制需要的系统功能模块，并根据实际应用情况增加各种系统功能。采用云平台部署运行模式可实现 Android 及 iOS 系统的智能手机、平板电脑等移动终端接入平台，实现点对点视频交互或多点视频交互会商；Windows 及 Mac 系统的普通电脑采用软件终端接入平台，实现点对点视频交互或多点视频交互会商。

常用网络视频会议系统通常包括视频会议平台 MCU、视频会议终端、摄像头、全向麦克风、录播设备等，视频会议系统连接（图 4-16）如下所示。

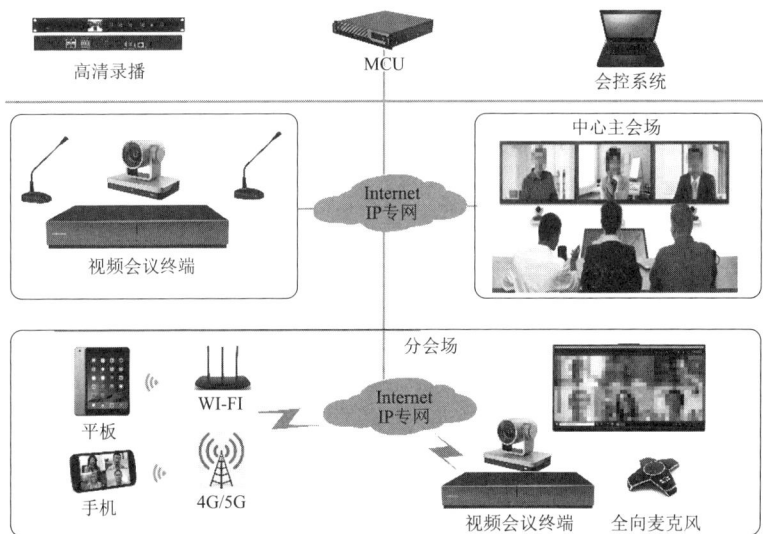

图 4-16　视频会议系统连接图

4.5.4.3　协同会商系统

协同会商系统作为景区基础配套设施，根据指挥调度中心面积规模以及功能需求，规划指挥调度坐席、音响系统、电子桌牌、音视频控制系统等，有条件的可规划建设专业控制台、移动音箱、会议触控一体机、卫星电话、无线对讲系统等。

音响系统主要由扬声器（大中型指挥调度中心可采用阵列音箱）、功率放大器、音频处理设备、调音台、数字音频处理器、无线手持话筒、会议主机、主席机、代表机、电源时序器、集中控制主机、触摸屏、中控控制软件和辅材等组成，音响系统连接（图 4-17）如下所示。

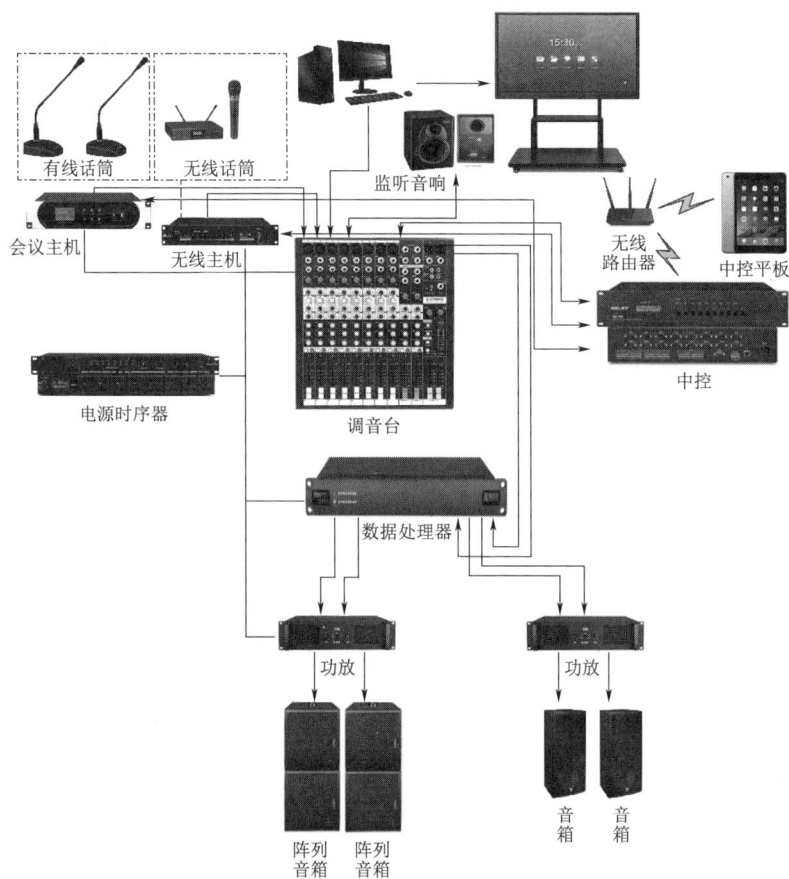

图 4- 17　音响系统连接图

景区数据平台

数据是智慧景区的核心要素，数据平台是管理数据的重要工具。本章将介绍数据平台的建设过程。以标准化建设过程为主，考虑到不同景区现状不同、需求不同、资金不同，也可根据实际情况进行分步建设。

5.1 概述

智慧景区建设工作的落地，数据处理是最为重要的环节之一。数据的有效利用需借助数据平台进行管理，数据平台的建设要解决数据源归集、系统与系统之间的数据交换、数据有效利用、数据存储、数据共享、数据安全以及数据标准规范等问题，只有解决了以上问题，才能把数据的产生、传输、使用、共享等理顺，智慧景区的数据底座才能稳固。因景区的数据源较为复杂，包括业务类、指标类、交互类、非结构化类等数据类型，在制定数据标准规范的时候需分类梳理，在数据采集交换、治理、存储、共享开放等环节要分类处理，以满足景区全域数据的管理要求。

5.1.1 建设目标

景区数据平台是景区实现智慧化转型的重要环节，景区数字化转型需为数据提供安身之所，为数据的交互提供舞台，让数据在流动中发挥更大的价值。针对景区中数据挖掘、清洗、归类等需求，建设景区大数据平台，为智慧景区转型升级建立数据底座，保证"真智慧"。

5.1.1.1　确保景区数据共享开放，业务全流程覆盖

通过采集、治理、存储、共享景区数据等一系列措施，打通景区资源保护、景区管理、景区服务、景区营销等各个环节。面向景区游客、管理者、运营机构等各相关者提供应用场景。根据不同的数据类型，将景区全域数据采集到数据平台进行规范化管理，保障任何场景下对景区数据使用的要求。

5.1.1.2　实现数据共享开放，最大限度发挥景区数据资产经济和社会效益

推动数据资源融合，保证随时随地掌握景区动态及异常预警，支持微信业务通知、审批待办、实时查看分析数据；支持分析展现及数据挖掘，可进行数据下钻，对异常预警抽丝剥茧、逐层深入，深度展开数据洞察。

5.1.1.3　保障数据安全，防止数据丢失、被盗以及非法访问

构建整个景区信息安全支持系统，确保各种业务安全运行，通过技术实现信息系统安全管理。

5.1.2　建设思路

智慧景区的数据平台，以数据治理与数据共享交换为核心，采集汇聚景区各类数据，实现景区的数据化运营和管理体系建设，推动景区数字化转型，全面促进景区保护升级、景区的资源监测升级、管理升级、营销升级和服务升级。

智慧景区的数据平台形成"数据采集、数据治理、数据存储、数据共享开放"的数据架构，通过数据梳理方法论，参照国家、行业和地方上的数据标准规范，建立景区的数据资源目录以及标准规范，为景区数据的整合、共享和互通提供服务，为未来景区的信息化建设奠定基础，为景区提供信息化建设的数据参考依据和标准规范。数据平台借助数据治理产品，实施过程中，在充分考虑数据的权限及安全的基础上，最终实现数据平台建设。

5.1.3　建设内容

采用"搭平台 + 建能力"的建设模式，基于顶层设计、数据集成、平台管理的思想，在云计算、大数据技术基础之上，构建"功能实用、性能稳定、融合贯通、随需扩展"的高效能数据平台。数据平台内容包括数据标准、数据采集、数据治理、数据存储、数据共享开放、数据权限以及安全管理。

5.1.3.1　数据标准

根据景区的信息化建设程度和数据情况，以及国家和地方的相关文件要求，编制智慧景区数据标准规范，包括数据格式、存储、编码等，确保景区数据可读、可用、可共享。

5.1.3.2　数据采集

搭建数据采集交换系统，实现对景区资源保护、景区管理、景区服务、景区营销等业务系统数据的采集和交换。

5.1.3.3　数据治理

根据数据标准规范的要求，对采集交换的数据进行规范化治理，保证数据的可用性、数据质量和数据安全。

5.1.3.4 数据存储

搭建数据存储系统，使数据平台具备满足全域数据类型的存储功能。

5.1.3.5 数据共享开放

满足景区内和景区外（包括各级政府单位、媒体等）对数据共享的需求，以及对社会公开的数据需求。

5.1.3.6 数据权限

对数据申请、访问、操作等权限进行严格控制，控制数据的使用或者知悉范围，实现景区对数据权限的管理。

5.1.3.7 数据安全管理

考虑硬件和软件环境各环节的安全策略问题。

5.2 数据平台架构

数据平台作为智慧大脑的基座，从形成数据到汇集利用，可分为五层，包括数据源层、数据采集交换层、数据治理层、数据存储层以及数据共享开放层。架构（图5-1）如下所示。

数据源：由景区的资源、管理、营销和服务等类型的各种数据汇聚，以数据库、文件、网络接口等多种方式提供数据源。景区数据源包括资源监测数据、景区管理数据、景区服务数据、景区销售数据、时空数据等。

数据采集交换：数据采集是使用不同的采集工具和方法实现对数据源的采集，采集点可根据服务器、操作系统、数据库等不同环境，部署不同工具实现分布式采集。

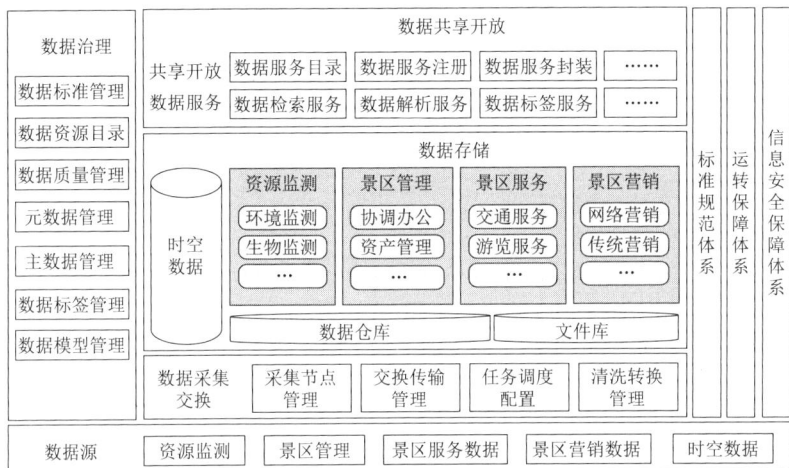

图 5-1　数据平台架构

数据治理：采集的数据各有不同，在有效利用前需要对数据进行治理，数据治理过程包括数据标准管理、数据资源目录、数据质量管理、主数据管理、元数据管理、数据标签管理、数据模型管理等。

数据存储：按照"数据仓库、文件库、时空数据"的架构进行规划，根据业务需求，分类存储景区数据，并建立相应的数据维度。支持集中存储格式化和非格式化数据，以及根据主题对数据进行分类、计算和存储。

数据共享与开放：将数据资产封装为数据能力服务，实现数据赋能。服务内容主要包括数据能力服务目录、数据服务注册、数据服务开放、数据服务申请授权管理以及数据服务访问和监控。

智慧大脑：是将平台治理后存储的结果数据通过数据平台的服务共享功能向景区应用提供数据服务，此部分内容归属于智慧大脑的应用范畴。

5.3 数据平台建设

数据平台建设围绕"采、治、存、共享"四个过程，强化数据资产管理与价值利用。首先对各类数据来源进行分析，通过采集工具实现数据采集交换，通过运用治理工具达到要实现的目标，分层存储后完成数据共享。数据从产生到数据共享在数据平台中的流转过程如下所示（图5-2）。

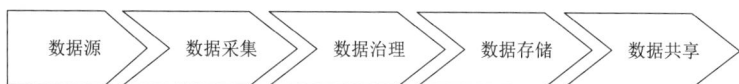

图5-2 数据平台业务流

（1）数据源：指景区的各业务数据，且需要归集到数据平台的数据。

（2）数据采集：又称数据获取，指利用一种装置从系统外部采集数据并输入系统内部的一个接口。

（3）数据治理：对采集到的数据建立模型、定义质量、规范元数据等，实现标准化数据治理。

（4）数据存储：指非动态数据以任何数字格式进行物理存储。

（5）数据共享：指数据经由组织与外部组织及个人产生交互的阶段。

5.3.1 数据采集交换

5.3.1.1 数据采集分析

（1）数据采集方式

为采集景区资源监测数据、景区管理数据、景区服务数据以及景区销售等，根据数据源类型，将景区业务的相关数据分为结构化数据、半结构化数据、非结构化数据。针对不同类型的数据，采集方式有所不同。

数据采集根据采集方式可分为软件对接方式（接口采集）、数据库对接方式以及基于数据交换的方式。

第一种方式：软件对接方式（接口采集）。接口采集需要采集方和被采集方深度配合，通过协商对接，各方通过代码编程精准地实现数据推送和抓取，一般采集到的数据准确无误，也基本通过了基础的数据清洗，实用性较强，且可以定义采集频次，但是时间成本和经济成本较高，协调效率低，接口扩展性差，每次业务系统的改动都可能影响采集，具体流程如下所示（图5-3）。

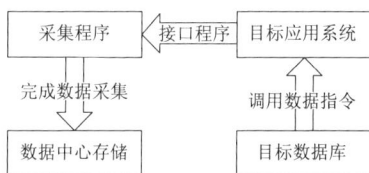

图5-3 应用层对接流程

第二种方式：数据库对接方式。数据库对接可通过直接连接业务数据库，经由规范的接口（如 JDBC）去读取目标数据库的数据（图5-4）。此方式比较容易实现，但对于业务量较大的数据源，可能对性能有所影响。同类型的数据库一般可采用链接服务器的形式处理，或者使用 openset 和 opendatasource 的方式；不同类型的数据库借助软件和连接配置实现通信，完成数据直采。通过这样的方式采集的数据准确性、时效性都较高，较为便捷，但是需要各厂商配合开放数据库的对接，出于对业务数据库和系统的安全保

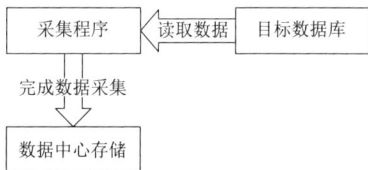

图5-4 数据层对接流程

护，很少有厂商愿意冒险开放自己的数据库。

第三种方式：基于数据交换的方式。数据交换的方式是既考虑到各厂商的数据安全，又考虑到数据采集的扩展性所采用的一种方式，也是数据平台常用的方式。业务数据库将需要采集的数据通过接口协议推送到前置机服务器上，由中心节点机实时采集前置机服务器的数据，并完成对数据的清洗，进而转换推送到数据存储平台。这样的操作避免了业务数据库直接开放，也避免了扩展性差的问题，兼容性较强，可归集多个目标数据库的数据，采用成熟的采集工具，配置简单，灵活性强，实施周期短，经济和时间成本都较低。数据交换方式可根据业务系统的调整实时调整，数据利用率、安全性、可控性都较高。但数据中转的节点较多，任何一个节点出现故障，都可能导致数据不能及时传输，排查和修复的时间会增加，如果出现数据源调整，那么各个节点都需要调整，从而增加了对接时间。前置机到中心节点机部署的数量和方式可根据采集交换系统的环境部署，下面为两个节点实现目标采集到存储的过程（图 5-5）。

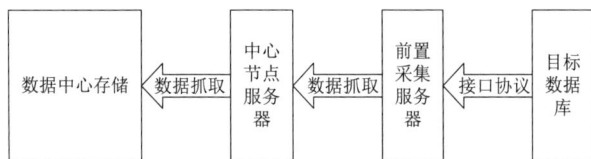

图 5-5　基于数据交换的流程

考虑到景区的数据类型、数据量等，本指南建议数据采集交换采用"基于数据交换的方式"进行数据采集交换，同时结合景区自身的环境，在项目实施过程中也可结合其他两种采集方式同步进行数据采集。在中心节点服务器上部署故障报警监测系统，实时监控采集的数据是否正常。

（2）数据采集接口

景区场景的数据采集有四种数据交换类型，包括业务类、指标类、交互类、非结构化类；按其数据交换特点，可以采用三种数据接口，包括数据库接口、文件接口、服务接口。数据采集接口的选择可参考下表（表5-1）。

数据采集分类表

表 5-1

数据交换类型	传输内容	数据交换特点	数据类型	数据接口
业务类数据	信息系统之间通过数据中心共享的相关数据，如景区资产管理、景区购票信息等数据	实时性较低，具备处理大数据包与小数据包的能力，支持增量式与全量式数据获取	结构化数据	数据库接口、文件接口
指标类数据	对数据连续性有要求的数据，如景区环境监测、防火监测等数据	实时性较高，具备处理小数据包的能力，支持增量式数据获取	结构化数据	服务接口、文件接口
交互类数据	业务系统之间业务流程流转的相关过程性数据，如待办信息等数据	实时性较高，可保持事务性完整，可处理较小数据量，支持增量式数据获取	结构化数据	服务接口
非结构类数据	非结构化文件，如主要文档、图片、音频、视频等文件	数据个体较大，实时性与结构化数据处理相关，支持增量式数据获取	非结构化数据	文件接口

5.3.1.2 数据采集交换平台

数据采集交换平台通过配置数据接入适配器、数据传输、协议转换等方式，创建并管理调度任务，采集景区各种源数据，包括结构化数据（如智慧景区各业务系统数据、感知设备数据、日志）、非结构化数据、半结构化数据等，将采集的源数据经过处理后存入数据库仓库中，实现对数据的存储。数据采集交换平台的主要功能包括采集节点、采集交换管理、交换传输管理、任务调度管理、清洗转换管理和监控管理功能，具体内容如下。

（1）采集节点

数据采集交换平台采用分布式部署，采集节点主要部署在业务系统采集端，用于数据采集，主要包括数据采集、数据格式转换、数据传输、采集日志管理等功能。采集节点的核心功能是实现对景区各应用系统数据的采集，利用数据集成工具对初始数据进行清洗处理，向景区数据中心存储输送规范化的数据；采集节点支持多交换域数据交换，实现多种服务器软硬件、不同的文件数据源间高效的数据交换，实现"零编程"或"少编程"。

①数据采集

采集节点需提供数据库采集、文件交换、人工报送和 Web 服务等采集模块，并能够快速配置应用。数据采集模块具备的功能可支持全量同步、增量同步、镜像同步模式，支持触发器、MD5、时间戳等变化数据捕获方式，支持基于日志解析的非侵入性的增量数据抽取。提供种类丰富的适配器组件，包含各种通用数据库（DB2、Oracle、SQLServer、Sybase、DM、KingBASE、Mysql、人大金仓、达梦、南大通用等）适配器等、FILE 适配器、JMS 适配器、Web Service 入站适配器、Web Service 出站适配器、IBM MQ 适配器、XML 适配器、HTTP 适配器、HTTP 代理适配器、Excel 适配器、Socket 适配器、FTP 适配器、数据过滤适配器、数据加密适配器、数据压 / 解缩适配器等。可满足任何一种数据源的接入，实现对源数据的第一步采集。

②数据转换和加工

采集节点功能可实现数据格式转换。利用简单的拖放映射功能，将数据从一种格式转换成另一种格式，实现源数据库和目标数据库之间信息的转换。根据需求对抽取的数据进行必要的数据处理配置，输入数据和输出数据可进行任意格式间的转换（结构化的 XML、非 XML 或 Java 数据任意组合），从而可快速集成异构应用，无需考虑数据采用的格式；可在一个业务流程内进行变换，数据转换功能可以通过控件来使用，可将数据转换封装成一个服务，跨多个业务流程和应用重复使用。不需要开发代码，提供图形化界面，方便用户设置数据转换规则，提供多种数据清洗转换规则并支持动态扩充，对于简繁体、汉字拼音、乱码处理、字符集转换、中文数字等中国特有的问题提供转换规则。转换的类型包括字段名转换、代码转换、数据类型转换、数据校验、数据合并等。

③数据传输

数据传输负责将交换数据通过交换传输系统进行数据发送与数据接收。可以将景区业务数据以"数据报文"自动提交给传输系统，通过传输系统发送到数据资源中心的数据采集节点（根据需求可有序扩展部署多个采集节点）。支持定时发送、实时发送、固定周期或固定时间发送。

（2）采集交换管理

采集交换管理实现对采集交换节点的管理和流程配置。主要包括对采集交换系统的用户、授权、交换节点、数据交换资源、数据适配、数据清洗、去重和比对等配置管理、交换流程、服务的管理，以及对各个模块的运行监控、审计和日志监控等。

①系统配置

系统配置功能完成对系统相关参数的定义管理，完成配置项的增、删、改、查等操作，以使系统具有良好的适应性。需要配置的信息项包括系统数据源、数据转化和加工规则、交换流程配置、业务域、交换管理初始化等。

②采集交换管理

任何采集节点均可升级为管理节点，一旦获得统一授权，即可承担管理职责。该节点提供采集交换配置管理功能模块，负责配置和管理部署在其上的采集节点的交换环境。此外,采集交换管理功能模块可以独立部署在采集节点所在的服务器上。

用户管理功能。平台提供用户账户创建、权限配置以及日常管理服务。

采集节点数据库的配置管理。实现对采集节点数据库的交换表的管理。

交换数据资源的配置管理。提供采集节点交换资源的配置管理。

采集交换流程管理。通过服务集成、交换任务等,实现交换流程配置、流程管理、启停控制等。

交换故障和问题数据处理。提供交换故障处理功能,包括数据回滚、重启流程、续传等操作。对清洗、比对和传输中出现的问题数据进行分类标记,支持系统自动处理、人工干预处理和手动处理。

数据清洗规则配置管理。针对不同交换域的特定交换需求,可对交换数据执行预处理操作,定义相应的数据清洗规则,并支持部署与应用,实现便捷的管理和启停控制。

运行环境的配置管理。提供前置运行环境的配置,能对交换系统的内存、缓存、日志、物理路径等进行配置管理。

运行日志管理。提供前置交换中间件、系统的运行日志管理和统计分析。

数据备份和恢复。提供交换采集节点库、交换文件、前置交换系统的配置备份,可以利用备份进行系统恢复。

（3）交换传输管理

交换传输子系统主要负责在各采集节点之间构建安全、可靠、稳定、高效的信息交换通道,提供信息的打包、转换、传递、路由、解包等功能。提供消息确认和消息选择性重发机制,以实现采集节点之间可靠的信息传递,保证交换信息内容"不丢、不错、不重"。交换传输子系统负责将一个（或多个）采集节点的数据传输到另外一个（或多个）采集节点上，支持 TCP 传输协议。支持交换节点之间的路由和备份路由功能。提供压缩机制、生命周期机制。提供断点续传功能。提供对第三方的安全接口和压缩接口的支持。提供集群（cluster）和路由转发功能。

①交换路由配置

系统提供路由模块，用以解决消息包的传输路径问题。路由表是可配置的，并且可以动态更新，支持静态和动态路由。

②数据交换服务

提供交换节点之间安全、可靠、高效的数据传递功能，满足数据采集、数据分发、交换节点间直接交换等需求，支持实时、定时、按需的数据交换方式，支持数据分段传输、数据压缩/解压缩、数据缓存等。支持基于文件、数据库、服务以及数据表和文件结合等的多种数据交换方式。提供统一的数据交换接口。

③跨域交换服务

提供跨域共享的接口，便于通过对接交换节点与其他交换体系进行数据交换。

（4）任务调度管理

任务调度管理是指对数据采集交换、数据清洗比对等多种任务进行调度管理。任务调度管理能够设置任务类型、调度周期、执行时间、执行程序的路径、收集程序的运行参数、任务说明、执行失败的参数等。对周期性调度能够设置调度频率，对任务调度执行情况应记录调度日志，便于查看任务执行的情况。根据任务执行配置的节点，自动生成任务依赖关系和运行状态。

（5）清洗转换管理

清洗转换功能包括数据清洗规则库管理、数据清洗配置管理、数据比对处理等。针对每个交换目录，基于 B/S 方式进行代码转换规则、格式转换规则、清洗规则、去重规则、比对规则等的添加、修改和删除配置管理，并根据规则启动系统功能执行相应的数据处理，易于管理、部署和启停控制。清洗比对功能基于数据库实现，即数据在经过传输交换并存入数据库之后，再进行清洗比对处理。

（6）监控管理

监控管理是采集数据交换平台必不可少的一个环节，可对采集节点数据传输是否成功进行可视化监控和日志分析。监控管理是对管理服务、处理流程等运行状况的监控，用户可以实时查看网络状态、各节点运行状态，包括逻辑节点及部署在逻辑节点上的任务（如抽取任务、装载任务等）、服务、组件及业务流程等的运行状况、日志信息等，对各系统进程进行图形化监控，包括服务的启动/停止、服务的状态、使用情况。

采集节点监控。提供采集节点监控功能，对机器运行状态、中间件运行状态、数据交换状态进行实时监控。

提醒功能。可以对系统需要提醒的信息进行统一管理，并可以通过站内短消息和手机短信等多种方式通知相关人员。

系统监控和预警功能。通过收集、分析系统日志与前置交换运行日志，对机器运行状态（前置机内存、CPU 运行状况等）、中间件运行状态、数据交换状态进行实时监控，并通过设定预警阈值提供预警功能。

图形化 Web 监控管理界面和简洁易懂的日志信息。为系统管理员监控前置系统和解决系统故障提供排错有效信息。

提供大屏集中展示监控界面。监控各个交换节点运行状态、交换运行情况和数据统计等。

（7）采集交换性能

采集交换过程中，需要考虑软硬件的性能，确保数据采集过程稳定。对景区实时数据的采集要在 1 秒内完成请求到处理；对万次以上的请求实现无故障采集，不可出现假死情况；可以支持 10

个以上并发的采集请求，并完成数据处理；可支持批量数据的均衡处理。对大数据包能在较为合理的时间内完成数据采集处理，比如10分钟内完成100万条数据的采集交换。

网络环境也是影响数据采集的关键因素，所以网络带宽要求2M以上的光纤或者等同效率的网络环境。

5.3.2 数据治理

5.3.2.1 数据治理分析

数据治理是对数据资产管理行使权力和控制的活动集合（规划、监控和执行），数据治理职能指导其他数据管理职能，保证数据的可用性、质量和安全。

景区数据治理将各业务系统、各类型的数据按照主题分类，对采集的数据进行规范化管理，数据治理包括数据标准管理、元数据管理、主数据管理、数据标签管理、数据资源目录管理、数据质量管理及数据模型管理，通过数据治理保证数据一致、安全、有效，从而使数据全生命周期易管、易控、易用（图5-6）。

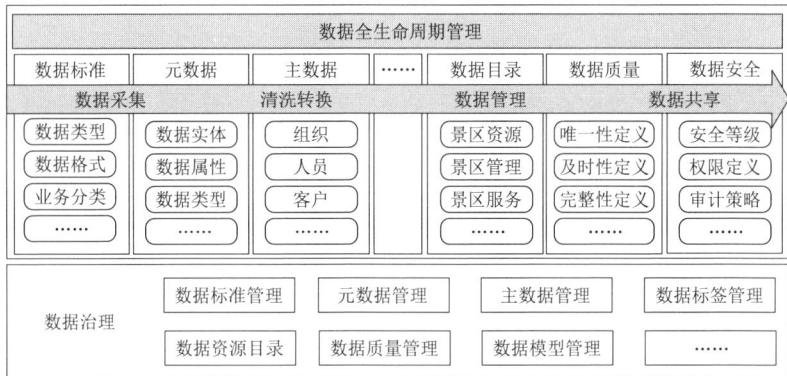

图5-6 数据治理架构

5.3.2.2 数据治理平台

数据治理平台功能包括数据标准管理、数据模型管理、元数据管理、主数据管理、数据质量管理、数据标签管理、数据资源目录管理等。

（1）数据标准管理

参照国家标准、行业标准制定相对应的可规范景区数据的标准，如自然灾害类的元数据标准、销售类数据的共享标准、经营管理类的数据质量标准等。标准规范建设后，结合数据平台进行使用。

建立数据标准体系并录入数据平台后，各权属单位或部门可以通过平台查询、使用数据标准，能够通过管理、审核、授权的方式授予相关单位使用权，同时可以在授权下，在原有数据标准基础上，增加适用于各景区的自有数据标准。数据标准管理包括业务术语标准、代码集标准、数据规则标准、数据质量标准、数据安全标准、数据标准基础管理、数据标准贯标、标准任务运维等。

业务术语标准：将资源监测、景区管理、景区服务、景区营销等业务中涉及的概念，以及与概念相关联的业务在系统中进行详细阐述。

代码集标准：将枚举的数据项进行完整的数据集定义，详细阐述数据的取值，如对景区游客评价数据项进行定义，阐述游客对应评价的取值范围。

数据规则标准：通过一定的业务规则进行定义的数据标准规则，通过表达式、脚本来进行技术描述。

数据质量标准：制定数据质量指标（常见的数据质量指标包括数据唯一性、数据完整性、数据准确性、数据一致性、数据关联性、数据及时性等）、定义数据质量规则、确定数据质量标准和制定数据质量的测量和分析方法。

数据安全标准：识别如森林防火、自然灾害、营销数据、游客基础信息等敏感数据，对数据安全进行分类、分级定义，确定数据安全职责，明确敏感数据的访问和使用权限。

数据标准基础管理：实现数据标准的分类管理、标准版本管理和标准发布、导入、导出、搜索。同时实现基础标准、指标标准、维度标准、公共代码、命名字典、引用文档的编制、编辑和管理，将标准与数据资产相关联。

数据标准贯标管理：对游客基础信息元数据标准、游客基础信息数据质量等数据标准贯标状态进行检查和展示，能够查看如游客信息数据质量标准的落标情况，并生成如游客信息数据质量检查报告，对不满足标准的内容进行专项整改。

标准任务运维：包括对游客基础信息元数据标准、游客基础信息数据质量标准等数据标准任务进行错误恢复、批量操作、运行结果分析、告警配置等操作。

（2）数据模型管理

数据模型管理旨在构建可视化数据仓库模型，对游客基础信息模型进行规范约束，实现游客评价、游客流量、游客消费记录等基础数据模型的全生命周期管理。针对景区实际需求助力全方位的业务梳理，建立全方位的数据视角，为平台提供一致的基础逻辑，降低数据模型应用中的重复开发成本，加快数据仓库建设的速度。提供可视化的建模及模型部署情况监控工具，定义如游客信息的通用数据实体和数据结构，实现如游客数据模型的标准化和一致性。并能够提供贯穿数据开发、部署、治理等各个阶段的模型管理功能，记录数据仓库模型建设的全过程。通过逻辑模型、物理模型设计，实现模型全生命周期管理、标准设计模型在线发布管理、数据模型的多版本管理及版本间差异分析、模型可视化展示及一键式查询和设计态模型与运行态模型比对管理分析。

（3）元数据管理

元数据是定义数据的数据，例如游客信息表的名称、更新时间等。元数据不是业务数据，但体现了业务数据的定义信息。元数据本身是结构化数据，可以用数据库来存储。元数据管理的正确建立和合理利用将直接影响景区未来的信息化发展，元数据管理具备元模型管理、数据采集模型管理、元数据权限管理、元数据查询、元数据统计、元数据分析等功能。

元模型管理：支持对元模型进行管理，如对游客基础信息元模型进行查询、增加、修改、删除、添加关系、权限设置等操作。

数据采集模型管理：结合元模型定义，通过建模工具设计采集流程、定义数据清洗转换规则、处理异常数据规则、设置数据采集周期。如设计出游客基础身份信息采集流程和采集周期，根据身份信息清洗转换规则，处理不是 18 位身份证号的异常数据。

元数据权限管理：支持对元数据管理功能进行权限分派、审批，也可以访问日志记录，实现对元数据管理模块的数据访问和对功能使用情况进行有效监控。

元数据查询：提供如游客基础身份信息的元数据基础查询功能。

元数据统计：支持按照不同维度对如游客基础身份信息元数据进行统计，查看元数据管理模块中的如游客基础身份信息元数据的分布、质量和使用情况。

（4）主数据管理

主数据是指用来描述景区核心业务实体的数据，是景区核心业务对象、业务的执行主体，是可以被重复、共享应用于多个业务流程的、跨越各个业务部门和系统的、高价值的基础数据，是各业务应用和各系统进行数据交互的基础。从业务角度，主数据是相对"固定"的，变化缓慢。主数据是景区信息系统的神经中枢，是业务运行和决策分析的基础。常见的主数据包括供应商、客户、组织机构和员工、景区名称、购票类型等信息。主数据管理的主要内容包括如下几项。

主数据相关标准及规范设计：主数据的标准和规范是主数据建设的核心，需要景区抽调专业人员集中精力进行梳理和汇总，建立一套完整的标准体系和代码库，对景区经营活动中涉及的各类主数据制定统一数据标准和规范，如数据模型标准、数据编码标准、主数据接口标准等。

主数据建模：对主数据进行数据模型设计，建立主数据架构的物理模型，包括数据属性的定义、数据结构设计、数据管理定义等，通过数据发布来创建数据存储实体。

主数据梳理与集成：根据主数据标准规范，依托数据集成平台以及主数据质量模块，辅助业务部门对现有的主数据内容重新进行数据编码、数据转换、数据清洗等，形成景区标准的主数据库。

主数据共享服务：主数据的特殊性决定了主数据与业务系统需要频繁地共享数据，主数据管理系统需提供灵活的服务接口，保证能够快速实现数据集成且最大程度减少集成成本。

主数据维护流程：协助梳理景区内主数据管理相关流程，明确流程流转方向以及各环节表单及责任人，并在主数据系统中进行流程配置，逐步实现梳理成果的自动化落地，在主数据系统中实现跨业务部门的流程贯通。

主数据管理通过对主数据值进行控制，使得景区可以跨系统使用一致的和共享的主数据，提供来自权威数据源的协调一致的高质量主数据，降低成本和复杂度，从而支撑跨部门、跨系统数据融合应用。

（5）数据质量管理

通过建立数据质量评估机制和管理规范，及时发现、定位、监测、跟踪、解决各类数据质量问题，闭环处理数据质量，以保证数据质量稳定可靠。数据质量管理实现数据接入、数据处理、数据存储、数据共享的全过程、全生命周期的质量监控与质量检查，保障数据的完整性、准确性、一致性、及时性等。

数据质量检查：如通过配置算法和规则等，对系统运行环境、游客信息采集数据源、游客信息数据表、游客流量指标等进行检查，并出具关于游客信息数据的检查结果报告，同时可对游客信息的质量检查结果进行查询和导出。

数据质量监控：如按照预先配置的规则、算法，实时监控游客流量、游客消费记录等数据的质量，及时发现和告警，提示游客流量异常、消费记录为零等问题，定位异常数据，同时实现异常数据记录、查询和导出。

（6）数据标签管理

数据标签管理能够对标签内在关系进行管理，对标签全生命周期进行统一管理，有效支撑差异化标签画像服务和运营需求，更好地洞察游客需求、防控业务风险、提高服务质量和效率。主要包括标签新建、标签部署、标签评估和标签上线等功能。

数据标签生命周期管理：对如客流标签、舆情标签等实现创建、启用、编辑、停用、删除、审批的全生命周期管理，同时进行去重、合并、转义、标签优先级配置、标签配置导入导出、标签数据对外开放等标签数据操作，实现标签体系化管理，保证标签的运行状态清晰有序。

标签数据更新：对如客流标签、舆情标签等定时更新和手动执行更新，实时查看更新情况。

标签画像：提供游客、经营等方面的全景画像，显示画像的标签信息、优先级等。

标签分析：对客流标签、舆情标签等开展群体分析、归因分析、使用效果分析和成本分析等，通过实时预览群体筛选结果，可视化展示群体特征。

标签监控评估：提供客流标签、舆情标签等标签操作日志的记录查询、标签数据开放监控，保证标签全生命周期可溯，同时实现精准高效的标签冲突检测，评估标签的完备性和唯一性。

标签数据高效存储查询：采用 KV 方式存储，实现如客流信息、销售信息等千万标签数据毫秒级查询；采用标签、主体、群体等多维度实现标签数据灵活检索。

（7）数据资源目录

根据景区业务需求，按照统一的资源目录体系标准，对游客基础信息、景区营销信息、资源监测信息等进行编目，生成共享开放、满足数据服务需求的数据资源目录。以资源目录的形式对数据资源进行统一管理，按照业务视图、主题、类型等维度，通过分类浏览、在线搜索、分类检索等方式快速查找目标数据，通过 Web 图形化管理界面，实现包括目录管理、目录采编、目录订阅、目录接口管理等功能。

目录管理：对涵盖资源监测、景区管理、景区服务、景区销售等数据的数据资源目录进行内容编码、注册、发布、查询和维护。

目录采编：通过审核系统提供的页面或批量导入的数据，对景区数据资源进行手工编目。

目录订阅：支持按照权限分配向操作人员提供景区目录数据资源的订阅共享，并按照更新周期定期向操作人员推送订阅的如气象、客流等共享信息。

目录接口管理：以 API 接口形式向办公、经营等业务部门提供共享与交换服务。

5.3.3　数据存储

5.3.3.1　数据存储分析

（1）数据存储选型

数据存储是将数据按照不同主题、数据类型进行分类存储，景区的数据存储根据主题可分为景区资源监测数据库、景区管理数据库、景区服务数据库以及景区销售数据库。数据存储过程一般包括数据资源调查、数据部署模式设计、数据存储系统选型三个阶段。

数据资源调查：充分了解当前数据的存储、使用方式等，至少应掌握应用系统的数据类型、业务量、数据的容量、数据的增长率和数据保存周期。

数据部署模式设计：结合数据的使用范围、使用频率、数据远程传输的方式、数据的安全性等，对数据存储的部署模式、安全性进行设计。

数据存储系统选型：根据不同应用系统的业务量和数据类型，计算存储系统需要的存储空间、带宽、输入/输出（IO）等性能指标。数据存储系统选型需要考虑数据规模、数据生产方式、数据应用方式等。

（2）数据存储技术

在建设数据平台时，根据景区自身情况选择合适的存储组合来满足景区的数据战略和数据应用需求。景区的数据类型较为复杂，包含了结构、半结构和非结构化数据（表5-2），且从数据的实时性上来说也各不相同。所以对数据存储要综合考虑，不只是采用哪一种数据存储方式的问题。数据存储技术如下。

分布式数据库：分布式系统大规模并行处理数据库包含多个自主的处理单元，通过计算机网络互连来协作完成分配的任务，实现分而治之，该策略能够更好地处理大规模数据分析问题。一般用作分析型数据库。

关系型数据库：针对景区办公类、行政类的数据可以采用关系数据库进行存储，在采集和共享过程中匹配度也较高，操作方便。但关系型数据库无法满足大批量且实时的数据存储需求，主要表现为：无法满足海量数据的管理需求，无法满足数据高并发的需求，高可扩展性和高可用性的功能太弱。

非关系型数据库：主要存储景区资源保护等量大的数据。非关系型数据库的优势有：支持超大规模数据存储，灵活的数据模型可以很好地支持大数据的应用，具有强大的横向扩展能力等。

　　云数据库：云数据库是基于云计算技术的一种共享基础架构的方法，它是在云计算环境下部署和虚拟化的数据库。值得注意的是，云数据库并非一种全新的数据库技术，而是作为一种服务模式提供数据库功能。

数据存储分类表　　　　　　　　　　表 5-2

存储名称	特点	场景应用
分布式数据库	多处理单元，可应对数据量十分庞大的情况	可结合数据仓库使用
关系型数据库	存储结构化数据，对数据业务逻辑有较高要求，但对数据实时性要求不高	用于景区的办公、行政、财务等类型的业务
非关系型数据库	大规模存储、扩展性强，存储实时数据优先选择	主要存储景区资源保护等数据，如视频、文件等
云数据库	根据需要可以无限扩充	各类数据均可存储，适合大多数景区场景，安全性由云厂商负责

5.3.3.2　数据存储方式

　　数据存储建设基于稳定、开源、可扩展框架的数据存储计算平台，需实现对海量数据资源的接入、存储、处理和计算。充分考虑景区未来扩展需求，秉承"开放、兼容、安全、弹性可拓展"的基本原则，整体规划设计数据存储计算数据平台架构，满足景区海量数据采集、传输、融合、清洗及存储需求；景区数据存储平台根据景区数据量采用"文件库＋数据仓库"的数据存储方式。时空数据因为其独特性，采用独立的时空数据库存储，具体如下。

　　（1）数据仓库

　　数据仓库按照用途划分为数据仓库（data warehouse，简称 DW）与数据集市（data mart，简称 DM）两个存储层，具体如下。

数据仓库：主要将采集的数据按照数据治理要求与统一规范标准进行数据清洗后进行统一规范存储；数据仓库的数据存储按照主题分类进行永续性存储，主要涵盖基础数据和汇总数据。其中，基础数据层支持平台所有主题域的数据存储，支持主题域、实体和数据模型的扩展，具备良好的开放性、可扩展性和易操作性；汇总数据层将在基础数据层基础上进行不同粒度的轻量级汇总或者高度汇总，允许适度冗余。

数据集市：基于特定的应用目的或应用范围，而从数据仓库中独立出来的一部分数据，也可称为应用主题数据库，存放特定的，针对某个主题域、某个部门或者某些特殊需求而进行分类的专题数据集合，旨在快速对数据进行访问和对报表进行分析展示，同时在数据结构内部对数据进行必要的汇总和优化，作为联机分析处理（online analytical processing，简称 OLAP）和应用服务的数据输入。

采用"文件库 + 数据仓库"的存储策略，其中，数据仓库选用操作数据存储（operational data store，简称 ODS）作为贴源层数据的存储介质，主要负责临时保存采集到的数据，并定期对数据进行清理。存储结构与源数据保持基本一致，但会额外添加采集时间、数据来源等关键标识字段。

（2）文件库

文件库可实现对景区文本、图像、音频、视频等非结构化数据的存储。

（3）时空数据库

时空数据因其空间实体和现象在时间、空间及属性三个维度上的固有特性，展现出多维性、语义丰富性和时空动态关联的复杂性。鉴于景区的地理特性，存储时空数据对智慧景区地址位置信息的管理和检索至关重要。时空数据库为地理信息系统的应用奠定了基础，主要包括时间附加型、时间新维型、面向对象型、基于状态和变化的统一模型及时空数据模型。

时空数据具有时间和空间维度上的特点，实时地抽取阶段行为特征，以及参考时空关约束建立态势模型，实时地觉察、理解和预测导致某特定阶段行为发生的态势。可针对时空大数据事件理解与预测问题，研究空间大数据事件行为的本体建模和规则库构建，为异常事件的模式挖掘和主动预警提供知识保障，可针对相似的行为特征、时空约束和事件级别来挖掘事件模式并构建大尺度事件及其应对方案的规则库。

5.3.4　数据共享开放

5.3.4.1　数据共享分析

数据共享基于数据平台数据资源对外提供共享服务，实现数据有效利用，避免系统与系统之间直接对接的风险，共享的对象分为景区内部和景区外部两个部分。

数据共享有数据集市开放、数据服务开放和数据接口推送三种方式。

（1）数据集市开放方式：针对景区内部数据，按照应用主题，从数据仓库抽取数据进行重组，形成应用主题数据集市，并开放数据查阅权限。这种方式的主要应用场景是通过抽取数据主题进行统计分析，建立领导驾驶舱，用于辅助决策等（图5-7）。

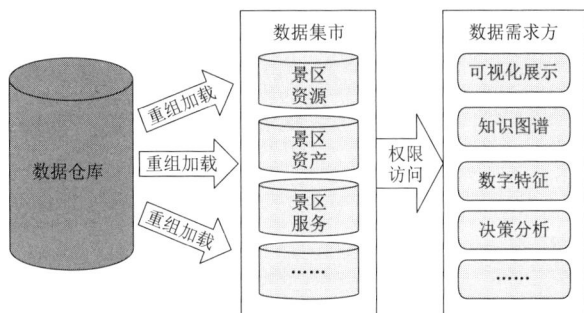

图5-7　数据集市开放流程

（2）数据服务开放方式：将数据平台对外共享的数据资源包装成数据共享服务，建立统一数据共享目录，注册到数据共享开放门户中，便于数据需求方查询了解，按需申请订阅，授权后访问数据服务，获取相关共享数据（图5-8）。这种方式适合景区内部各应用系统，也适合对外部共享景区的服务信息数据。

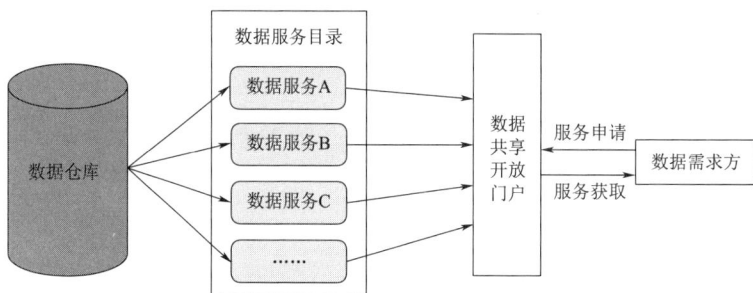

图 5-8　数据服务开放流程

（3）数据接口推送方式：按照数据需求方的数据内容、格式与接口要求，开发数据服务接口，进行共享数据推送（图5-9）。这种方式适合景区内部购置成熟产品的标准数据接收接口，也符合外部监管部门的数据对接要求。

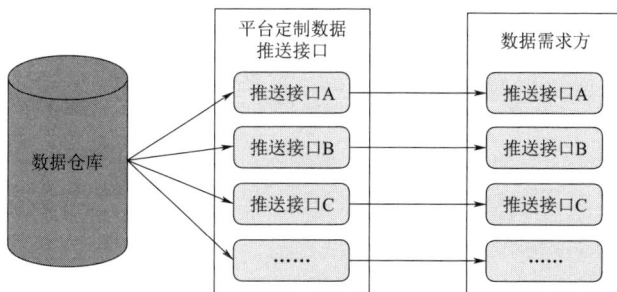

图 5-9　数据接口推送流程

5.3.4.2 数据共享开放平台

数据共享开放平台是将数据资产封装为数据能力服务，进行数据赋能，可分为数据共享开放和数据服务。数据共享开放包括数据能力服务目录、数据服务注册、数据服务开放、数据服务申请授权管理等。数据服务包括数据检索服务、数据解析服务、指标服务等。平台支持基于 Web 页面应用服务共享、接口服务注册等功能，具备易用性，方便运维人员使用。

（1）数据共享开放

数据能力服务目录管理：支持按照数据主题或类别等维度，对数据能力服务目录进行新增、修改、删除、查询和展示。

数据服务注册：提供基于服务组件的服务注册和服务发布功能，实现服务接口、服务运行与服务参数等各种服务信息的注册和发布，以及接口调用配置、接口调用测试、接口负载配置等功能。其中服务发布需支持服务批量发布、Web 界面发布和 API 方式发布等多种发布方式，支持 REST、WebService、HTTP 等接口类型。

数据服务封装管理：提供对数据封装的统一配置入口，如关系型数据库数据封装配置和 K-V 型数据封装配置，通过封装数据接口形成对外的数据服务能力。

数据服务订阅：数据订阅服务主要包含数据的订阅、读取和任务实例的启停控制等功能，Client Server 采用插件式设计思路，可以支持扩展不同类型的数据订阅读取。

数据服务能力的开放：通过封装数据能力服务，并将其设置为公开或申请授权访问，以及特定访问的开放方式，对外进行发布。一旦数据能力服务发布，它们将在数据能力服务目录中展示，公开和申请授权访问的服务将对用户可见，便于用户申请并获取数据。

服务申请权限管理：对数据能力服务进行申请与授权管控，用户申请服务访问，审核通过后，分配给指定的用户相对应的数据访问权限，保障数据访问安全。实现对内、对外统一的数据共享交换申请、审批、开放的流程管控，可视化实时查看数据正在被谁调用、调用的频率和次数、调用的历史记录以及数据共享的期限等，实现数据共享交换过程的可维护性和管理透明化。

（2）数据服务

数据检索服务：平台的数据可以通过检索服务确认是否有这样的数据，数据的格式等是否符合要求，以便于提供更好的服务。

数据解析服务：提供数据解析管理功能，用于解析接口数据以及文件数据解析的配置管理，如 xml、json 等，包括解析模板配置、解析类型配置、解析任务配置等，为数据解析服务提供配置信息。

指标服务：指标服务可以对平台中的指标数据进行归类，可以查看清单，使用方如果找到对应的指标数据，再进行申请。

服务路由：根据预定义的规则实现基于主题或数据内容的动态路由机制，支持点对点、广播以及发布 / 订阅方式。

服务编排：包括实体模型的建立、流程的配置、数据的转换以及接口参数的确定等。

服务监控：可记录服务的执行过程，如记录服务内容、服务调用是否成功、服务执行时间等。

5.4 数据标准规范

由于景区的信息化基础水平不一，对信息化系统的应用程度不同，各项业务数字化的要求和流程有差异，线上线下通过不同方式存储的各类数据纷杂繁多，行业内没有符合文旅行业和业务管理现状的文化和旅游数据分级分类及编码规范标准，涉及纵向的管理部门和相关企事业单位，横向的其他景区、产业链上下游的企事业单位时，无法有效地进行跨层级、跨地域、跨系统、跨部门、跨业务的多源异构数据整合，也无法对这些数据采集归类、共享交换、分析应用。为有效解决"数据采集难、交换难、应用难"等问题，走出"数据多点维护、多方存储、多头管理"的困境，需要通过数据编目、数据分类等方式构建统一的数据编码规范；对景区数据进行分类标识，明确数据类型；通过对数据的有效分析和开发利用，实现对数据的标准化、体系化、规范化管理，为构建"多源汇集、实时共享"的智慧景区数据平台做好基础保障。

数据标准规范是给分散在各系统中的数据建立一套统一的定义基准，包含数据命名、数据定义、数据类型、赋值规则等，并制定运维景区统一数据标准成果的科学流程。通过数据标准规范来规范数据格式、存储、编码，确保景区数据可读、可用、可共享。景区数据标准规范建设内容包括数据资源目录、数据存储规范、元数据标准、数据交换规范。景区数据标准规范是对全景区数据进行梳理，编制景区数据质量管理标准，规范与指导景区数据获取、甄别与存储。

5.4.1 数据资产目录

充分调研和了解智慧景区各应用系统中涉及的数据，对数据进行归类分析，最终完成数据资产目录梳理，梳理的内容如下。

（1）覆盖范围：整个智慧景区建设的各应用系统中的全部数据。

（2）充分理解、归纳各业务数据，进行数据分层、分类，并撰写数据资产目录标准。数据资产的分层、分类设计应做到贴合实际业务，并能广泛适用，包括但不限于：

数据资产标识：资产所属平台内的资产唯一标识。

数据资产名称：统一的数据资产命名规则。

数据资产类别：结构化数据资产、半结构化数据资产、非结构化文件资产。

描述：按照统一的语序、要素进行资产描述。

安全级别：根据智慧景区项目的安全管理规范确定的数据资产保密等级。

扩展信息：其他补充描述信息，可根据不同数据特性提供不同的扩展信息结构。

动态标签：统一的数据资产描述体系，如资产安全维度、产业领域、职能领域维度等各种标签。

（3）完成数据资产目录编制，该目录可以细分为不同的粒度，包括系统视角和主题域视角，全面覆盖数据平台内部的业务数据资产。跟据数据收集的具体情况来划分粒度。

5.4.2　数据存储规范

数据存储规范旨在设计数据模型，通过数据模型对存储的数据进行有序分类。依据模型，为数据存储规范规划出具体框架，并进行细化设计。

设计统一的数据模型。对业务数据的格式和定义进行标准化设计。数据模型是指用实体、属性及其关系对景区运营和管理过程中涉及的所有业务概念和逻辑规则进行统一定义、命名和编码。数据模型是业务人员、IT 人员和开发商之间进行沟通的一套语言。数据模型分为概念数据模型、逻辑数据模型和物理数据模型。

（1）概念数据模型：是一个高层次的数据模型，定义了重要的业务概念和彼此的关系，由核心的数据实体或其集合以及实体间的业务与关系组成。

（2）逻辑数据模型：对概念数据模型进一步分解和细化，描述实体、属性以及实体关系，设计时一般遵从"第三范式"以使数据冗余最小。

（3）物理数据模型：描述模型实体的细节，对数据冗余与性能进行平衡，需要考虑所使用的数据库产品、字段类型、长度、索引等，必须确定数据库平台和应用程序的架构。

数据存储规范是在景区业务体系分析的基础上，规划形成全局的数据主题框架，并对景区数据主题进行具体细化设计，形成从数据主题到信息实体、数据元素的层次化数据资源体系，是景区数据平台基础技术标准的有机组成部分。数据存储规范主要用于如下范围。

（1）形成分层分类的数据体系结构，为数据资源的数据存储、信息分析构建框架。

（2）定义数据主题、实体、元素等数据标准体系，为数据仓库和数据仓库的信息确定其属性和构成。

（3）实现数据模型在景区范围内的一致性，并规范和指导后续信息化系统数据模型建设。

（4）随着业务需求的变化，及时修订和完善数据模型，保障数据模型持续演进和发展。

5.4.3　元数据标准

元数据是关于数据的数据，是描述数据的内容、覆盖范围、质量、状况、管理方式、数据的所有者、数据的提供方式等有关信息的数据。

景区元数据主要由标识信息、数据质量信息、维护信息、内容信息、覆盖范围信息、限制信息、获取信息和负责单位信息8个元数据子集组成。每个子集由若干元数据实体和若干元数据元素构成。

（1）标识信息，唯一标识景区数据集的基本描述信息，应包括被引用的资源的信息，数据集摘要，资源开发的目的、可信度、状况和联系方等信息。

（2）数据质量信息，是数据集质量评价的描述信息，应包含数据生产相关的数据志信息。

（3）维护信息，是数据集资源和元数据的更新频率与更新范围的信息。

（4）内容信息，提供数据内容特征的描述信息，应包含要素名、属性列表与属性结构等信息。

（5）覆盖范围信息，包含所涉及空间、时间覆盖范围的信息。

（6）限制信息，描述访问和使用数据集、资源的法律限制与安全限制的信息。

（7）获取信息，描述有关数据集中获取的详细信息。

（8）负责单位信息，描述数据的产生单位、拥有单位和管理单位信息。

5.4.4 数据交换规范

经过对数据采集进行业务分析，景区较适合采用"基于数据交换的方式"进行数据采集交换。对景区数据交换标准进行规范，是对数据平台与智慧景区其他应用系统数据交换过程中的数据交换方式和接口规范进行定义，用于规范数据采集、共享过程。

数据交换方式包括基于服务接口的数据交换方式、基于数据库的数据交换方式和基于文件的交换方式。其中基于服务接口的数据交换方式适用于准实时、周期性、小数据包的结构化数据交换场景；基于数据库的数据交换方式适用于周期性、大数据包、小数据包的结构化数据交换场景；基于文件的交换方式适用于准实时、周期性、大数据包、小数据包的结构化数据与非结构化数据交换场景。

数据接口规范包括结构化数据接口规范半结构化数据接口规范和非结构化数据接口规范，具体如下。

5.4.4.1　结构化数据接口规范

（1）数据库接口规范

基于数据库的数据交换，数据库接口需要提供基础参数信息，包括数据库类型、数据库地址（数据库所在的服务器 IP 地址）、数据库端口号、数据库服务名、用户名（登录数据库所需用户名）、密码（登录数据库所需密码）。

数据库接口提供的数据一般包括指标数据和业务明细数据，具体接口规范应根据具体业务数据在实施过程中逐步明确定义，包括数据集、数据项、数据类型、精度等。

（2）数据服务接口规范

数据服务采用 HTTP 或 WebService 方式，数据形态为 XML 或 JSON 格式。服务接口协议格式分为服务接口请求对象格式和服务接口返回对象格式。服务接口请求对象格式主要包括请求基础参数和请求业务参数。

（3）数据文件接口规范

数据文件主要包括 Excel、TXT 或 CSV 文件、XML 等，具体规范是对二维表样式进行规范。可使用多个工作表一次传输多组数据，每个工作表为一组数据，工作表的名称按照事先双方约定，用来标识当前工作表的数据内容。数据文件命名方法要有命名规范，保证文件不重复。

5.4.4.2　半结构化数据接口规范

是结构化数据的一种形式，虽不符合关系型数据库或其他数据表的形式关联起来的数据模型结构，但包含相关标记，用来分隔语义元素以及对记录和字段进行分层，因此也被称为自描述的结构。

常见的半结构数据有 XML 和 JSON。半结构化数据的格式不固定，接口规范需要根据具体情况进行定制化对接。

5.4.4.3 非结构化数据接口

非结构化数据主要包括文档、图片、音频和视频等。数据平台非结构化数据主要包括采集的非结构化数据和结构化数据关联的非结构化文件，即结构化数据的附件。非结构化数据接口规范是对非结构数据的目录和命名进行规范。目录和文件名应与结构化数据记录表内附件地址（相对路径）和附件名称保持一致。

5.5 数据权限与安全

数据权限与安全是通过数据传输加密、流控和脱敏等技术手段进行数据权限和安全控制，保障数据采集、存储、加工、展现环节的安全，包括流程审批管理、数据安全管理、监控和审计管理。

5.5.1 数据权限

（1）数据申请流程审批：通过审批规则配置、审批流程配置及审批日志记录，支撑景区数据需求安全合规性审核和数据输出安全合规性审核，如设置相应的审批规则来审批游客基本信息，保证游客基本信息通过安全审核。

（2）数据操作权限管理：对游客基本信息、消费信息、销售记录、客流量等数据作敏感类型、安全分级、隐私类型、脱敏算法安全配置，在系统中实现导入导出、筛选、查看等操作。

（3）数据访问权限管理：利用访问授权、身份认证等技术手段，为景区系统管理员、业务人员、景区领导等角色设置数据访问权限，实现数据访问控制、数据系统访问控制、主机操作系统和数据库系统访问控制、数据系统访问授权控制，同时对访问过程进行日志记录，对非法接入及越权操作报警预警，保证数据访问安全。

5.5.2　数据安全

整体的数据安全管理通过分层建设、分级防护，利用平台能力及应用的可成长、可扩充性，创造面向数据的安全管理体系系统框架，形成完整的数据安全管理体系。数据平台的建设应始终把数据安全管理放在最重要的位置上，通过设计完备的数据安全管理体系，多方面、多层次地保障景区的数据安全。数据安全从技术方面规范如下。

5.5.2.1　网络安全管理

为保证系统的安全，在网络层主要采取的措施如下。

（1）网闸：通过网闸的方式实现与外界网络的物理隔离，确保核心系统的网络安全。

（2）防火墙：防火墙是一个或一组用于过滤"进、出"网络的数据包的系统，它基于多种标准对数据包进行过滤，包括特定的应用、网络服务、源/目的地址等，同时使用单一的规则为整体网络提供一致的安全策略，能够通过定制或限制对特定资源（如敏感文件或 Web 浏览等）的访问来帮助企业获得安全保证。

（3）入侵检测：仅有防火墙并不足以阻挡使用各种高级手段的黑客的攻击，系统通过入侵检测，对计算机网络和计算机系统关键节点的信息进行收集分析，检测其中是否有违反安全策略的事件或攻击迹象，并通知系统安全管理员进行处理。

（4）安全漏洞扫描：采用最新的漏洞扫描方法，及时发现用户系统中的固有隐患和最新漏洞；对重要服务器进行定期检查与评估，网络漏洞扫描执行预定的或事件驱动的网络探测，包括对网络、操作系统、路由器、重要服务器、防火墙和应用程序的检测，从而识别能被入侵者利用并非法进入网络的漏洞。漏洞扫描工具将给出检测到的漏洞信息，包括位置、详细描述和建议。这种策略允许管理员侦测和管理安全风险信息，并跟随开放的网络应用和迅速增长的网络规模而相应地改变。漏洞扫描一方面是配合安全配置的工具，另一方面也是发现并修补安全漏洞的工具。

5.5.2.2　资源隔离管理

通过建立不同的租户，对不同权限的数据资源进行隔离。多租户技术是一种软件架构技术，可实现在多用户环境下共用相同的系统或程序组件，并且可确保各用户间数据的隔离性。多租户在数据存储上有三种主要方案，按照隔离程度从高到低，分别是：独立数据库；共享数据库，隔离数据架构；共享数据库，共享数据架构。

5.5.2.3　数据加密管理

数据加密管理是计算机系统对信息进行保护的一种最可靠的办法。它利用密码技术对信息进行加密，实现信息隐蔽，从而起到保护信息安全的作用。数据加密分为存储加密和传输加密。景区的数据存储加密按照不同的数据来源可进行不同算法、不同级别、不同强度的加密，为数据存储安全加一把锁。数据传输加密是通过端对端的专用加密通道，使数据以密文形式传输，到达接收端时按照加密规则解密，防止数据被截取。

5.5.2.4　数据共享安全

数据共享过程也要对安全进行保障，数据对外共享有接口和文件等不同的方式，接口方式的数据安全可通过 API 操作权限管理、

API 流量管控、API 认证管理等手段实现接口管控。文件共享的安全可通过拆分重组、文件名加密传输、文件加水印等方式进行共享，实现文件的简易加密和泄密追责。

5.5.2.5　数据脱敏管理

对游客基本信息、消费信息、景区经营状况等敏感数据进行加密存储、模糊化处理等操作。

5.5.2.6　数据敏感识别管理

对游客基本信息、消费信息、景区经营状况等敏感数据的发现规则进行定义、编辑、管理、导入导出和应用等操作，同时以正则表达式的形式定义敏感数据扫描规则，在敏感数据的识别规则中配置脱敏类型、安全分级、隐私类型。

5.5.2.7　数据备份

软硬件或者网络任何一环发生问题都可能导致数据错误、损坏或丢失，人为的操作失误，自然灾害、战争等不可抗力或者不可预料的因素也会导致不可挽回的数据丢失，给用户带来巨大损失，所以需要对主要数据通过设置备份条件或者采购备份一体机实现定时备份。有条件的景区可建设容灾备份，最大限度保障数据的有效备份，确保出现数据问题可以及时恢复，保障在任何情况下都不会影响重要业务活动的持续开展。

5.5.2.8　数据安全监控和审计

对数据处理流程进行安全监控和审查，针对服务流程各关键点部署安全策略、监控并记录日志，通过日志分析识别风险行为并预警。

5.6 平台实施分类说明

　　数据平台的建设是景区实现智慧化转型的重要环节，根据景区规模、数据量大小、数据复杂度、数据安全性、资金量、现状等进行考虑，可分阶段、分步骤、有重点地采用本章的部分内容。首先，标准先行，数据标准规范宜采用本章指导意见实施；其次，对于数据量不大的景区，在确保安全的前提下，可直接通过系统接口实现数据采集或交换；对于数据存储已采用传统数据库模式的系统，数据共享开放可考虑采用接口模式实现，此时数据权限与安全也需要根据采用的方式进行适当调整。当然，这是站在发展的角度兼顾现状考虑分步实施，通过采取以上一些措施来实现当下数据的应用，而随着数据作为生产要素，发挥的作用越来越大，未来还是建议景区按照本章的内容，结合景区实际，做好顶层设计，实现最终功能。

6

景区智慧大脑

景区智慧大脑是景区数字化转型的智能中枢。建设景区的智慧大脑，需要通过打通信息壁垒，实现数据交换与共享，通过分布式计算与分析，优化景区的资源配置，支撑决策指挥，促进业务协同。本章将介绍智慧大脑的重点组成部分，具体分为算力平台、智能平台、决策平台三个方面。

6.1 概述

景区智慧大脑主要面向景区数字化转型的需求，利用云计算、大数据、5G、人工智能、物联网、区块链等新一代信息技术，推动景区数据资源汇聚融合和运行态势全域感知，驱动业务流程的优化、重塑和再造，是景区数字化转型的智能中枢。

景区智慧大脑不是新一轮智慧景区建设的新高潮，而是在景区信息化现有条件和基础上的整合、完善、提升和扩充，其本质是通过对景区运行数据的实时收集、监测和分析，促进景区业务流程再造和管理服务模式创新，实现景区运行全域感知、景区演化发展模拟仿真、景区运行一屏全览、景区营销动态跟踪、领导科学高效决策和应急管理协同指挥，将驱动景区数字建设模式从分散走向集中，推动景区数据要素价值放大，提升景区管理的科学化、精细化和智能化水平，是促进景区数字化转型的重要支撑。

6.1.1　建设目标

通过智慧大脑建设，实现景区全量数据资源总汇聚、全域数字化系统总集成、全局业务服务总协同，打造智慧景区智能化总枢纽，使景区具备更强感知力、更强协同力、更深洞察力和更高创新力，进而促进景区发展理念、管理模式、服务模式、营销模式和资源保护模式取得突破，推动景区可持续发展。

（1）实现景区全量数据资源总汇聚

根据景区运营发展的需求，对汇聚到景区智慧大脑的数据进行全量汇聚，并按照国家和行业相关标准建立景区数据治理生态，在保障数据安全的前提下充分满足不同主体对景区数据资源的共享利用需求，为多系统业务协同提供数据服务与管理。

（2）实现景区全域数字化系统总集成

将分布在景区范围的景区管理、游客服务、景区营销、资源保护等多领域的数字化系统统一接入景区智慧大脑，并根据各系统使用情况高效地分配网络、数据、资金等景区资源，全面提升景区信息化、集约化管理水平，降低景区信息化建设成本。

（3）实现景区全局业务服务总协同

景区智慧大脑作为面向整个景区全部主体的统一智能化平台，通过对景区全域管理、服务、资源保护、对外营销等全领域全业务需求类型、需求量等进行即时分析、总体协同、联动指挥、精准调动、高效管理，实现对景区的精准分析、整体研判、协同联动。

（4）打造景区智能化总枢纽

将现实景区中的建筑、设施、植被、人、物、事件等所有要素进行数字化，并在网络空间孪生再造与之对应的"虚拟景区"。景区智慧大脑作为"虚拟景区"的大脑中枢，面向景区的全部主体提供智能化、一体化的服务，围绕不同主体需求高效地调动整个景区实体、非实体的要素资源。

6.1.2 建设思路

景区智慧大脑不是取代已有的景区信息化系统，而是以景区信息化发展所处阶段为出发点，在以人为本、集约统筹、多元协同等原则的指导下，以实现景区全量数据资源总汇聚、全域数字化系统总集成、全局业务服务总协同，打造景区智能化总枢纽目标为引领，围绕算力、智能、决策等维度，探索全面的感知智能、认知智能等创新服务，为景区智能生命体各组成部分赋能，提供多维度、多层级、多粒度、体系化的景区智能化服务。

6.1.3 建设内容

景区智慧大脑的核心是基于万物感知、全面互联、数字孪生而形成数据驱动的人工智能中枢平台。依据景区智慧大脑建设的目标与核心功能，从将景区智慧大脑作为景区智能中枢的维度出发，景区智慧大脑由算力平台、智能平台、决策平台构成，面向景区的各类设施和要素，提供及时感知、处置、优化和控制功能，提供智慧化的精准管理和精细服务（图6-1）。

6.1.3.1 算力平台

通过云计算与边缘计算的协同以及高性能计算的适时运用，及时汇集源自景区各种感知设施的海量多源数据，并对数据进行安全可信的及时计算处理，为打造数字孪生景区、景区精细化管理奠定基础。

6.1.3.2 智能平台

创新运用人工智能、商务智能、知识图谱、机器学习等前沿技术搭建平台型智能中枢，通过挖掘大规模的海量数据并进行实时处

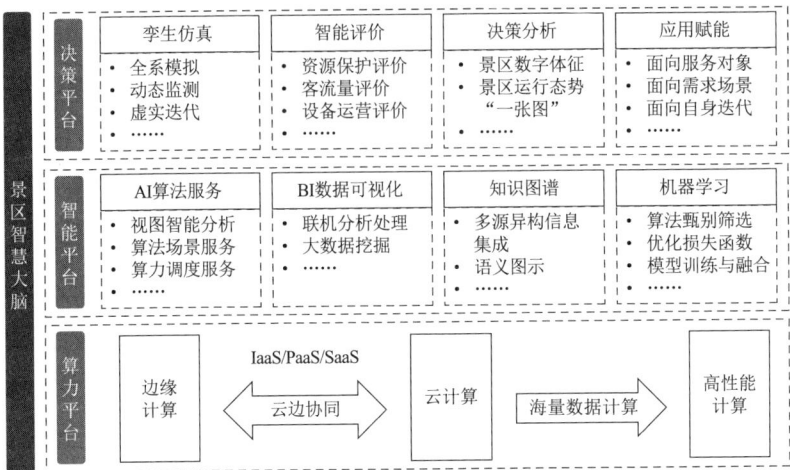

图 6-1 景区智慧大脑建设内容

理，构建切实解决景区问题的智能算法模型，洞悉事件隐藏的复杂规律，以支撑各业务系统有效运行和提升改造。

6.1.3.3 决策平台

针对景区业务管理、问题治理以及发展规划，将数字孪生仿真技术作为景区综合信息的载体，形成景区数字体征基于二三维一体化的运行势态"一张图"，从而为景区管理者的决策提供具有专业视角的大数据分析支持。同时，平台面向不同对象、服务场景、问题需求开放，以此为基础进行景区智慧大脑的迭代升级与自我演化。

6.2 算力平台

景区智慧大脑是智慧景区的数据智能处理中枢平台。随着景区信息化发展逐步深化与全面发展，景区各种设施和游客每时每刻产生的多源多态数据是海量级别的，这些数据对景区的计算力、承载力提出了更高要求，这也是推动景区智慧大脑走向实际应用的决定性力量。景区智慧大脑通过分布式计算内核将计算、存储以及网络变成统一的计算服务，并在此基础上提供云数据库、大数据处理、分布式中间件服务，为景区数据大脑提供足够的计算能力，支撑景区资源保护、景区管理、景区服务、景区营销等数据分析场景。为解决大规模数据传输引发的网络拥堵和服务响应速度降低等问题，有效分解云计算平台的压力，景区智慧大脑对这些感知的海量数据处理宜采用分级分布式处理模式，具体由云计算平台、边缘计算平台和高性能计算平台组成，它们分别为景区智慧大脑各种信息的即时处理提供强大的计算能力。

6.2.1 云计算

云计算平台主要为景区智慧大脑数据处理提供足够的计算能力，其运维与开发将充分利用景区已建的数据中心能力。云计算提供可用的、便捷的、按需的网络访问，进入可配置的计算资源共享池（资源包括网络、服务器、存储、应用软件、服务）。相比传统 IT 解决方案，云计算的优势主要体现在以下五个方面：服务可度量、灵活有弹性、资源池虚拟化、自服务和按需分配以及快捷的网络访问。云计算平台为智慧景区的运行提供弹性计算与虚拟化技术，可根据景区的需求进行扩容或缩容，实现更加高效的计算资源利用。

云计算包含云平台和云服务两部分，其中云平台包含连接以太交换机、支撑信息处理的服务器和存储设备、云计算的灵魂——云平台软件；云服务主要是指各种应用软件和服务。可以划分为三种业务模式云软件，即 SaaS、PaaS、IaaS，具体的云平台部署模式详见 4.3。

6.2.2　边缘计算

边缘计算（edge computing，简称 EC）是指一种将相关应用程序运算由中心节点移至逻辑上的边缘节点来处理的计算方式，目标是提高数据处理效率，减少延迟。边缘云则是基于边缘计算，在靠近数据源头的边缘侧融合计算、存储、网络等核心资源的分布式平台，能够为终端设备提供快速接入、实时分析的能力，是连接物理和数字世界的纽带。

为了适应边缘云业务的发展，中心云与边缘云节点以协同的方式工作。以物联网应用场景为例，在边缘侧的终端设备会产生大量的数据，如果所有数据都汇集到中心云节点处理，会给云端造成巨大压力，因此，为分担中心云节点的压力，边缘云承载局部的数据计算和存储工作，并将处理过的数据汇集到中心云。中心云完成大规模数据分析和算法训练优化，同时将智能算法和分析推送到前端，赋能边缘侧设备，完成自主学习的闭环。

边缘云节点为景区大脑提供数据接入和数据计算服务，中心云节点负责管理众多边缘节点，实现数据的融合和全生命周期的管理。在实际业务交流过程中，云端和边端互相协同，实现业务流程的灵活调度和部署，并通过中心平台的算法管理系统对算法进行优化和分发，实现实时任务的混合调度、异构资源调度，满足不同规模景区的需求。针对移动性、时延性要求较高的业务以及大流量业务应用场景，在靠近景区设施数据源的一端建设和部署集成网络、计算、存储、应用、安全等能力的边缘计算节点，提供近端服务、实时业务处理、数据优化、应用智能、敏捷连接、安全与隐私保护等计算和网络服务。

6.2.3　高性能计算

针对需要高性能计算能力的应用场合（如海量视频图像的处

理、海量多态多源大数据、基于大数据的模型训练、高吞吐率的智能推理和复杂的关联分析等），为确保景区大脑运行的稳定性，景区智慧大脑应尽可能选择大规模并行超强计算能力的高性能计算平台，有力支撑景区智慧大脑各种海量大数据和人工智能应用。可采用分布式虚拟机的云超算服务，分布式存储没有分区，所有节点形成一个全局的分布式存储池，使用时可按需划分指定容量的区域，用于不同场景。这种云超算服务采用云系统实现虚拟化技术，可通过互联网远程接入高性能计算机资源，使高性能计算机云平台资源能够被更多人使用。

6.3 智能平台

景区人工智能服务平台（智能平台）是景区智慧大脑的智能中枢核心平台。基于海量数据和高性能算力，全融合大数据、人工智能等先进技术，实时处理人所不能理解的超大规模全量多源数据，能够洞悉人没有发现的复杂隐藏规律，能够知道超越人类局部次优决策的全局最优策略；同样基于数据平台服务，通过对智能服务的共享复用、对智能服务研发相关角色进行管理，以及研发流程的标准化、自动化，对前台业务提供个性化智能服务的迅速构建能力支持，赋能景区智慧场景的"智能 + 应用"。景区智慧大脑可以通过人机交互形式，构建面向解决景区问题的人工智能算法模型开发、部署全生命周期管理，基于景区场景应用中的算法共性需求，提供数据洞察、预测、分类、优化决策等基础服务，辅助管理者进行预测和决策判断，形成预案或指令，实现跨事件、跨场景、跨业务的全局协同的智能决策支持服务；利用机器学习驱动的交互可视分析方法迭代演进，不断优化，提升智能算法执行的效率和性能，保证数据决策的有效性和高效性，使景区从人、物、事、设施的聚合体升级为具有类似生命体功能的智能性功能体。

6.3.1　AI 算法服务

建设集算法管理、资源管理、业务场景管理、指标评估、监控预警等于一体的景区 AI 算法服务，用于景区数据大脑体系架构，以快速构建面向解决景区问题的人工智能算法模型开发、部署和生命周期管理。算法服务具备到以下人工智能基础能力：支持多种主流深度学习框架及算法组件及一体化算法管理，具备人工智能语音开放算法服务平台，提供大规模视频码流分发管控、视觉计算资源调度管控、实时流数据并行处理、智能规则配置、目标检测算法引擎等人工智能视觉计算服务。

以景区建设为整体，及时掌握整个景区的动态，为各类问题制定解决方案、下发指导策略，提供有效的辅助支撑，通过人工智能平台能力建设，可快速整合景区数据，通过人工智能化的能力抓住重点、热点，充分发挥数字景区建设的重要作用。具体的 AI 算法服务应用可分为视觉智能分析、听觉智能分析和算法场景服务。

6.3.1.1　视觉智能分析

利用广泛分布在景区的视频监控终端，通过人工智能识别、分析图像的技术使景区生命体具备视觉能力。景区视觉中枢系统产生的数据量占景区产生数据总量的 $60\%\sim70\%$，视频监控系统已成为景区名副其实的"眼睛"，图像、视频等视觉信息成为创新应用化场景重要的数据来源。在景区管理业务中，若采用传统的数据采集、视频分析方法，需要投入大量的人力、物力，且发现问题的及时性差、精准度低，如景区人员走失查找、区域游客计数、高峰客流密度监测等场景尤为突出。景区视觉中枢则具有"多算法并行显示，择优取用""资源统一调度，按需取用""算法快速迭代升级""基于云上统一运维"等特点，以实现图像识别、视频解析、行为检测等景区的视觉功能，如：基于人脸识别智能化技术进行走失游客查找，以图搜图的秒级能力取代人工查找；基于卡口计数相机，实现区域游客量自动统计；基于客流密度智能监测技术，实现景区全区域游客密度情况实时监测与报警等。以上能力与 AI 技术相结合，可对整个景区游客进行画像、对未来进行推演、对景区运行态势进行预判。

6.3.1.2 听觉智能分析

在景区视频中枢的"眼睛"看不到的情况下，听觉中枢系统的补充将进一步丰富和完善景区感知系统的信息维度。智能语音将成为景区另一大感知系统，例如景区热线对投诉事项的自动化记录和处置、安保部门对声纹识别有明显的需求。景区智慧大脑中应包含听觉中枢系统，采集景区的声学信息，并结合 AI 技术进行语音识别、语音合成、声纹识别等。通过音视频联动可以构建景区实时感知的"眼睛"和"耳朵"，实现全面感知、宽泛互联和智能融合，形成以音视结合为支撑的新型智慧景区形态。解析功能主要包括：智能化热线接听处理系统，智能语音识别辅助话务员记录游客诉求，快速形成转办工单，提高人工作业工作效率；文物保护场景下，智能声纹技术在文物安防报警系统中发挥重要作用；人工售票窗口声音采集是处理投诉取证的重要依据；野生动物保护中安装在野生动物栖息地的红外智能相机可实现视频、音频捕捉采集等。

6.3.1.3 算法场景服务

为了最大化利用计算资源，形成可持续发展的算法生态圈，需要建立统一的算法仓库，支持对不同类别算法的接入、统一管理与调度，实现算法与算力的解耦，在计算资源有限的情况下，通过算法的合理调配实现应用效能的最大化。同时能够支持算法的升级优化，满足景区大脑不同业务场景下算法的应用需要。在该体系中，各种智能算法注册至算法仓库，根据用户场景需求，通过调度平台灵活调度、加载各种算法，使智能分析能力不再固化在产品中，实现"一套平台，多种算法"。

通过算法场景服务的协同，能够实现对视频、图片、音频等非结构化数据的智能分析，提取出图片、结构化数据和特征值，为数据建模、知识图谱生成和模型服务等提供支撑，从而让景区管理、景区服务、资源保护等更加智能高效。

6.3.2　BI 数据可视化

商务智能是利用大数据对经营情况和市场情况进行分析的工具，可以有效实现对业务、财务等数据的管理及分析，提升景区经营管理的智能化程度，涉及的主要技术有数据仓库、联机分析处理、数据挖掘等。

6.3.2.1　联机分析处理

BI 广泛使用在线 OLAP 技术发现数据、查看报告，进行复杂的分析计算以及预测"假设"场景等，是使分析人员、管理人员或执行人员能够从多种角度对从原始数据中转化出来的、真实反映并真正为用户所理解的信息进行快速、一致、交互地存取，从而获得对数据的更深入了解的一类软件技术。

在建成数据仓库的基础上，利用 OLAP 的查询能力、数据对比、数据抽取和报表来进行探测式数据分析。用户在选择相关数据后，通过切片、切块、上钻、下钻、旋转等操作，可以在不同的粒度上对数据进行分析尝试，得到不同形式的知识和结果。

6.3.2.2　数据挖掘

数据挖掘是一种决策支持过程，它主要基于 AI、机器学习、统计学等技术，高度自动化地分析原有的数据，作出归纳性的推理，从中挖掘出潜在的模式，形成数据模型，预测游客的行为，帮助景区决策者调整市场策略，减少风险，做出正确的决策。

景区数据模型包括管理数据模型、资源数据模型、语义本体模型、机理模型、景区仿真模型等，其中，语义本体模型是认知计算的基础模型。通过 BI 数据可视化平台应用于认知计算、模拟仿真、预测预警、辅助决策等各方面，帮助景区智慧大脑真实地重现现实世界，同时也可以结合历史数据、发展态势，利用认知计算技术，推演其背后的深层逻辑，对事物的发展状态进行预测、模拟，并在模拟的基础上验证各种事件产生的影响。当景区事件发生时，景区智慧大脑就可以依据各类数字化模型，尽快地采用经过预演的行为，让事件朝更好的方向发展。

6.3.3 知识图谱智能分析

景区大脑着眼于全面的景区智能化建设，即感知智能到认知智能的升级，在 5G、大数据、人工智能等新一轮科技浪潮的推动下，大规模物联网传感器被部署到景区中，在物联网设备运行过程中，会产生大量数字、文本、图片、音频、视频等多种形式的数据。知识图谱技术以资源描述框架的形式对知识体系和实列数据进行统一表示，使信息以语义图的形式表现出来，实现对多源异构数据的集成和融合，这是整合景区多元数据的重要技术手段，为推荐、信息搜索和决策等多种任务提供了支持。

景区智慧大脑需要在实现景区全域、全时、全量状态感知的基础上，应用数据挖掘、自然语言处理（natural language processing，简称 NLP）等知识图谱技术，进行知识获取、知识表示与存储、知识建模、知识融合等，并基于海量景区数据进行知识推理、构建知识网络，以推演事物背后的深层逻辑，形成智能洞察和认知。

智能平台对知识图谱的支持包括知识建模、知识储存、信息抽取、知识融合、知识计算等。从数据源中提取实体、属性以及实体间的相互关系，形成本体化的知识表达。

6.3.3.1　知识图谱构建

知识图谱的构建过程同时也是知识建立和更新的过程。首先，进行原始数据处理，数据源可能是结构化的、半结构化的或者非结构化的；其次，通过一系列自动化或半自动化的技术手段，从原始数据中提取知识要素，即对应的实体关系，并将其存入知识库的模式层和数据层。构建知识图谱是一个迭代更新的过程，根据知识获取的逻辑，每一轮迭代包含知识储存、信息抽取、知识融合和知识计算四个阶段。

6.3.3.2　知识图谱应用

当专项领域的知识图谱构建完成后，其具备的特有应用形态与领域数据和业务场景相结合，将取得实际的商业价值。例如，景区动态知识库为景区客服人员提供共享知识，为游客提供景区运营动态信息查询服务。

6.3.3.3　知识图谱更新与维护

在知识图谱更新过程中，根据知识表达的方法可以发现一些新出现的实体、属性以及关系。构建的一般步骤包括关系属性的抽取、实体关系的抽取以及实体关系的推理等，平台需要具有能够把海量的实体、属性、关系转化为机器能够读懂的知识表示方法。

知识图谱的更新与维护，需要寻找待更新实体以及持续补充实体间的关联，采用良好的实体显示模型判断两个实体间的关联。在从不同角度解决复杂关系模型的问题上，可选取较为简单准确的推理模型加以改进，得出更新过程中需要改进的最大实体数，作为关联更新算法的数据源加以利用。确定实体间关系后，谨慎处理实体间的删除操作。增加时间戳并且限定更新空间，估算更新频率，改进更新关联算法，使知识图谱在最短的时间内更新最大化实体，同时考虑更新频率的优化问题，减少单位时间内的更新次数。

6.3.4　机器学习服务

为了提升景区大脑在运行过程中的业务自适应能力，以及避免系统开发和维护团队的重复性工作，充分利用计算资源，应通过智能平台搭建机器学习服务系统，使其分析引擎为机器学习提供一种简单、交互、用户界面（user interface，简称 UI）驱动的方法，允许用户了解机器学习的数据和训练模型，同时保留用户调整参数功能。

6.3.4.1　机器学习的流程

一般来说，机器学习系统应具备从数据导入、数据处理、模型构建、模型训练、模型部署、模型更新到模型监控的机器学习全流程的功能模块，支持各类主流机器学习计算框架，所有团队均在同一个平台上完成这些工作，让算法人员尽可能从工程事务中解放出来，专注于特征选择、模型构建优化等方面的工作（图 6-2）。

机器学习全流程

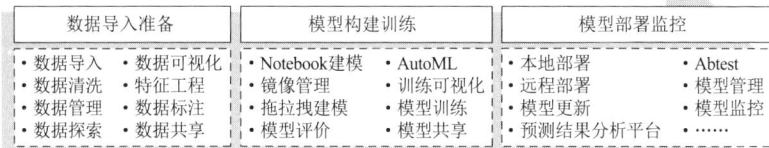

数据导入准备		模型构建训练		模型部署监控	
• 数据导入	• 数据可视化	• Notebook建模	• AutoML	• 本地部署	• Abtest
• 数据清洗	• 特征工程	• 镜像管理	• 训练可视化	• 远程部署	• 模型管理
• 数据管理	• 数据标注	• 拖拉拽建模	• 模型训练	• 模型更新	• 模型监控
• 数据探索	• 数据共享	• 模型评价	• 模型共享	• 预测结果分析平台	• ……

图 6-2　机器学习的一般流程

在数据导入准备阶段，系统需要支持多种数据源的数据导入，进行数据版本管理，以及对数据集进行可视化展示，支持数据异常值处理、空值处理等数据清洗功能。系统需要规范数据格式，以支持部门之间和部门成员之间数据共享。

模型构建训练是非常核心的功能，需要既能支持不同规模的数据量，又能支持各类计算框架。在训练过程中，一些重要节点的结果需要能够导出或可视化，并支持分享给其他用户。此外还需要支持多个模型同时训练的功能，以便用户进行模型结构和模型参数实验对比。最后还需要支持暂停训练并断点继续训练的功能，在暂停后有继续占有部分计算资源和暂停后释放计算资源两种技术方案可供选择。其他功能如镜像管理、模型评价、训练可视化、模型共享等，则属于模型构建训练中的辅助功能。

模型部署监控可分为本地部署和远程部署。本地部署是将模型和机器学习定义语言（machine learning definition language，简称 MLDL）文件推送到业务方的服务节点上，业务方通过本地接口调用模型计算，比较适合单节点集中存放的小模型；远程部署是将模型和 MLDL 文件部署到在线计算集群中，业务方通过 API 调用在线计算服务进行计算。模型管理监控则是对模型的运行进行监测，以便模型预测出现问题时可以快速定位、解决问题，保证整个平台模型平稳运行。

6.3.4.2　机器学习的核心能力

机器学习研究和构建的是一种特殊算法（而非某一个特定的算法），能够让计算机自己在数据中学习从而进行预测，通过训练集，不断识别特征，不断建模，最后形成有效的预测模型。

一套高质量的机器学习系统需要具备八个核心能力，包括：将现实问题转化为数学科学的模型化能力；将图像、文本、空间、事件等复杂数据结构化的能力；识别数据异常值，根据数据采样和数据量进行合理数据预处理的能力；理解海量数据特征，并可以有效转换特征的能力；根据不同数据和问题需求选择适当算法的能力；针对数据的不同特征进行类别权重调整的优化损失函数的能力；进行模型训练与模型融合的能力；区分经验误差与泛化误差的能力。

6.4 决策平台

景区智慧大脑决策分析为景区管理决策提供基于专业视角的大数据分析的支持。决策分析需求来源于两个方面：一是针对景区发展规划的战略决策；二是针对景区治理中的重点问题，由专业团队开展大量数据调研、问题分析、大数据建模等工作，最终输出决策分析报告，为相关决策的制定提供数据支持。

6.4.1 孪生仿真

数字孪生仿真是景区智慧大脑的重要基础，是景区综合信息的载体，是技术赋能的重要支撑平台，是新型智慧景区建设的基石。通过计算机仿真技术，对景区元素进行可视化、精细化、智能化管理，培育景区风险自动发现、景区运行规律主动洞察、人和物轨迹追踪回溯、事件精准定位管控、决策分析推演、要素资源高效配置等能力，实现对景区规划、建设、运营全生命周期管理。

在景区数据平台的基础上，景区数字孪生信息模型可以通过调用和分析覆盖全区全业务场景的数据，在数字空间中构建与现实世界空间统一融合的数字景区模型，提供平台各类信息资源的统一展示、查询、分析等应用，提供多样化的展现方式，形成景区管理者与景区智慧大脑交互的最直观的人机界面。面向景区管理者决策支持的需求，景区数字孪生平台将整合资源保护、营销管理等决策管理信息于二三维地理信息底图上，充分利用统计分析及空间分析，辅助景区管理者进行事务决策和规划制定。

6.4.1.1　地理实体服务

数字孪生平台提供地理实体服务能力，用于将基础点、线、面类型的地理实体对象标注上图，并支持基于二维、三维地图上地理实体的属性查询、空间查询、空间定位等，景区运营中心的相关应用可以调用地理实体服务接口，将各类业务空间信息（景区自然资源、交通资源、应急资源等地理实体）标注叠加到基础二维、三维底图上。

6.4.1.2　空间分析服务

数字孪生平台提供空间分析服务，主要包括基于二维、三维地图中地理实体对象分析、数据叠加分析、三维可视域分析等，进行环境监测、营销服务、资源保护、应急指挥等各类应用中各类业务地理实体的空间分析。例如在森林防火中，可提供视频监控瞭望可视区域分析、火点位置垂直高差、平面距离，以分析可达性、进行火灾区域面积测算等。

6.4.1.3　可视化服务

数字孪生平台提供景区基础电子地图服务，二维、三维模型服务，景区运营中心可将数字孪生平台的基础二维、三维地图服务嵌入应用系统，为各类应用提供可视化地图展示支撑，全方位、立体化、多角度、动态化呈现现实景区。如应用于森林防火领域，综合指挥平台可以进行火点定位，调取显示火点所处林业基础信息（如林种、树种、林下可燃物等数据），结合风力、风向、坡度等分析火灾发展趋势。在此基础上，自动启动相应灭火预案，调集周边 1~3km 消防队伍、物资，研判最快速的救援路线，指挥队伍抵达现场开展扑救。期间，应用 GNSS 显示队伍位置，接入无人机、单兵视频等以及火场及队伍现场音视频，实现火灾扑救全程可视化。

作为景区管理者与景区智慧大脑间最直接的交互界面，景区数字孪生平台全系模拟、动态监控、实时诊断、精准预测景区物理实体在现实环境中的状态，推动景区全要素的数字化、虚拟化、实时化和可视化。数字孪生景区的建设离不开以物联感知、通信网络技术等为主要构成的全域一体化感知监测体系、以云边端等为主要构成的高性能的景区协同计算能力和深度学习的 AI 平台，最终实现由数据驱动景区决策，在虚拟世界仿真、在现实世界执行，虚实迭代、不断优化，逐步形成在线学习逐步提升的景区智慧大脑发展模式，提升景区的整体治理能力和水平。

6.4.2　评价智能

围绕势态感知、运行监测等，为景区管理者提供资源保护、景区管理、经营服务等各领域、各专题信息的评价分析与综合展示。基于二维、三维地理空间和各类专业算法模型服务，汇聚视频感知数据、物联网数据、业务部门数据等数据资源，利用人工智能和大数据技术对数据进行融合分析，通过柱形图、环形图、预警雷达等各种图表，形象表示景区运行的总体态势和关键指标，呈现交通拥堵、环境污染、自然灾害、资源消耗等各类态势。构建经济专题指标、基础设施特征评价指标、营销服务评价指标、自然资源利用指标等，进行基础分析、选址分析、人流量预测等，实现对具体领域的深化评价，并对异常关键指标进行预测预警。

（1）资源保护评价：通过 AI 深度学习算法进行环境监测，自动识别如河流漂浮物、景区水位、垃圾桶满溢情况等环境监测指标是否接近或达到临界值。在对生物、地质、森林防火以及文物保护监测的基础上，实现智能评价预警。

（2）客流管理评价：通过景区智能感知末端的现实动态实时监测进行信息提取，通过人工智能专题信息分析应用，掌握客流现状及其运行规律，基于此，对当前客流状况进行智能评价，并对客流高峰情况进行预警。

（3）设备运营评价：集成景区内运营监控、巡检巡查、设备运维系统信息，提供多维度的运维信息统计与评价分析，包括但不限于用户、运行参数、告警信息、巡检任务、维修保养、设备故障等，并支持数据报表、可视化图表等多种形式的可视化展示。

（4）能耗管理评价：对景区内水、电、气等能源进行能耗监测评价，支持实时及历史数据对比、分析、可视化，为帮助优化设备运行方式以减少能源消耗提供数据支持。

（5）营销服务评价：更新票务、宣传、经营、咨询、投诉等数据，基于对历史数据的智能统计分析，对景区营销服务的质量进行智能评价。

（6）韧性能力评价：通过整合景区生态环境保护、生物多样性保护、文化遗产保护、营销服务、综合管理、应急安全等数据，从保护、管理、服务三个维度构建景区多维度韧性指标，对景区进行韧性能力综合评价。

6.4.3 决策分析

利用大数据辅助景区管理者进行科学决策，在景区管理者制定相关政策、下达相关指令、重大项目立项、解决景区问题时，获得事实、数据和论证逻辑。通过景区智慧大脑专题分析会议，业务专家和大数据专家利用大屏幕调用大数据，分析与专题相关的景区运行状况、人流密度、交通状况、遗产资源分布、基础设施情况等，并综合分析各种关联要素，运用经济分析模型，找出目标和差距，以及管理人员和领导应该关注的主要方面。在分析过程中展示各种图表和数据，采用地理信息可视化，向景区管理者呈现景区发展的瓶颈，提供发展建议，为决策提供辅助支持。

决策分析系统建立在景区大数据管理平台之上，可以调用景区大数据管理平台的大数据资源、数据服务接口，也可以调用显示系统的显示服务。专业的决策分析团队通过使用决策分析系统，可以调用现有的大数据资源，也可以根据专题需要聚合更多的数据资源，同时针对专门问题建立专业的多维度决策分析模型，进行智能化分析运算，通过建设景区数字体征，形成景区运行态势"一张图"，最终输出决策分析报告。举例如下。

（1）景区环境：将大气、水文、地质等数据接入接口，梳理景区环境指标项，并对数据进行筛选与可视化展示，集中反映景区环境的态势信息，为景区的环境保护措施提供数据事实支撑。

（2）景区交通：基于景区交通客流出行人次、人流空间分布情况、道口车辆车次、景区接驳车、索道、游船等运营信息，直观地展示游客的时空分布，支持景区指挥调度、分流疏导、管理资源。通过消息推送等方式发送相关信息，为景区游客提供游览路线，避开拥堵地区。

（3）景区事件：景区事件滚动展示当前上报的重点关注事件以及事件的关键要素，包括事发地、时间、事故类型、处置状态等，通过弹窗等方式联动指挥可视化应用，进行具体事件的查看、盯办以及联动指挥工作。

（4）风险预警：对客流量、气象、地质、火灾、社会舆情等预警数据按风险等级进行展示，按照风险类别进行数据归理、灾害研判与及时告警，包括自然灾害风险、大客流风险以及其他风险等。

决策分析系统是景区大脑的核心中枢，打通了数字景区建设全生命周期"最后一公里"，融合多部门系统数据，对数据进行直观、高效地可视化呈现，形成事件处置协同闭环管理，让景区运行变得可知可感，让突发事件和重大活动保障指挥调度可达可行。

6.4.4　应用赋能

景区智慧大脑将大数据治理能力、视频云分析能力、时空信息呈现能力、融合通信调度能力、物联网接入能力与业务应用场景专题对接，是与现有景区基础设施、景区已有信息化系统、景区管理者和游客等相关人员有密切联系的实体。景区智慧大脑开放性，包括面向不同服务对象（政府、社会组织、游客等）开放，面向数据资源、技术能力、业务能力开放，面向问题域或不同需求域开放。开放性体现了景区智慧大脑本身具备的可迭代升级，可自身演进演化，可与其他具体行业领域大脑等智能化实体进行互联、互操作以提供对外智能服务的能力。

景区智慧大脑开放与应用服务可通过开放账号、开放服务以及开放平台等方式实现。开放账号可设定不同等级账号的开放权限，通过账号登录的方式进行数据共享与赋能。开放服务通过定制平台各类服务接口，将资源以在线服务的方式进行共享与分发。开放平台可通过开发接口 API、应用模板配置服务等方式，为不同开发水平的用户和开发单位提供多级别的应用开发服务。

为降低业务开发难度、减少工作量，实现业务软件和平台能力解耦，景区智慧大脑应具备开放的服务总线能力，从而在不影响上层业务信息化系统的前提下实现景区智慧大脑版本的可持续升级迭代，并有效减少业务系统对接的开发工作量和开发成本。

7

智慧资源保护

　　风景名胜区拥有丰富的自然与人文资源,如何利用现代信息技术手段科学保护并合理利用这些宝贵资源,是智慧景区建设的重要课题。本章将重点探讨如何建设智慧资源保护系统,通过全面感知、智慧分析、精准反馈等措施,提升景区资源的数字化监测和智能化管理水平,实现对生态环境、文化遗产、地质地貌、气象水文等多维度的综合保护,为景区的可持续发展提供坚实保障。

7.1　概述

　　风景名胜资源具有非常高的科学价值和文化价值,是构成景区环境的基本要素,是景区产生环境效益、社会效益和经济效益的物质基础。随着我国旅游业不断发展以及生态环境保护意识不断提高,风景名胜资源的保护和开发利用已成为景区管理工作的重要内容。使用先进的信息技术手段提升景区资源的信息化监测管理水平,为景区资源保护和利用提供技术支撑,实现景区资源的可持续开发利用、科学保护以及协调发展,也是实现人与自然和谐发展、景区旅游业可持续发展的重要保证。

7.1.1　建设目标

　　智慧资源保护可以对景区生态资源环境进行监测或监控,充分、准确、及时地感知和使用各类资源信息,更精细动态和高效安全地保护景区资源，通过对景区资源进行实时监测、数据采集、统计分析、预警预测、应用展示，实现环境监测、生物监测、文物监测、地质监测、非物质文化遗产保护、森林防火等，并为风景名胜区的综合决策提供智慧化支撑。

7.1.1.1　全面感知

对风景名胜区各层面各系统的资源保护进行智慧设计与建设，实现对景区各资源系统的全面智能化监测。同时在海量数据背景下，通过数据挖掘确定关键监控监测和感知反馈的重点指标，实现对景区资源环境的全面感知。

7.1.1.2　智慧判断分析

在对古树名木、文物保护等进行动态监测监控的基础上，有效监测景区各感知要素的变化趋势，根据监测结果判断和发现影响景区可持续发展的关键问题并分析其重要性与紧迫性，同时与客流监测系统、预订服务系统等形成反馈与应对。

7.1.1.3　准确反馈应对

根据智慧监测和分析判断的结果，各类监测设备及时收集传送信息，将需要响应的分析结果输出给景区业务工作人员、管理者以及园林局等政府相关部门的用户端，从而合理引导景区可持续发展。同时对反应的实施结果进行再感知，作为下一次判断分析的依据。

7.1.1.4　提升资源保护韧性

智慧资源保护的核心任务是提升景区保护的韧性。景区保护韧性是指在面临自然灾害、人为破坏等不利因素时，能够保持生态环境、文化遗产和旅游资源的稳定性和恢复能力。通过物联感知、天—空—地协同监测等技术手段，增强景区环境风险识别能力、提高保护决策与响应的适应性、巩固生态文化体系的稳定性，确保人身财产安全和生态文化可持续发展，从而提升保护韧性。

7.1.2 建设思路

智慧资源保护总体的建设思路是以总体的实际需求为前提，利用移动互联网、光谱技术、色谱技术等，确定必要的资源本体监测，从经济、适用、先进的角度出发，在信息采集的基础上，实现景区资源信息的自动化获取和对重大变化的实时预报、预警，从而全面提高服务质量与管理能力，实现景区的可持续发展（图7-1）。

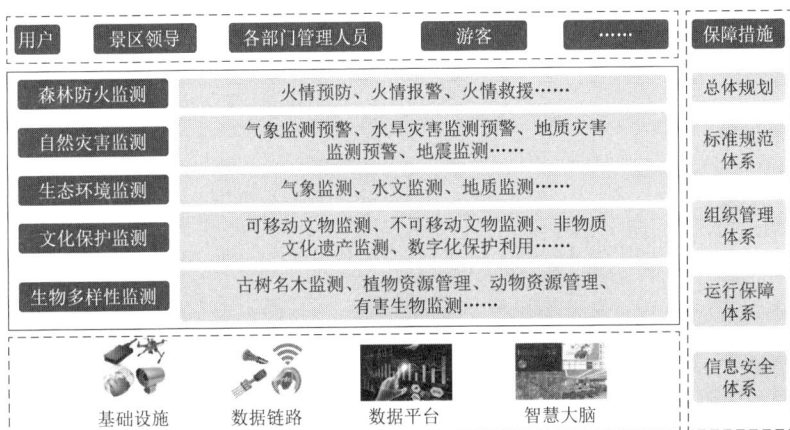

图7-1 智慧资源保护建设思路

7.1.3 建设内容

智慧资源保护是风景名胜区智慧化建设的重要部分，是促进景区可持续发展的重要因素，是对景区自然资源和人文资源进行科学、有效管理的重要内容和技术措施。监管对象需全面覆盖景区的古树、生物、森林、文物、文化遗产、气象、水文、地质等，并进行适当整合联动，构筑涵盖生物多样性监测、文化保护监测、生态环境监测、自然灾害监测、森林防火监测的智慧资源保护体系，为风景名胜区的资源合理利用、科学规划与建设提供综合、高效的辅助决策。

7.2　生物多样性监测

对生物多样性进行实时监测、数据采集、分析评价、影响预警等，满足景区生物多样性保护管理需要。

7.2.1　古树名木监测

基于物联网、地理信息技术等实现古树名木档案管理、养护管理、生存环境生态监管、专家会诊、公众科普，实现古树名木资源全方位展示、查询、维护，为古树名木资源保护提供支撑，满足景区古树名木保护管理及可持续利用需要，全面提升古树名木资源监测管理水平。

7.2.2　植物资源管理

对植物的物种、名称、分布地区、特征属性、地理位置、药用价值、经济价值、照片等进行采集录入、编辑等，按照编目、名称、分布地区等关键字进行详情展示。植物详情图可展示植物资源详细名称、经纬度、科、属、资源类型、分布价值等信息，并在此基础上建立植物资源数据库，统一管理植物资源。

7.2.3　动物资源管理

对野生动物的物种、名称、数量、分布地区、特征属性、地理位置、迁徙路径等进行信息管理。通过红外相机抓拍，并对抓拍时间、抓拍地点、上传的抓拍照片等进行编辑和审核管理，专业人员对抓拍获取的资源进行鉴定审核后，检索出有价值的动物资源照片并进行列表呈现。通过 AI 自动识别动物出现的经纬度、时间，在地图上形成动物迁徙轨迹，并对动物迁徙路径、空间维度、时间维度等进行智能分析。

7.2.4　有害生物监测

可实现对森林有害生物数据的采集、统计分析、预测预报等，满足景区森林病虫害测报、防治工作需要。通过建立森林病虫害基础数据库，防治、检疫信息库，建设森林病虫害防治、检疫管理与信息发布系统，实现森林病虫害管理部门数据共享；在此基础上，结合航空、航天遥感技术及地面监测技术，建立基于 GIS 技术的森林病虫害监测信息系统，多维度监测与管理区域内的森林病虫害，实时监测与评估区域内森林病虫害的发生和蔓延趋势，形成区域内突发森林病虫害应急管理体系。

7.3　文化保护监测

制定景区文化遗产保护规划，明确数字化保护的目标、任务和措施。利用数字化技术，对景区内的文化遗产进行数字化保护，实现对文化资源的长期保存、传播和利用，提高景区的文化韧性。

7.3.1　可移动文物监测

通过监测系统建设、无线传感器终端部署、文物保存微环境调控，实现对可移动文物本体以及展厅、库房环境等的实时监测、数据采集、统计分析、预警报警等，预防景区文物被盗、被破坏，满足文物保护需要。文物保存环境监测包括：针对温度、湿度、有机挥发物、光照度、紫外线以及有机污染物等基本环境和污染物指标配置监测终端；建设环境监测平台，存储和处理监测数据，做好风险识别、预测、预警和评价。

7.3.2　不可移动文物监测

对不可移动文物本体、文物环境等进行实时监测、数据采集、统计分析、预警报警等，预防景区文物被盗、被破坏，满足景区内古建筑、遗址、石窟寺、石刻、古墓葬、纪念址等不可移动文物的保护管理需要。通过传感器对单层木结构、多层木结构、塔式木结构、单/多层砖石结构、塔式砖石结构、城墙类砖石结构的主要监测指标进行监测，实现对不可移动文物的资产管理、巡查管理、监测预警、监测展示、视频展示、数据分析、数据下载、业务统计、评估报告等，及时快速掌握文物安全信息，处理隐患问题。

7.3.3　非物质文化遗产监测

非物质文化遗产监测主要是通过建立非遗监测数据平台，实现对非物质文化遗产传承与保护管理业务的数据采集、数据存储、动态查询、统计分析、监测预警等，满足景区非物质文化遗产保护、抢救、利用和管理需要。非物质文化遗产的全部资源数据可在

PC 端、移动端和采购单位指定场所（如展厅、展馆、会议室）的 LED 大屏等设备上实时展示。通过交互界面，向公众展示非遗动态资源数据，同时为非遗保护工作提供管理和决策数据依据。

7.3.4　数字化保护利用

利用三维采集技术（如摄影测量、激光扫描）等数字化手段采集文物多维度多媒体信息；综合运用三维可视化、人工智能、体感识别、全景声、VR、AR 等数字技术，实现文物数字化呈现；在"跨界融合""科技引领""沉浸体验"方面积极探索，有效化解文物保护与旅游活动的矛盾，进一步发掘文物的历史文化价值、艺术美学价值，实现文物数字化保护、利用、传播、教育和服务。

7.4　生态环境监测

建立景区生态环境监测与管理平台，实现对数据的集中存储、分析和应用。通过物联网、大数据等技术，实现对景区内生态环境的实时监测与管理，为生态保护和恢复提供数据支持，提高景区的生态韧性。

7.4.1　气象监测

建设自动气象站，或由相关气象监测机构通过气象监测系统对气象环境状况进行整体性监测和预警，对反映气象质量的指标进行监测和上报，对气象预警信息、降水、风速风向、温度湿度、雷达回波、卫星云图等多种气象监测数据进行综合分析。气象监测的内容主要包括风速、风向、土壤温度、土壤水分、土壤可溶性离子浓度、土壤酸碱度（pH）、空气温度、空气湿度、噪声、二氧化碳、大气压力、光照、雨雪状态、紫外线、总辐射、一氧化碳、臭氧、二氧化氮、二氧化硫、硫化氢、氧气、PM$_{2.5}$、PM$_{10}$、负氧离子、氨气、总挥发性有机化合物、雨量和土壤氮磷钾等。

7.4.2　水文监测

对覆盖景区内的河、湖、水库等水利设施水文参数进行实时监测、数据采集、分析预警等，监测内容包括水位、流量、流速、降雨（雪）、蒸发、泥沙、冰凌、墒情、水质等，满足景区防汛抗旱工作需要。同时结合地表水环境质量标准监测景区内水体中污染物的种类、各类污染物的浓度及变化趋势等评价水质状况，主要监测指标包括温度、色度、浊度、pH、电导率、悬浮物、溶解氧、化学需氧量和生化需氧量等，满足景区保护及景区服务水质监测与预警需要，并通过主机与不同传感器的灵活组合，感知多项水质水情数据，满足不同物联网水质水况监测仪的差异化配置需求。

7.4.3　地质监测

包括地质遗迹监测、地貌监测。实现对地质遗迹本体、地质遗迹环境、地质遗迹等地下水动态、岩土体变形和地质构造活动的实时监测、数据采集、分析评价、预警报警等，掌握其动态变化规律，预测发展趋势，预防景区地质遗迹遭到盗窃、破坏等，满足景区地质遗迹保护及管理应用需要，判断可能产生的危害程度。

地下水监测。通常对观测井、孔配备自记仪器，对水位、流量、水温、导电率等进行连续观测。观测地下水水位、地下水流量、水质及其与降雨过程或水库水位变化之间的相互关系，用以分析地下水的补给、径流、排泄规律，评价水库渗漏、水库浸没、坝基渗漏与渗透变形，以及地下工程的围岩外水压力变化等；观测坝基扬压力的变化，掌握防渗帷幕的工作状态。

岩土体监测。在可能滑动的岩土体边坡、地下工程围岩或建筑物地基中埋设仪器，观测工程施工或运行过程中应力和位移的变化。应力观测：通常在地基、洞壁围岩、边坡地应力作用的范围内，埋设应力计，监测各部位应力的变化；土体中还可视需要埋设孔隙水压测点，监测孔隙水压力的变化速度和幅度。位移观测：对于滑坡常埋设测斜仪和应变计，以较准确测定滑移界面的滑移量或岩土体内某部位任意方向的位移；在坝基、坝肩或地下洞室围岩中有软弱夹层的部位埋设位移计、挠度计，监测其在工程荷载作用下的沉陷与变形；对于上述工程中可能发生位移的断层与裂隙，常横跨它们粘贴刻度玻璃板、钢栓或用手提式机械量测仪器、遥控电测节理计、位移计等量测其位移。在钻孔内观测轴向位移可用多点位移计，观测径向位移则用测斜仪或挠度计。

地质构造监测。在新构造运动活跃的地区，为监测活动断层的位移和地应力场的变化，要用精密水准测量大地形变；对垂直活动断层带，定期进行短水准测量；同时设置专门地震台网，监测微地震和有感地震的活动，用以分析区域构造稳定情况以及水库地震发生和发展的可能性。

7.5 自然灾害监测

根据景区所处地理地质环境、自然灾害特征，加强景区内环境监测设备的布局和建设，融合汇聚景区地质灾害、气象灾害、水旱灾害、地震灾害、森林草原火灾等风险隐患监测感知数据，结合历史数据、趋势预测等综合信息对灾害风险进行监测预警。对可能发生的自然灾害风险类型进行监测和预警，通过信息化技术进行监测数据采集，具有数据分析、自动研判、预警报警能力，防范和化解安全风险，降低灾害损失。

7.5.1　气象监测预警

通过接入气象局的气象要素、气象预警数据，根据气象数据对暴雨风险、低温寒潮、降雪风险、冰冻风险等进行监测预警分析。

7.5.1.1　气象灾害预警监测

根据气象部门发布的气象灾害预警信息，分析灾害预警种类、预警等级、预警区域、发布来源及预警内容等，以地图、列表的形式对预警位置、等级、区域、种类、时间等进行展示。

7.5.1.2　暴雨风险监测预警

对暴雨监测预警信息进行分析，按照时间综合展示历史发生的、正在发生的、未来预报的暴雨信息，以等级和数量表示，在数字地图上直观展示暴雨发生的地点，以点、面的形式提供暴雨过程与统计查询。

根据等级、发生位置，以及行政区或流域汇总暴雨预警，统计不同预警等级中的预警产生时间、预警等级、暴雨相关信息等。具体内容如下。

（1）降水实况监测

以点、面的方式，展示当日暴雨实况分布图和数据表，包含雨量、雨强、时间及位置等信息。

（2）降水历史查询

系统提供历史任意时段累积降雨查询功能，可按流域、行政区或任意区域进行查询，还可对雨量站点降雨过程数据进行查询分析。

（3）短期预报降雨

接入气象局 2 小时、12 小时、24 小时、48 小时、72 小时的降雨预报数据，生成对应降雨分布图，实现短期预报降雨成果的查询与分析。

（4）中长期降雨趋势分析

接入气象局中长期降雨预报数据，生成景区未来 10 日、20 日、30 日降雨分布图。

（5）暴雨预警

根据降雨实况数据及预报数据，结合各个地区暴雨级别划分标准，展示不同等级的暴雨预警，包含预警等级、预警时间、预警内容、预警区域等，并对暴雨态势进行分析，包括暴雨中心分布位置、暴雨频率等信息。

（6）降雨距平分析

根据降雨实况及历史数据，每日生成过去 10 日、20 日、30 日的降雨距平分布图，每月初生成上月的月降雨距平，并通过一张图叠加展示。

7.5.1.3　低温寒潮监测预警

低温预警对景区范围寒潮预警信息、低温实况、未来低温预报成果、空气湿度数据和最低地表温度实况分布等进行分析，生成景区所有低于 0℃的气温统计成果，提供 24 小时逐时统计信息及未来 24 小时、48 小时、72 小时预报成果，并对各地区进行影响分析，综合分析低温寒潮影响。

（1）低温实况监测

系统根据气象实测数据，生成景区 0℃以下低温实况分布实时数据。

（2）低温趋势预报

利用气象预报数据及寒潮预警信息，系统对未来 24 小时、48

小时、72 小时低温情况作出预报分析。

（3）寒潮预警

系统根据寒潮特重、重度、中度和轻度 4 级预警信息，生成景区寒潮预警分布图，每日更新。

（4）降温幅度预报

系统根据气象预报数据，对未来 24 小时、48 小时、72 小时景区降温超过 6℃的地区生成降温预报。

（5）地表低温监测

系统接入地表温度监测站数据，生成景区最低地表温度实况数据、结冰情况及分布成果图。

7.5.1.4　降雪风险监测预警

提取降雪数据，分析逐日降雪实况分布情况，展示当日景区降雪及未来 24 小时、48 小时、72 小时预报成果，结合气象预警，综合展示景区降雪预警信息。

（1）降雪实况监测：系统对降雪站点数据进行汇集分析，生成景区降雪实况分布成果图，可查询站点降雪情况、最低气温情况及降雪量数据。

（2）降雪预报：系统利用气象预报降雪数据，生成景区未来24 小时、48 小时、72 小时的降雪预报成果图。

（3）暴雪预警：系统对气象发布的暴雪预警信息进行接入，以红色、橙色、黄色和蓝色代表预警等级，进行展示查询。

7.5.1.5　冰冻风险监测预警

利用寒潮预警信息、低温实况、低温预报、空气湿度、地表温度等数据，结合逐日景区结冰实况分布数据，统计景区气温变化情况。

（1）结冰实况监测

系统对气象要素站点实测数据进行分析，生成景区结冰实况分布成果图，可对结冰观测站点进行定位、结冰查询及气温查询。

（2）道路结冰监测

系统接入交通部门的气象站点数据信息，生成景区道路结冰分布实况成果图，以特重、重度、中度和轻度4个等级代表道路结冰程度。

（3）道路结冰预报

通过对当前温度、降雨、预报降雨、预报温度、道路分布、道路高程等数据的监测，建立道路结冰预报模型，对未来24小时、48小时、72小时景区道路结冰情况进行预报。综合显示受冰冻影响的道路名称、路段数据及结冰等级。

7.5.2　水旱灾害监测预警

通过接入水利部门预报预警数据、河道水情、水库水情和气象部门的旱情数据对景区水旱灾害进行监测预警。

7.5.2.1　水文预测预警信息

接入水利部门发布的大江大河、中小河流、山洪灾害等预报预警信息，并在地图上对预警位置、预警等级、预警范围、预警时间进行展示。

7.5.2.2　小流域洪水风险监测预警

利用气象预报、地形地貌及实时水情监测等信息，通过大数据分析与数字河网生成技术，对景区中小河流、小流域实现全覆盖洪水预警，与降水预警相匹配，展示历史洪水、正在发生的洪水和未来可能发生洪水的等级和次数，以点和面的方式，在数字地图上直观展示，以行政区或流域进行汇总，对任意河道断面点提供洪水过程查询，包含降水序列、峰现时间、洪峰流量等。结合河道防洪能力及断面资料，生成实时预警。

具体功能如下。

（1）实时洪水预警

基于实况水情数据及降水数据，利用洪水分析方法，参照洪水等级划分标准，生成小流域实时洪水风险预警。

（2）短临洪水预警

融合气象短临预报成果与工程特性，利用洪水分析方法，参照洪水等级划分标准，生成小流域短临洪水风险预警。

（3）趋势洪水预警

结合气象 72 小时预报成果与水情趋势预测，利用洪水分析方法，参照洪水等级划分标准，生成小流域趋势洪水风险预警。

（4）洪水过程查询

系统能够对各个断面点提供小流域洪水过程的查询，以过程线及数据表综合展示降水过程数据、峰现时间、洪峰流量及洪水过程数据。

7.5.2.3　水库风险监测预警

根据水利工程特性，结合水利工程实况监测及预报信息，综合生成水利工程监测预警。

（1）超汛限水库告警

系统对水库实况数据进行监测，结合水库工程特性，对超汛限水库生成水库告警信息，内容包括告警水库定位、图标警示及状态查询等。

（2）水库风险预警

利用气象预报及来水预报成果，结合水库水位、蓄水量、入库出库流量情况，对可能超汛限水位的水库发出风险预警，展示入库预报过程、成果、水位、库容变化预测曲线等。

（3）水库信息综合查询

系统能够对已掌握的水库实时数据、预报数据、风险预警数据、工程特性数据、防洪风险图、调度方案、大坝信息、管理单位、责任人等进行综合查询。

7.5.2.4　河道风险监测预警

针对河道水文站，根据河道断面特性及防洪能力，结合河道水文实况监测及来水预报信息，生成河道断面监测预警。

（1）河道实时告警

系统对河道水文站实况数据进行监测，结合河道断面特性，对超警戒、超保证水位的河道站生成河道实时告警，包括告警水文站定位、告警等级及告警状态查询等功能。

（2）河道风险预警

利用气象预报与来水预报成果，结合河道水位监测数据、断面特性等，对可能产生超警状态的河道水文站点生成风险预警，展示来水预报成果、河道水位等信息。

（3）河道信息综合查询

系统能够对已掌握的河道水文站实时数据、预报数据、断面数据、水位—流量关系曲线、工程特性数据、洪水风险图等进行综合查询。

7.5.2.5　干旱风险监测预警

旱情预警针对景区气象、水利旱情实况和趋势情况，生成预警信息。

（1）气象旱情综合监测

接入气象局气象旱情监测等级分布图，将旱情依据轻重程度划分为特旱、重旱、中旱、轻旱四个等级，实现省、市、县三级的区域分析成果查询，在地图上展示干旱等级及影响范围。

（2）连续无雨日分析

接入气象雨量站记录监测数据，系统对超过 10 天持续无降雨数据采集记录的站点进行标注，根据持续无降雨数据时间，绘制景区连续无雨日分布图。

（3）高温分布监测

接入大气温度数据，生成气温高于 30℃的实况监测分布数据，为应对干旱提供分析数据。

（4）旱情趋势分析

根据未来 10 日、20 日、30 日的预报降水数据，按照气象旱情等级评价标准，生成未来 10 日、20 日和 30 日景区气象旱情等级分布图，实现旱情趋势分析。

（5）水库蓄水量分析

系统对景区有资料的水库蓄水量情况进行统计，生成景区水库蓄水量实况图，对各级行政区分别统计水库数量、应蓄水量、实蓄水量等，分析干旱、用水、蓄水需求，掌握整体干旱态势，进行综合用水指导。

（6）江河枯水预警

根据实测江河水位流量数据，对江河枯水进行预警分析，主要包括对最低水位预警、河道径流距平指数等进行分析。

（7）最低水位预警

对低于历史最低水位的河道水文站生成预警。

（8）河道径流距平指数

根据河道历史实测资料，计算各站点多年同期平均流量，根据实测流量信息生成各站点河道径流距平指数，并通过指数进行河道水文旱情评估，生成河道水文旱情预警。生成景区最近一天江河枯水预警分布图，可对站点位置、告警情况、当前水位流量和数据时间进行综合查询。

7.5.3   地质灾害监测预警

通过布设地质监测点自动传感器、卫星遥感等感知设备及人工观测，对滑坡、泥石流、崩塌等地质灾害监测及预警信息进行动态感知接入，包括地质监测信息与预警信息、地质灾害气象风险预警信息、地质灾害隐患点等。

7.5.3.1   地质监测信息

通过景区自建监测点位或自然资源管理部门接入滑坡、崩塌、泥石流的自动化监测数据及视频监测数据，并在一张图上叠加展示。

7.5.3.2   地质预警信息

接入地质灾害监测预警数据、地质灾害预警反馈数据（速报数据），在一张图上对地质灾害监测预警点的位置、周边实时人流分析进行叠加展示，具体包括监测预警点的位置、行政区划、预警时间、预警速报、周边人口等信息。

7.5.3.3   地质灾害气象风险预警

接入气象局每日发布的地质灾害气象风险预警数据，在一张图上使用不同颜色展示地质灾害气象风险等级，并叠加景区地质灾害隐患点分布图。

统计景区内不同地质灾害气象风险等级的范围，包括影响行政区、影响范围、影响人口、影响的地质灾害隐患点等信息。

7.5.3.4   地质灾害隐患点分析

对景区地质灾害隐患点进行查询分析，包括地质灾害隐患点分布查询、详细信息查询，隐患点最近降雨、未来降雨、土壤湿度等。

7.5.3.5　滑坡风险预警

根据水文地质、地形地貌、土壤植被、降雨信息、土壤湿度等信息，通过收集公共滑坡泥石流灾害信息，建立基于地理地质特性的滑坡大数据预测模型，依据实时降雨、土壤湿度数据，每小时对景区滑坡风险进行分析，生成景区滑坡风险预警分布图，并对预警范围的行政区、人口、地质灾害隐患点进行统计分析。

7.5.4　地震监测

7.5.4.1　地震速报

通过与地震局等相关部门的系统对接，获取地震的发震时刻、震中经纬度、震源深度和震级、震中位置、地震速报等数据，在地图上对地震进行标注，并用颜色和标注大小对地震发生时间、地震震级进行标识。

7.5.4.2　地震影响叠加分析

根据地震发生的位置，动态选取影响范围，对地震周边景区境内城市、人口、水库、重点单位、抢险资源等进行统计。

7.6　森林防火监测

7.6.1　火情预防

以预防为主，安装游览线路火种查禁设备、非游览线路人员及火种查禁报警设备、防火戒严区人员智能监测定位系统等，具备人员、火种监控报警和防控区域智能定位报警功能，满足景区火灾隐患查控及预防火警工作需要。

7.6.1.1　游览线路火种及危险品检查

通过安装安检门，配备金属探测仪、危爆品监测设备等，对游客携带物品进行检查，防止火机、香纸、易燃易爆品、无人机等被带入景区，消除隐患，防范森林火情发生。

7.6.1.2　非游览路线人员及火种检查

非游览路线及路口是森林防火查控关键区域，通过建设路口视频卡口系统，实现人员探测、语音报警、录像取证等功能，配合火种检查，防范非游览路线进山。

7.6.1.3　防火戒严区域人员定位报警

针对防火戒严区域和其他人员禁入区域，通过智能手机监测、卫星定位，对区域违规进入人员进行定位并报警，消除火险隐患，防范火情发生。

7.6.1.4　森林火险气象等级预报

基于数据共享交换平台的森林火险气象预报数据，在一张图上以不同等级和颜色展示森林火险气象等级，并叠加景区森林分布。对景区内不同森林火险气象等级的范围进行统计，包括影响行政区、影响范围、影响森林面积等。

7.6.2　火情报警

从早发现角度出发，建设信息科技火情监测预警系统，实现技防、人防监测全面覆盖，具备实时监测、分析预警等功能，搭建景区"空、天、地、人"全方位火情监测预警体系。包括卫星遥感火情、航空火情、地面火情、侦察报警等感知数据。

7.6.2.1　卫星遥感火情

接入极轨卫星、静止卫星感知的卫星监测图像，报告火情的位置、强度、面积等属性数据以及卫星监测火情核查反馈数据，在一张图上对火点分布进行叠加展示。

7.6.2.2　航空火情

建设无人机巡查管理系统，接入感知数据。感知数据包括有人机、无人机获取的火情实时视频和火情的位置、图片、态势数据。

7.6.2.3　地面火情

建设地面火情监测系统，实现重点森林区域全面覆盖，综合感知数据包括视频监控系统、热成像监测、红外传感器感知数据和瞭望台值班员、护林员等地面工作人员的手持终端感知的火情位置、图片、态势数据。

7.6.3　火灾救援

保障科学有效扑救森林火灾，建设具有三维指挥、火情趋势分析、救援定位、无线通信等功能的火灾救援系统，实现火灾扑救全过程自动化、智能化。

7.6.3.1　三维 GIS 综合指挥平台

基于高分辨率影像和三维坐标，建立景区三维 GIS 指挥平台，实现距离、面积、高程等基本测量功能。融入林业基础信息数据，实现林种、树种、郁闭度、面积、林下可燃物等数据接入。融入队伍卫星定位功能，方便指挥调度扑救队伍。融入视频监控及无人机、单兵无线视频，实时掌握火灾动态变化信息。

建设火情趋势蔓延分析系统，根据火点定位，结合风力、风向、坡度、林分特征，自主分析研判火势蔓延趋势，并自动生成火灾救援预案，调动最近的救援队伍和消防物资储备等。

7.6.3.2　融合无线通信及无人机、单兵无线视频

通过卫星定位实时掌握救援队伍位置和队伍火场分布信息。通过无人机、单兵无线视频掌握火灾现场动态视频信息。通过融合应急通信系统与扑火队伍保持联系，下达扑救调度指令。

7.6.3.3　应急救援指挥车

火灾扑救现场指挥中心应装备应急救援指挥车，在建设数据展示、视频会商、应急供电、通信中继、现场照明、无线网络等功能模块的基础上，发挥指挥中枢、通信中枢、保障中枢的作用。通过无线网络将无人机、单兵、热成像、卫星定位等数据接入指挥车，集成在三维综合指挥平台进行展示和应用，保障和支持火灾现场扑救指挥部运行。

8

智慧景区管理

　　随着数字时代旅游行业数字化转型发展趋势加速，旅游业的生态融合和业态创新给旅游管理的智慧化带来更多机遇和挑战。智慧景区已成为旅游业智能化现代化发展的新着力点。智慧景区的管理，业已成为推动旅游业发展的新引擎。本章将重点介绍景区在运行管理、游客管理、交通管理、安保管理、应急管理五个方面的智慧管理内容。

8.1　概述

　　风景名胜区智慧管理具有关联性、动态性、科学性、文化性、创新性等特点。一方面需运用信息技术建立完善的景区内部管理体系，全方位筑牢景区安全保障管理能力以及应急处置能力，提升景区的协同管理效率和治理水平，显著增强景区运行的韧性，促进景区管理工作更加透明化、精细化、智能化。另一方面要构建景区在整个文旅产业链上的协同运行体系，形成围绕社区、交通、住宿、环境、商贸、文娱、安全保障、应急处置等内外部有效协同的闭环运行系统，打破景区内外部组织边界，实现上下游产业链的有效衔接、高效响应和有序运转；同时，还要加强景区间的协同响应、数据互通和资源共享，改进和提升景区的管理质量、服务效能和营销水平。

8.1.1 建设目标

智慧景区管理需要以景区日常管理中的实际问题、更好地管理保护景区资源和提升游客服务质量为出发点，以提高景区智能协同的办公能力、全方位的监控管理能力以及对游客服务的支撑能力为目标，以工作流程数字化和无纸化为基础，一是形成内部的运行管理和协同办公；二是重点围绕交通、安保、应急等景区管理过程中的"重、难、急、盼"问题，全面解决景区发展过程中存在的数据孤岛、信息不共享、数据分析不全面、数据不联动、调度效率低、资源配备不科学等问题，使景区的日常管理工作更加精细化、智能化、立体化、联动化、共享化，从而大幅提升景区的管理能力。同时，实现景区管理和运营的升级，全面促成景区要素、产业态势分析，实现一体化管理模式，为管理和服务提供多种统计分析报表和辅助决策建议。

8.1.1.1 智能运行管理

通过对景区日常管理业务进行整合、梳理以及相应的权限划分，以协同办公系统的建设为基础，从景区实际管理需求入手，以管理精细到"人"与"物"为思路，着力解决景区管理中存在的管理分散、业务流程烦琐、工作效率低、人员管理难度大等诸多问题，实现景区内各部门信息共享，以智慧化手段切实加快景区各部门业务流程周转，提高工作效率和协同能力。

8.1.1.2 全方位监管体系

在构建精细到景区"人"与"物"的监控体系的基础上，对景区游客、交通、安保人员和应急管理实现全方位监控管理，确保景区管理人员能够及时获取景区内部不同区域内的实时运转情况，有效缓解由于景区人员和设施数量较多、空间位置分散带来的管理难题，同时与综合监控运营中心保持有效对接，使管理人员在面临实际情况时能给出有针对性的决策与应对措施。

8.1.1.3 提升韧性能力

景区管理韧性是指景区在应对各种挑战时，能够通过有效的管理措施和信息化手段，确保景区运营的稳定性和持续性。通过运用先进的信息技术和管理方法，促进景区各项业务高效协同和持续创新，实现管理机制的优化和效率提升，从而增强景区整体的管理韧性。

8.1.1.4 以数为据的管理决策

与景区服务和资源保护体系保持联动，整合景区各类基础数据，充分利用大数据技术挖掘和分析数据有效信息，进而对景区智慧管理产生信息反馈，优化景区管理决策能力，促进景区管理模式创新。

总之，智慧景区管理建设是以满足精细化管理、智能化运营、数据化服务需求，实现内部精细化与流程化管理；以跨部门智能协同建设为手段提升景区整体业务管理水平。以具体到"人"与"物"的精细管理为思路打造景区全方位管理体系，以大数据挖掘和分析为技术支持加强景区管理决策能力和服务支撑能力，提升景区智慧管理水平，逐步实现景区由被动式管理向主动式响应转型。

8.1.2 建设思路

智慧景区管理是一个系统工程，也是智慧景区建设最基础、最核心的组成部分，智慧保护、智慧服务与智慧营销都是建立在智慧管理基础上的。智慧景区管理建设应遵循以下思路。

（1）以工作流为基础，管理数字化：智慧管理的前提是对组织、流程和业务资源的数字化构建，形成数字化基础管理能力。组织包括机构、部门、员工、岗位、职能、职责、职位等对象的描述，流程包括表单、工作节点、参与者、流转规则等，业务资源包括信息编码、业务逻辑的数字化描述等。

（2）多组织架构，全员参与：大多数景区的管理涉及多组织协同工作问题，因此智慧景区管理的一个重要能力是支持多组织，且不同组织可能存在业务领域、上级机构、使用的管理信息系统不一样，有较大集成难度等难题。另外，管理系统要满足全员使用的要求（建议不要受用户数限制），非正式员工、临时合作成员也要能够在安全可控的基础上登录和使用系统。

（3）大数据是管理活力之源：智慧管理应建立在业务数据的融会贯通之上，按证、账、表三级，实现多维度数据的动态汇总。在高级阶段，基于工作流的规则引擎应该广泛结合人工智能和统计分析技术，实现对业务决策的智能化预判和辅助性提示，充分发挥计算机的海量数据处理能力，构建景区自己的大数据池。结合互联网舆情数据、政府公开数据，解决管理过程中信息滞后、信息不对称等痛点问题。注重对历史数据的保存与沉淀，运用时间序列分析技术，通过纵向业务数据探索分析，总结景区管理的规律，使其可续。

（4）上下级协同是管理的最基本要求：景区业务具有地域分布性、工作分散性的特点，信息技术是解决这一痛点问题最好的武器，通过业务协同管理系统实现上下级（如管委会与各景区管理处）业务的线上贯通，可以显著提高工作效率。结合视频会议、在线文档、即时通信等功能模块的应用，保持实时在线工作，消除物理间隔，改变传统工作方式，应将其作为智慧景区管理建设的一个重要基础性工作去推进。

（5）横向衔接是管理增效的重点：基于业务协同管理系统，优化业务流程，能够显著提升部门间的协同性，可探索以部门为中心的管理模式向以职能为中心的管理模式转变。横向衔接的重点是通过跨部门业务流程构建部门间的责权运行可追溯机制，实现人权与事权的统一协调，将机构变动带来的业务重构成本降到最低。

（6）智慧管理边界的外延：智慧景区管理不只局限于组织内部，还有与景区外部的协调和必须的管理外延。大多数旅游活动（如交通、住宿）都是发生在景区外部的，但管理行为往往与这些活动关系紧密，所以尽管存在许多困难，但仍非常需要构建一个外延到所有必须的外部管理机构的智慧景区管理体系。

（7）智慧管理的绩效评价：应该从成本、效率、效益、协同性、持续性等方面对智慧景区管理建设构建评价关键绩效指标（key performance indicator，简称KPI），指导智慧景区管理系统的建设。KPI的构建是建立在景区管理评价基础上的，主要定义了数字化、智慧化技术给景区管理带来的变革，尽可能收集定量指标，也可以辅助定性指标，应具有可测量、可显示出变化、具有决定性意义等性质。

（8）智慧管理与效率的关系：卓越管理是高质量发展的基本保障，智慧景区管理将改变每个人的工作习惯，改变传统的工作思维，要求工作人员有更高的职业素养，在初期可能还会影响到工作效率，因此，正确处理好管理与效率的关系，容许牺牲效率，确保管理的精细、标准、规范，逐步通过技术手段提升效率，是实现景区高质量发展的必由之路。

8.1.3　建设内容

智慧景区管理核心系统主要由运行管理、游客管理、交通管理、安保管理、应急管理5个应用系统组成，它们可以独立运行，也具有很强的关联性。其中，运行管理系统是整个智慧景区管理的基础性应用系统，包括内外部组织、流程、资源的协同管理，也包括与外部系统（如上级的公文系统）、其他智慧景区应用系统的集成运行。游客管理系统、交通管理系统、安保管理系统都是可以独立运行的业务管理系统，是大多数景区需要的通用系统，应急管理系统是实现景区管理韧性所必需的一个重要系统（图 8-1）。

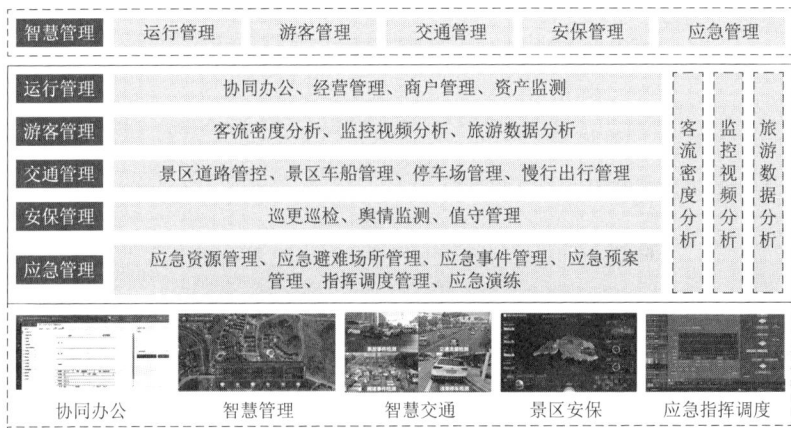

图 8-1 智慧景区管理建设思路

为进一步整合景区管理要素，充分发挥数字化在管理提质增效中的作用，应重点突出以下几方面管理建设内容。

（1）运行管理：集中管理和共享景区内各类资源、设施、服务等的信息，提高景区管理的效率和水平。

（2）游客管理：利用大数据技术，加强对景区客流的实时监测和预测，优化景区运营管理，避免客流高峰时拥挤而带来安全隐患。

（3）交通管理：统筹考虑景区人、车、路等因素，利用对信息的多维掌握与数据分析，对多种交通资源进行优化配置与有效整合。

（4）安保管理：通过建立景区智能监控系统等，加强对景区安全状况的实时管控，监测景区内的安全状况、环境变化和游客行为，为景区管理提供数据支持，提高安全管理水平。

（5）应急管理：遵循预防为主、快速响应、科学救援、协同作战等原则，对应急资源、应急场所、应急事件、应急预案进行信息化管理，提高应对突发事件的能力，最大程度地减少人员伤亡和财产损失，保障景区安全稳定运营。

8.2 运行管理

8.2.1 基础管理

景区经营管理应实现景区多业态融合、统一支付管理、统一数据管理、投诉管理流程化。景区经营管理区域主要包括景区的游览景点、交通卡口、停车场、视频监控、游客服务中心、森林防火、水质监测、电力监测、地质监测、信息发布、智慧广播、救急工作站等资源。其管理应具体实现以下几个方面。

（1）对组织机构、用户等基础数据进行统一管理，实现多系统间的互信认证，并根据不同级别用户的职能等级对其进行身份认证、数字签名、个人电子印章的统一管理。统一身份认证平台包括基础数据管理、集中授权管理、集中认证管理三个部分。

（2）实现对系统运行环境、系统运行参数和系统所用的组件的配置管理功能。系统配置管理包括对桌面组件、消息服务、缓存服务、单点登陆、系统参数定义、微服务、应用注册、移动版本、门户等的管理。

（3）对气象、水质、森林防火、电力的监测信息进行查询，并能按天搜索；对气象、水质、森林防火、电力的检测值进行预警配置，并能按预设条件将预警信息发送到信息发布屏。

8.2.2 协同办公

风景名胜区的工作人员一般包括窗口员工、前台员工、后台员工、外勤保安、值班保安、清洁员工、设备维修员工、各部门管理者以及文秘等。不同员工的岗位职责不一样，工作程序和考评标准也不一样。协同办公系统旨在对景区内部工作人员的日常办公活动进行管理，使管理机构全体员工通过网络化、无纸化的统一平台实现办公自动化。

8.2.2.1 公文管理

公文管理主要实现收发文管理、公文归档、公文流转、公文签批、痕迹保留、公文处理等公文办理功能，并对文件、信息处理情况提供简单易用的实时监控机制，方便单位领导及时掌握单位人员的工作情况。信息流转的处理范围涵盖国家现有 13 种日常公文格式，公文处理子系统具体工作流程可以由景区系统管理员在无须改动程序的情况下进行灵活定义，实现机关员工收发文处理工作自动化、过程计算机化，提高办公效率。

8.2.2.2 办公资产管理

办公资产管理主要实现对景区内部的办公用品的采购、领用以及领用记录的查询和统计，用于部门办公用品的费用分摊以及部门领用数量的统计。同时，也可管理景区资产清单，如景区固定资产清单和档案、资产所有人、资产变更记录等，通过跟踪和管理资产采购、调拨、维修、报废等记录，使物资管理更加便捷、精确、效。

8.2.2.3 车辆管理

车辆管理主要实现车辆基本信息、车辆驾驶人员、车辆维护费用、车辆使用等方面的管理，以此对单位车辆进行统一管理，合理安排各部门用车。由车辆管理员建立车辆库，然后根据各部门的需要进行合理的调配、安排。用户可以通过浏览器查询车辆资料和具体使用安排，进而提出用车申请，由相关领导审批。

8.2.2.4　合同管理

合同管理主要提供从合同起草、审批、签订、执行、归档、统计等全生命周期的服务。具体包括：合同起草、合同审批、合同台账等合同签订功能；收款管理、付款管理、变更管理、发票管理等合同履约功能；合同报表、应收应付报表等报表分析功能，从而给景区管理机构提供可靠、可用、便捷、安全的合同管理模式。

8.2.2.5　会议管理

会议管理主要实现对会议的申请、预定、安排，以及会议室和会议资料管理。一般而言，会议申请通过后，由会议管理员安排会议，形成一周会议安排表，系统自动向每位与会者发送会议详细安排及主题通知，也可进行参会人员的日程安排和冲突检测。具体包含会议召开审核、会议议程和事务资源安排、会议召开记录、会议决议下达、会议决议行动计划执行和监控。

8.2.2.6　电子邮件管理

公务邮件系统应采用和传统邮件系统隔离的专用邮件平台，突出公务邮件的专用性、可靠性。整个系统中的所有邮件都来自系统内用户，垃圾邮件将被隔离，同时也可自如地与系统其他模块整合，集成个性签名功能，可满足公务邮件的签收、跟踪等特殊需求，无需添置邮件服务器，就能降低系统部署成本。公务邮件系统可以全部通过 Web 方式使用，极大地方便移动办公。

8.2.2.7　新闻公告管理

景区新闻公告主要指景区管理局域网的内外网门户中指定栏目发布的最新公告、通知、消息等。新闻公告管理主要是信息管理区中，系统管理员依据不同的划分原则将分类信息划分成多个独立的子区，由具有相应权限的人员提供分类资料，个人可对自己发布的信息、评论进行修改、删除，也可网上投稿。

8.2.2.8　移动办公管理

利用移动互联、移动服务技术，建立 Web 和移动应用 App 两种平台，让用户随时随地通过多种移动终端，如 iPhone、iPad 等智能设备实现对系统功能的应用，浏览器和服务器架构模式（B/S 架构）支持出差、在家、外地等多种场合随时办公。其中，移动应用 App 功能将以轻量化的 OA 办公功能为主，以流畅的用户体验和方便快捷的操作为目标，为用户提供快捷方便的功能，具体包括待办通知、通知公告、公文管理、事务审批、日程管理、企业通讯录等应用。

8.2.2.9　人力资源管理

通过对接景区其他信息化系统，用集中的数据将与人力资源相关的信息（包括考勤、排班、出差、培训、个人绩效、请销假、职称、培训、岗位调整等）统一管理起来，帮助景区有效组织管理，从而降低人力成本，提高管理效益。其中考勤管理现在大多使用定位技术和人脸识别技术来实现考勤管理的精细化。

8.2.2.10　采购管理

需建立集采购基础信息管理、采购申请、采购执行、采购结果审批、供应商管理（新增供应商、供应商台账、供应商评价、黑名单）等功能于一体的采购综合管理平台。

8.2.2.11　培训管理

培训管理主要提供对景区内部人员培训的电子化流程管理功

能，包括培训申请的提交、培训公告的发布、签到记录的管理以及对培训专题、培训参与人员、培训时长等的统计汇总。

8.2.2.12　报销管理

需给员工提供费用报销服务，报销人、审批人、财务人员三者同步协同操作，报销流程实现报销人在线报销费用数据上传、月度/季度/年度预算控制、领导在线审批。报销管理系统省去烦琐的报销流程，实现从报销申请到审核通过再到财务记账的一站式报销管理流程，围绕报销环节实现全流程费用管理，解决报销周期长、单据审批耗费时间、财务记账工作量大的问题。

8.2.2.13　电子文档管理

可以对各种类型的档案资料进行电子化、网络化集中管理和在线编辑，并对其流转过程进行实时监控。也可实现对电子档案数据的安全存储和管理，帮助用户科学有效地管理档案，使用户在使用时更有条理。

8.2.2.14　CA 证书平台

依托景区的网络环境，基于公钥基础设施（public Key infrastructure，简称PKI）、证书颁发机构（certificate authority，简称CA），通过采用电子签章系统、电子签名网关系统、数字证书及介质（USBKey）、本地注册机构（registration authority，简称RA）、数字证书管理平台、证书集成中间件软件等产品，结合企业具体业务需求，面向景区管理部门提供身份认证、数字签名、电子签章、签名验证、数据加密、证书管理等服务，支撑景区信息化应用和电子认证服务落地，实现安全可信保护，打下数据共享基础。

8.2.2.15　党建管理

党建管理是对包括党委书记、党总支书记、支部书记、党务工作者、党员和群众等不同的系统角色，通过授权其个人账户权限进行个性化配置，呈现共性和个性动态组合门户。同时，系统能够通过角色管理功能快速完成角色的新增和变更，支持严格的角色划分和权限划分。也可在系统中为各下属党组织建立逻辑上的独立子系统，各子系统支持独立的系统管理员。系统支持分级权限管理，支持虚拟组织管理，各级党组织和各子系统管理员都有独立的管理和运维权限；也可实现党组织基本信息库管理和统计，支持基层党组织换届或调整，实现换届原始记录管理，并提供统计查询数据，也支持按照党组织机构树，分别提供逐级创建党组织功能、党组织信息维护功能、调整党组织隶属关系功能等。同时，党务工作人员或系统管理员根据权限对党费缴纳进行统一管理，实现党费缴纳数据的实时录入及更新，方便对党员缴费情况进行监督及管控。

8.2.3　商户管理

各景区内都有许多商户进行商业活动，其乱象严重，为管理工作带来极大困难。随着管理系统不断完善，形成了商户管理子系统，实现了对商户经营活动的管理，保证商户行为有序，提高景区经营效益。商户管理主要对个体商户（餐饮企业、酒店、民宿、购物场所）的门牌店面、经营范围、联系方式等进行智慧化管理，并通过系统建设，在一定程度上规范商户的营销行为。

8.2.4　资产监测

景区资产是景区通过交易或事项形成的、由景区拥有或者控制的、预期会给景区带来经济利益的一种物权。也就是说，景区资产是经过运作形成的可带来预期收益的权益，包括有形资产（设备、车辆）、无形资产两大类。景区资产监测应实现多端应用管理，通过利用信息化系统和终端，集成固定资产、一卡通等后勤保障项目，实现流程管理、响应互通、进程实施反映。

8.2.4.1 有形资产管理

景区有形资产管理主要包括给景区内的摄像监控设备、广播设备、电灯设备、供水设备、供电设备、消防设备、室内电梯设备、室内空调设备、公共屏幕等建立档案，收集设备维保养护处理建议，并定期做维保管理，合理有效地维护景区内设施设备的完整性、可持续性、性能持久性。同时，景区设施设备管理系统能够直观展示设施设备的具体分布，清晰地看到正在维护中的设施设备，有效发出维保过期的消息提醒，定时完成维保任务。

8.2.4.2 无形资产管理

景区无形资产管理主要是对景区商标档案进行管理，并能提前提示续展时限，具体包括商标基本信息管理和续展提示。商标基本信息管理提供景区已有商标的基本信息，包括商标图片、申请注册人信息（如名称、地址等）、核定使用的商品类别信息、使用该商标的商品名称、该商标权的许可使用信息等。续展提示是指查询景区已有商标的有效期信息，期满前，提前自动提示申请续展注册。

8.3 游客管理

8.3.1 客流密度分析

利用景区无线网络探针的手机信息、运营商基站数据以及布设在景区内的视频监控数据，实时获取景区游客的分布及流向，定时清点游客流量，实时在线分析景区游客流量，对人流密度进行分析，对主要景点接近游客承载量的情况进行报警，并能够向游客推送相关信息，及时疏导游客。同时，可在特殊节假日和突发情况下，为游客提供信息提示服务，并联动景区信息发布屏及广播进行消息提示。可实现出入口客流计数管理、游客总量实时统计，并将客流实时数据传输至数据中心。能通过采集手机信令数据并展开分析，判断用户属性（如本地居民/外地游客、游客来源地等）。可通过过滤本地用户，根据其停留时长判断是游客还是过路人群。并根据运营商的基础信息进行游客画像统计和各种纬度的游客统计。通过采集目标区域范围的全量手机用户位置信息，查看用户分布，一定程度上可排查用户夜间在景区滞留的情况。

8.3.2 监控视频分析

基于景区原有视频，并通过在游览车船、接驳车船、摆渡车船以及景区内部的巡逻车船上新增具有人数统计功能的视频监控摄像机，借助客流统计、密度统计、鹰眼监控、标准（微）卡口、一键报警柱等，全面收集视频信息，收集视频大数据，实现车内情况可查，车辆位置、驾驶人员、调度信息可控；利用人脸抓拍摄像机，存储景区游客轨迹数据，实现找人、找物等功能。同时，可实现对该区域内人流数量的粗略统计，并能将该数据投放至景区展示牌或相关的信息发布系统内，帮助游客在人数较多的情况下有序规划游览线路，同时对人员过多的区域报警，引起管理人员注意，避免发生危险事件。

8.3.3 旅游数据分析

基于前端采集的数据，通过模型构建来分析及预测管理、服务、营销等，具体包括以下内容。

8.3.3.1 旅游管理

综合呈现景区管理相关事务运行过程中的整体态势，分析与管理过程相关的一系列指数，包括天气指数、环境指数、游客指数、车辆指数、游客性别指数、车流量指数、舆情指数、停车场指数、安全指数等。

8.3.3.2 游客服务

综合呈现景区游客服务过程中的整体运行态势，分析服务过程中相关的一系列指数，包括业务咨询、投诉、求助、同比分析、出入园分析、人流密度、团队情况、景区热点、热门项目、热门路线、驻留时长等。

8.3.3.3 景区营销

综合呈现各景区经营过程中的整体营销态势，分析执行过程中的一系列指数，包括门票指数、在线旅游代理指数、游客指数、粉丝指数、游客消费轨迹、游客喜好、游客消费能力、消费趋势、游客信用、景区收入等。

8.3.3.4 自然遗产保护

综合呈现针对世界自然遗产开展的保护工作，在数据集成的基础上分析各类遗产的变化情况，包括大气、地震、坡体、森林防火、水文、植被等方面的指数。

8.3.3.5 旅游数据预测

旅游数据预测是指对客流和交通方面的预测。其中，客流预测是通过接入过去某一时段的游客数据（如日统计、时间段统计数据等），并结合过去一周的游客参观量、未来 3～5 天的天气预报数据等，预测景区未来 3～5 天的客流量。交通预测是结合车流量、通勤车、客流量、招呼站游客量等实时数据，基于大数据分析和预测算法模型，预测景区内部通勤所需等待的最佳时间，在减少游客等待时间的同时可以提高游客的满意度。主要包括车流量预测、停车场使用预测、通勤车到站预测、入园时间预测、换乘时间预测。

8.4　交通管理

旅游交通管理是从系统观点出发，综合考虑人、车、路等要素，整合景区分散的交通管理力量，对多种交通资源进行优化配置与有效整合，其核心是掌握景区交通运营态势，从景区管理者的角度出发，实现对景区内部资源的指挥调度，对各条道路交通流量和停车需求实施统一动态跟踪和调度，缓解交通堵塞，及时疏导客流，保障游客安全，进一步实现景区经营的优化和快速发展。

8.4.1　景区道路管控

道路管控系统采用适用景区道路的高清抓拍设备单元，对过往车辆进行图像抓拍，并对车辆的全貌、车型、车牌、车辆颜色、驾驶人员、装载情况等通过智能算法进行特征提取，在景区中实现车辆管控、流量统计。道路管控系统主要有以下功能。

8.4.1.1　设备管理

对景区内部及周边路口安装的雷达、AI 摄像头、智能测速仪等装置进行管理，实时监测路口的行车数量、车距以及车速，同时监测行人的数量以及天气状况。

8.4.1.2　车辆监测

对行驶在监控路段上的车辆进行 24 小时监控，如发现超速车辆，则进行抓拍。在抓拍的图片上记录车辆超速时间、地点、车速，并通过无线网络或光纤传输将超速车辆的图片传至后端工作站。

8.4.1.3　车辆识别

采用适用景区道路的高清抓拍设备单元，对过往车辆进行图像抓拍、车牌识别、特征识别等。

8.4.1.4　事件预警

通过对视频实时分析检测，监控道路状况，甄别发现交通事故、交通拥堵、异常停车、车辆逆行、道路遗撒、人员闯入等多类交通事件，并实时解析预警，实现对突发交通事件的快速发现和及时处置。

8.4.1.5　天气监测

实现气象数据的采集、传输、处理、发布、展示、分析应用等自动化、智能化功能，为景区旅游气象信息发布、气象环境预报、自然灾害防御等提供准确、及时的科学依据和数据服务。

8.4.1.6　交通灯调控

通过安装在路口的雷达、AI 摄像头装置等，实时监测路口的行车数量、车距以及车速，同时监测行人的数量、天气状况以及道路旁的地质灾害，动态调控交通灯的信号，提高路口车辆通行率，减少交通信号灯的空放时间，最终提高道路的承载力并最大限度减少地质灾害造成的损失。

8.4.1.7 数据统计

汇总车辆的全貌、车型、车牌、颜色、驾驶人员、装载情况等数据，通过智能算法进行特征提取，辅助景区实现流量统计和高峰时车辆分流。

8.4.2 景区车船管理

车船关涉景区内人流运行的小交通情况。在智慧旅游的背景下，景区内的旅游观光车船是重要的游玩工具，在景区的日常经营中担当重要的角色。车船管理系统旨在充分利用景区自身特色，运用信息化手段实现景区内部的小交通管理，使景区收益最大化。景区车船管理主要有以下功能。

8.4.2.1 GIS 地图应用

对车船的行进轨迹及 GNSS 定位进行电子地图实时及历史信息展示，并在此基础上设置电子围栏，当游船、小车偏离路线时会进行预警。

8.4.2.2 车船管理

对景区旅游车辆及景区游船、索道、缆车等进行视频监管，并汇总管理。

8.4.2.3 车船智能调度

实时显示车船所在的位置，并对车船行进轨迹、停靠地点、停靠时间及运行速度等进行全程视频监管。根据车船每天行驶的数据情况，进行航线、路线和班次的调整。遇节假日等人流高峰，根据景区内游客的时空动态分布情况，自动实现车船的指挥调度。

8.4.2.4　车船信息查询

可为游客提供景区内部交通工具时刻表，供游客查询车船的班次、途经路线、站点、价格等信息。

8.4.2.5　司机监管

可对司机的具体信息（包括姓名、性别、年龄等，以及驾龄、排班、请假等情况）进行管理，并能根据景区内部交通需求，及时准确地安排司机。

8.4.2.6　线路监管

可以根据车船每天行驶的数据情况，进行航线、路线的及时调整。

8.4.2.7　排班智能管理

根据每日游客量，对车辆、司机进行智能排班，通过智能调配车辆运力，在满足运行需求的前提下，最大限度减少排班，增加收益。

8.4.3　停车场管理

智慧停车管理系统集感应式智能卡技术、计算机网络、视频监控、图像识别与处理及自动控制技术于一体，对停车场内的车辆进行自动化管理。主要有以下功能。

8.4.3.1　停车资源总览

采集车辆进出状态信息和泊位信息，整合区域内停车资源，通过用 LED 中英文电子显示屏，实时展示停车场总车位数量及空车位数量、进场车辆信息、出场时间、停放时长、收费金额等相关信息。

8.4.3.2 停车数据查询

可实现对停车实时数据的查询，包括停车场位置、车位数、剩余车位、费用等信息。自动定位功能为游客显示并推荐附近的空闲车位，帮助游客快速查找附近的车位，并导航至停车场。

8.4.3.3 停车收费管理

通过安装高清摄像机，智能识别车牌进出停车场，固定用户可直接通过系统内部白名单识别通过，临时用户则记录其出入场的时间信息，作为出场时的缴费凭证。

8.4.3.4 停车数据统计

可对景区车辆实时计时收费，对进出车辆实时数据进行统计。

8.4.3.5 车辆出入告警

可实现车辆进出场自动抓图，记录车辆信息，当异常车辆进入停车场时，向停车场管理者发出报警提醒。

8.4.4 慢行出行管理

景区慢行出行作为智慧景区的关键出行模式，在提升出行效率、合理分配设备资源、促进智慧景区建设等方面起着不可或缺的作用。慢行系统通常包括步行、自行车、电动车等。慢行系统管理主要实现共享交通工具管理、车辆调度、后台数据管理等功能。

8.4.4.1 共享交通工具管理

对于景区共享自行车、电动车，可采用分时租赁的模式，实现游客扫码、缴纳预付金、开锁、骑行、临时停车、禁行提醒、电子围栏、定点还车等功能，实现出行设备自动化、数字化、智能化管理。

8.4.4.2 车辆调度

实时监控车辆和电量状态，在掌握游客和电动车实时数据的基础上，可高效调度车辆。

8.4.4.3 应急处置

在景区出入口、景区岗亭，景区内人员密集点、景区偏僻隐秘点、景区极易发生危险点等区域安装一键紧急报警柱，游客遇到紧急情况时可按下紧急按钮，警情立即发送到监控中心，监控中心可以和游客进行视频和语音对话，帮助他们解决问题，监控中心安保人员在接到游客的报警后也可在地图上快速定位游客的位置。

8.5 安保管理

8.5.1 巡更巡检

巡更巡检通过对接前端单兵安保设备、设置系统参数、设定巡检方案与任务，为景区的安全管理提供保障。在系统后台可以对基础资料、巡检人员到位情况、设备运行状态及巡检情况报表进行查阅，也可实时修正景区巡更路线、巡更人员定位、巡更人员紧急调度等。

8.5.1.1 巡更人员管控

对巡更人员基础信息资料进行管理。基于 GIS 地图对巡更人员实时进行定位，并可通过对讲设备及时与巡更人员对话，当景区内发生异常警报事件时，管理员可在地图中选中距事件地点最近的"附近保安"，对安保人员进行调度。

8.5.1.2 巡更轨迹管控

对巡更人员巡更线路进行管理。可以通过 GIS 地图查看巡更人员实时巡更轨迹，如偏离较远，系统将自动告警，也可进行历史巡更轨迹的调取；对巡更任务进行管理，通过 GIS 地图设置点位，设置每个巡更任务的路线、巡更时间、次数、人员等。支持对路线上的点位进行地图选点，同时设置点位的范围、经纬度等。路线支持固定路线（包含起点和终点）以及随机路线两种方式，并可支持不同的巡更巡检方式，如定位、二维码扫码、硬件接触等。工作人员还可以在移动端对路线进行调整，应用场景灵活。

8.5.1.3 系统设置

在系统后台对巡更人员进行管理。可对每一位保安进行分组，设定组长和成员；为每一个巡更任务设定负责班组，包括路线、时间、班次等。景区固定巡更巡检任务可自动下发，也能临时下发任务。景区管理人员根据实际情况，给每条路线设置几名巡查人员（支持人员顺序下发，休假自动下发下一位），设置固定下发周期和时间。也支持单任务每天多次下发，符合时间间隔要求。在任务下发后，日常巡查工作就会按用户设置提前自动下发到巡更巡检具体负责人的移动端上，不再需要其他人工干预。

8.5.2 舆情监测

景区舆情方向可分为六类。一是景区资源发展类，即对景区旅游产品、地方文化和自然资源开发与保护的质疑与争论。二是景区资源利益分配类，即对景区收入利益分配问题的讨论，如政府是否入股、是否与民争利、是否与开发商合谋抢占属于老百姓的旅游资源等。三是旅游市场调节类，即景区新政（如门票涨价）的出台，舆情处置是否有效得当等相关问题。四是职能管理类，即对景区旅游产品、地方文化和自然资源的保护与利用的质疑与争论。五是服务类，即景区服务是否合理、规范、有特色，景区设施是否安全、有保障，导游是否违背游客意愿等而引发舆论较高关注的问题。六是游客不遵守景区管理规定类，这种行为一旦在网上发酵，会对景区的管理产生负面舆情。为了行之有效地进行景区网络舆情监管，可以建立舆情监测系统。景区舆情监测应对涉及这六个舆情方向的网站、论坛、贴吧、App 端等上面网络热点事件、负面舆论做到全面监测、统计、预警、分析等。

8.5.2.1 数据处理

主要实现舆情数据和媒体数据的获取、数据源清洗、数据处理、语义算法处理、数据汇集和展示等功能。舆情报告支持用户自定义，为后期用户数据挖掘和营销活动提供支撑。数据类型如下。

舆情数据：舆情数据是系统通过爬虫抓取入库的实时舆情数据，或通过其他商业数据源合作获取的数据，经过数据清洗过滤无效数据，经过语义分析模型分析内容的情感指标，可将舆情信息分为正面舆情、中性舆情、隐患舆情、负面舆情，为后期数据归集作初步的数据分析判定。

媒体数据：媒体数据主要是基于媒体类别，就所采集的舆情进行聚类分析，通过语义算法分析，归纳为不同的舆情信息类别。媒体数据根据来源渠道，分为微信、微博、论坛、报刊、视频、网站、移动端、博客、新闻、OTA、政务等栏目。

预警事件：舆情事件是指舆情传播、敏感词、情绪值，与所设置的事件类型触发条件匹配时，由舆情标记为事件，根据系统设置的阈值，将达到一定声量和传播量的负面舆情信息列为预警事件。用户从而可以关注该信息的传播，分析了解源头和传播途径，及时阻止事件蔓延。

舆情报告：舆情报告主要是对一定时段内的舆情发生量、事件、涉及关键词、观点等进行统计分析；用户在后台对分析数据的时间段、报告内容、呈现方式等进行配置，配置好报告模板后，根据用户的配置自动在前端定期生成舆情报告，能在 PC 端或移动端查看具体统计数据的情况。

8.5.2.2 数据可视化展示

数据可视化展示包括实时舆情分析、满意度洞察、事件预警、舆情报告。

实时舆情分析：指对舆情数据采集量的统计，呈现正面、负面、中性舆情占比，并在地图上展示舆情的内容及产生的位置；按照页签（全部、正面、负面）展示实时舆情信息以及近 7 天 / 全年的舆情声量，并可与去年同期进行比较；也能根据媒体传播数量对媒体传播进行排名并展示媒体传播占比图。

满意度洞察：满意度洞察主要展示景区隐患构成（8 个维度的占比）以及对应的隐患内容。根据正、负面展示舆情观点的关键词；展示景区 8 个维度的游客满意度以及综合满意度；展示对景区厕所的好评与差评的百分比，以及具体的信息；展示在各个（OTA）平台上对景区的评价分析；展示近 7 天 / 全年景区在各个维度上的满意度并进行满意度趋势分析。

事件预警：事件预警主要是实时展示事件内容，触发和展示事件敏感关键词，分析和展示实时事件的声量趋势、传播关系及媒体传播占比。

舆情报告：根据舆情报告配置模版内容，将纸质报告内容以图形和动态化的形式在大屏上进行展示，展示的内容包括但不限于舆情事件信息、厕所满意度信息、舆情观点关键字、隐患分析、游客情绪分析、OTA 评价分析、舆情声量统计、媒体数据统计及排名、综合满意度趋势等。

8.5.3　值守管理

值守管理具有多渠道事件接入、记录、常规处置和应急上报流转、呼救快速响应功能，并与指挥调度中心联动；同时具有实时传输图像、物联感知数据、巡场异常综合研判告警、联动处置的能力，能对景区安全风险点运营安全进行管理，并实现移动端应用。

（1）坐席人员根据预设的表单登记游客通话信息，包括游客姓名、游客电话，以及通话目的，如投诉、求助、建议、咨询等的内容。值守人员通过辨别通话内容，判定是否需要上报至指挥中心，电话记录登记完成后，将根据游客号码信息进行归档，便于追溯和统计分析。同时也支持按电话、姓名、日期、通话类型进行模糊搜索，支持将电话记录关联至已有事件，随时查阅事件的处置进度；支持电话记录的批量导入导出。

（2）根据预设的模板单条或者批量导入 12345 热线信息。在导入时，系统将自动解析文件内容并填入预设的表单，值守人员可根据需要进行修改。支持按时间段、事件类型检索，支持按游客姓名、电话、事件关键字模糊搜索。

（3）对知识库的类型进行管理和维护，支持多级分类；知识库管理是根据已定义的知识库类型对知识库进行管理和维护，支持富文本格式的知识库。

（4）可调用组织机构管理数据，实现按组织机构、部门展示通讯录，支持点击通讯录人员进行电话外呼（需对接呼叫硬件设备），支持按关键字进行模糊查询。

8.6 应急管理

8.6.1 应急资源管理

应急资源管理主要是指对应急队伍、物资、车辆、设备等应急保障资源的管理。通过整合交通、公安、医疗等多部门数据以及景区应急指挥所需各类资源，实时监测应急队伍、车辆、物资、设备等应急保障资源的部署情况，为突发情况下指挥人员进行大规模应急资源管理和调配提供支持。

8.6.1.1 应急队伍管理

通过维护应急救援队伍的地理标注信息，可在地图上直观展示应急救援队伍所在位置，突发事件发生时可根据预案及事发点实际情况进行合理配置，并实现通过地图快速调度。支持在线编辑、多条件快速检索及导出、导入功能，支持救援队伍联系人一键转入电话调度，实现对景区内应急救援队伍信息的动态管理。

8.6.1.2 应急物资储备

可实时掌握各类应急物资储备库建设情况、位置分布情况以及社会化物资代储情况，也可直接调取指定物资储备点的详细信息，以满足景区应急资源的统筹调度需要。

8.6.1.3 应急救援车辆

提供实时掌握景区内应急救援车辆配备情况和分布情况的可视化数据支持，支持调取指定应急救援车辆的详细信息。同时具备直接指挥调度景区内各应急救援车辆的功能，可通过快捷化的通信手段直接联系应急救援车辆所属责任人，以满足车辆统筹调度的需要。

8.6.1.4 专家信息

按照所属区域、专业领域、专家级别，维护并管理专家信息，包括专家基本信息，以及活动信息的添加、修改、删除、查询、导出、打印以及统计等，支持通过快捷化的通信手段快速联系调度应急专家名单，同时可根据不同条件进行多维度统计。

8.6.1.5 重点防护目标

实时掌握景区各类重点防护目标情况的可视化数据，可直接调取任意风险目标的详细信息，可直接与任一重点防护目标联系人及其主管责任人联络并对其进行督查。

8.6.1.6 医疗保障机构

应在地图上显示对应医疗单位、卫生救助站、卫生防疫保障部门等的机构名称、负责人姓名、负责人联系方式、具体地址及经纬度，并对其备案信息进行分类建档。同时可实现通过快捷化的通信手段直接联系医疗保障机构相关联系人及其上级部门责任人，以满足景区统筹调度的需要。

8.6.2 应急避难场所

应急避难场所是为应对自然灾害、事故灾难等突发事件，遵循一定准则，经政府规划、建设、配备必要的应急避难生活服务设施，能够为居民提供紧急疏散、临时生活服务的安全场所。作为应急管理和防灾减灾救灾的基础性设施，应急避难场所在重大灾害事故防范准备、抢险救援、过渡安置的过程中，能够起到转移避险、安置受灾群众、稳定社会的作用。应急避难场所体系需要政府、社会组织、企业和人民群众共同参与建设和管理。景区避难场所有两种类型：一是场地型应急避难场所，用地类型为具有一定规模的广场、公共绿地、体育场等开敞空间，用于受灾人员紧急疏散时或较长时间的避难及生活，确保避难人员安全；二是场所型应急避难场所，用地类型为具有一定规模的救助站、度假村、人防汽车库等公共建筑。

8.6.2.1 应急避难场所数据库

建立应急避难场所数据库，及时更新数据，并向社会公众公布应急避难场所的位置（经纬坐标）、面积及可容纳人数、设施、功能区划分平面图等信息。景区应急管理部门应会同有关部门在景区相关位置设置应急避难场所位置指示牌，指示应急避难场所距离、方向和路径。在应急避难场所服务区域内的人口密集区域，设置避难路线图等引导性标志标识牌。

8.6.2.2 管理维护档案

记录日常管理与维护重大事项，定期组织应急避难建筑物、避难设施设备和标志标识牌的检查维护，保证其安全和正常使用，并采取措施保持应急避难场所出入口、主要疏散通道、消防通道通畅。

8.6.2.3 实时监控

在应急避难场所出入口通道、物资仓库、场所外景等重要点位全部安装视频监控设备，实现 100% 可视化全覆盖，具备全天候监控功能，能够实时关注转移安置人员的生活状态和场所环境，进一步提升应急避难场所标准化建设水平。

8.6.2.4 可视化数据展示

提供实时掌握景区内各类避难场所建设情况和分布情况的可视

化数据支持，支持调取指定避难场所详细信息。同时具备直接指挥调度全景区内各类避难场所的功能，通过快捷化的通信手段直接联系避难场所相关联系人及其上级部门责任人，以满足全景区范围内统筹调度的需要。避难场所管理包括避难场所信息管理和避难场所地理信息标注管理两个功能模块。

8.6.3　应急事件管理

突发事件是指突然发生，造成或者可能造成严重社会危害，需要采取应急处置措施予以应对的自然灾害、事故灾难、公共卫生事件和社会安全事件。突发公共事件包括三类：一是自然灾害、事故灾难导致的重大游客伤亡事件。包括台风、暴雨、冰雹等气象灾害，地震、山体滑坡和泥石流等地质灾害，铁路、公路、水运等重大交通运输事故，其他各类重大安全事故等。二是突发公共卫生事故造成的重大游客伤亡事件。包括突发性重大传染性疾病疫情、群体性不明原因疾病、重大食物中毒以及其他严重影响公共健康的事件等。三是突发社会安全事件。特指发生重大涉外旅游突发事件和大型旅游节庆活动事故。

应急事件管理主要包括应急事件的可视化、应急事件洞察、应急事件态势管理、应急事件处置与会商、应急事件管理等内容。

8.6.3.1　应急事件可视化

基于 GIS 实时呈现景区内部突发事件的位置，周边人员、车辆、物资的分布情况，事件调度人员的轨迹路径等。同时，可展示事件的详细信息，包括事件来源、事件类型、事件等级、处置状态、事件描述、事件位置、发起人、发起人电话等。

8.6.3.2　应急事件洞察

对接入景区内的突发事件做到及时的声音提醒。事件接入的主要方式包括手动登记、事件上报、第三方系统事件信息推送。

8.6.3.3　应急事件态势管理

通过事件的位置掌握事件发生周边的资源分布、建筑道路交通等情况，并通过 GIS 对包括事件位置、事件周边人 / 车 / 监控的分布和状态、事件周边可用监控查看现场情况等进行呈现。在事件处置过程中，结合处置人在现场反馈的图文影音信息，以及现场的监控、车载终端、执法仪等设备，可以做到对现场态势的全面了解。

8.6.3.4　应急事件处置与会商

指挥调度系统的操作人员、处置人员、领导可多方参与事件的处置会商，同时将事件的处置过程及事件会商消息同步给上述人员。事件处置与会商功能包括文字消息、图片消息、视频消息、语音消息及事件处置消息同步，以及事件已处置提醒、事件办结提醒、事件回访任务发起等。

8.6.3.5　应急事件管理

应急事件管理主要对所有应急事件进行归档和管理，包括对应急事件库的管理、对预警和预报两类应急事件的分类管理以及对 I 级预警、II 级预警、III 级预警事件的自定义和维护管理。

8.6.4　应急预案管理

为了提高景区保障游客安全和处置突发公共事件的能力，最大程度地预防和减少突发公共事件及其造成的损害，保障公众的生命财产安全，促进景区全面、协调、韧性发展，景区相关部门依据现实情况制定了各种形式的应急预案。

应急预案针对可能发生的事故或灾害，就事故前的预警预测和保障准备，事故中的应急救援行动，以及事故后的总结评估等整个应急管理过程中涉及的应急救援机构和人员，设备、设施、条件和环境，行动纲领和步骤，预先制定计划和方案。智慧景区建设过程中的应急预案管理，需对各级别、类型的应急预案进行信息化管理；实现对应急预案的快速检索查询，提高对预案内容的检索效率；实现对各级各类应急预案的综合查询和基于图表的统计分析，辅助应急人员掌握各级各类应急预案及其数量和分布情况；对应急预案内容与流程进行数字化管理，当系统出现报警信息时，摄像机等相关设备立即按预先设定的方式启动，立即启动预案，包括自动将报警信息弹在电视墙、客户端，同时以短信的形式发送至相关人员，实现突发事件发生时快速调用相应应急预案，为辅助决策提供技术支撑。应急预案管理主要包括预案数字化、预案分类管理、预案查询统计等功能。

8.6.4.1 预案数字化

实现对应急预案中规定的预警级别、应急响应级别的数字化；实现对组织机构、救援队伍、装备设施、运输资源、医疗急救、现场警戒、应急专家、信息发布渠道等内容的数字化，如名称、人数、负责人、联系电话等，实现与相关信息库的快速检索关联。

8.6.4.2 预案分类管理

针对各类事件，结合数字预案建立预案链模型，分析事件的次生衍生预案链，同时以图形化界面的形式展现与事件相关的预案链和次生衍生链。支持分类管理突发事件总体应急预案、专项应急预案、部门预案，包括对预案进行添加、修改、删除等基础维护管理功能。

8.6.4.3 预案查询统计

将应急预案结构化展示，内容更加丰富，便于计算机自动化处理，大大拓展预案应用能力；也可以快速查询各级各类预案，并以文本、图表、视频等形式展示相关内容。突发事件发生时能结合现场信息，对预案相关内容进行过滤检索与关联，并借助多种通信技术，实现事件信息、决策信息按预案规定向有关组织机构快速传递。

8.6.5 指挥调度管理

指挥调度管理是对告警信息的事件类型、事件等级进行准确研判、指挥联动，并对联动指挥记录进行存储、查询，同时应具备移动端应用。

8.6.5.1 应急事件调度

应急事件调度指根据事件类型、描述，所处的位置、网格以及事件周边的资源分布，恰当地分配人员物资，积极响应、处置应急事件。主要包括根据事件发展态势决定是否启用应急预案，按照职能、部门、网格、GNSS 等，调度相关人员、应急队伍和应急机构，以及车辆和物资，并抄报领导，根据需要可进行二次调度。

8.6.5.2 应急资源管理

应急保障资源主要分为人力保障资源、资金保障资源、物资保障资源、设施保障资源、技术保障资源、信息保障资源、特殊保障资源等。应急资源管理是在对应急资源详细分类的基础上，对分类进行新增、修改、删除和查看。也可通过提供统一的接口，基于 GIS 呈现应急资源的分布和状态，以备在突发公共事件时能及时调用。

8.6.5.3　一键调度

在突发事件处置过程中，根据突发事件的级别和预案指示，快速选择总指挥部和现场指挥部各参与救援机构，支持一键呼叫、一键短信、一键传真、一键推送（App、微信等），快速进行调度通信和任务部署，实现任务的下发与上报、全过程可视化管理。

8.6.6　应急演练

应急演练是景区突发事件应急体系保障体系的重要组成部分，关系着紧急救援的效率和效果。景区演练工作联动性强，要想事半功倍，必须依据景区特征采取灵活的演练模式。应急演练，是为了全面检验有关旅游安全的人员编组、器材配备、突发情况处置、协调保障能力等，提高各级各类人员依据预案灵活应对突发事件的能力。不同类型的景区，面临的事故类型不同，如人文景观多发消防事故、社会安全事件、拥挤踩踏事件，而自然景观多发坠崖、溺水、索道等特种设施故障、冬季森林火灾等事故。因此，景区应急演练采取的方案及措施，应根据景区实际类型确定。

智慧景区服务

景区服务旨在为游客提供旅行过程所需的各类服务，形成功能完善、内容多元的景区智慧服务体系，面向各类服务对象提供个性化、高质量、高效率的服务，促进景区有特色、有活力、可持续地长远发展。智慧景区服务包括信息服务、游览服务、快捷服务、咨询投诉服务、应急救援服务及涉旅企业服务等。

9.1　概述

在智慧景区建设中，景区服务分为三个方面：一是为游客直接提供旅游服务；二是为旅游从业者提供数字化工具服务，使从业者具备更好地为游客提供优质服务的工具和平台；三是为旅游管理者提供服务，便于其更好地掌握旅游景区运行态势，更好地调配资源，为游客提供更舒适的旅游环境和条件。通过以上三个方面，建立由信息服务、游览体验、快捷服务、咨询投诉等服务构成的多层级智慧服务体系。

9.1.1　建设目标

以游客体验为核心，通过建设景区智慧服务体系，构建服务内容多样化、服务设施智慧化、服务质量品牌化的景区服务新体系，提升景区的服务质量，发挥景区的服务能动性，使工作流程更高效，为更有效的监督、管理和更科学的决策提供支撑。

9.1.1.1 多维丰富游客的游览体验

为公众提供智能、便捷及人性化的服务，满足公众对趣味性、知识性的需求，将单一的感官体验转变为精神、情感及文化等深层次的综合体验，开创景区多方面服务的新局面，实现景区和科技深度融合发展。

9.1.1.2 促进从业人员服务水平提升

为广大的旅游从业人员提供能为游客高效、便捷、有效服务的工具，让从业人员能够通过数字化手段，提升旅游从业过程的服务水平和服务质量，从而使游客通过旅游从业人员获得高品质的服务。

9.1.1.3 优化景区决策指挥服务体系

使用数字化手段获得景区各类运营数据，掌握景区运行态势，根据景区当前的运行情况，精准预测预警风险，及时进行资源调配，实现事件高效决策处置，为管理者提供科学的管理服务工具，促进景区服务体系进一步提升。

9.1.1.4 努力强化景区的安全保障

通过技术升级和设备设施升级，制定区域错峰合理规划、高峰分流诱导行动方案，为游客提供旅游全过程的安全保障，建立旅游支持设备设施安全可靠运行的动态监测管理体系，完善车路协同手段，保障游客交通出行安全与便利，做好聚集性疫情防控，构建及时拒止恶性治安事件的预控能力，为老年人和残疾人等特殊人群的行动提供便利，同时给予更多的安全保护与关注。

9.1.2　建设思路

　　智慧景区服务建设应以数据平台为基础，以打造景区服务智能化目标为引领，以景区不同服务人群在游览观光、科普教育以及互动式体验等多方面的共性及个性需求为出发点，采用以人为本、创新服务、融合提升和科学管理的设计理念，创建充分展示景区人文内涵、特色鲜明、运行高效的智慧服务体系，丰富公众游览体验，提升景区文化传播能力。

　　面向游客、商户和其他旅游从业方，景区应将建设集智能咨询、网上预约、智能购票、线路规划、线路定制、智能导览、特色采购、信息反馈、反向寻车等全流程一站式综合服务平台作为重点，解决目前普遍存在的面向游客的"一机游"服务产品"软实力"不够的问题。

　　将提升景区服务韧性作为重点。景区服务韧性是指景区在满足游客需求和保障旅游体验的过程中，能够通过信息化手段，提供高质量、多样化的旅游服务，以适应不断变化的市场环境。建设各类景区服务，可以强化服务监控、优化服务响应、增加服务灵活性、提高服务满意度，巩固景区服务体系的稳定性和可持续性，特别是要有针对安全突发事件的应急响应能力，以及对特殊群体的关爱精神与人文情怀，从而提高景区服务韧性。

9.1.3　建设内容

　　构建"信息服务 + 游览体验 + 快捷服务 + 咨询投诉服务 + 应急救援服务 + 涉旅企业"的智慧景区服务体系，实现景区内旅游服务信息、旅游服务设施、活动的集中管理和发布，方便游客查询和使用（图 9-1）。

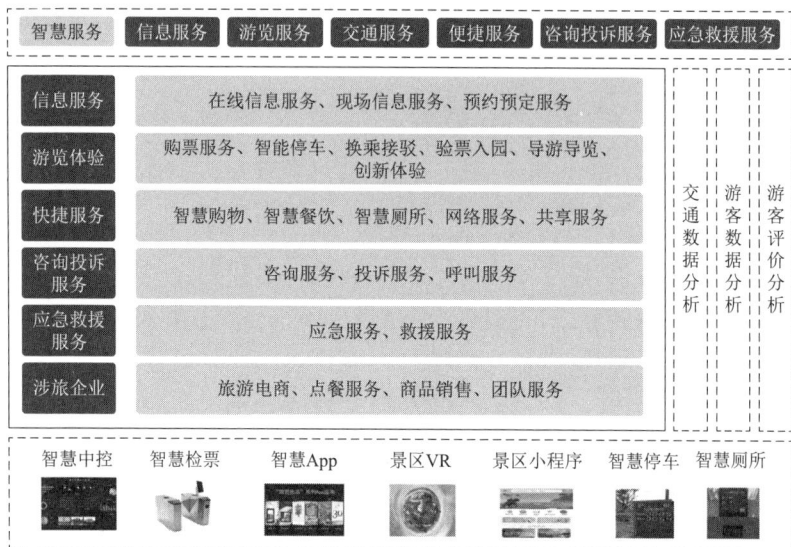

图 9-1 景区智慧服务建设思路

其中：

（1）信息服务基于在线信息服务、现场信息服务和预约预订等，提供全方位的线上线下结合的服务平台。

（2）游览服务开发智能导游 App 或小程序，为游客提供便捷的智能导游服务，包括景区导览、交通信息、售票、验票、智能停车和区内接驳、导游导览等，提升游客的旅游体验。

（3）快捷服务包括智慧购物、智慧餐饮、智慧厕所、网络服务和共享服务。

（4）咨询投诉服务包括咨询服务、投诉服务和呼叫服务。

（5）应急救援服务包括应急服务和救援服务。

（6）涉旅企业主要包括旅游电商、点餐服务、商品销售和团队服务。

9.2 信息服务

9.2.1 在线信息服务

智慧景区为游客提供多种途径的导游、导览等在线信息服务，使游客在游览景区之前，享受到全方位、多样化的数字引导服务。开通多种以游客为中心的在线服务载体，包括但不限于网站、App、小程序、短信等多渠道，为游客提供行程规划、网上预约、电子讲解、导游导览，咨询、投诉、建议和信息分享等服务。通过运用新媒体、短视频、电商平台等互联网平台主动及时发布最新资讯，为游客提供旅游线路、旅游攻略、景区介绍、酒店介绍、餐饮介绍、活动（节庆、演出）介绍、本地文化介绍、气象信息、景区舒适度、景区周边交通、最大承载量、在园人数等信息服务内容。

9.2.2 现场信息服务

在景区入口处、游客集散地和主要活动区域等景区显著位置设置触摸屏、智能机器人、电子发布大屏（或媒体服务终端）等信息服务设备。通过同一或同源的信息发布系统，统一发布信息。现场信息服务包括以下三类：一是支持发布景区旅游资讯、重要公告、失物招领信息、景区宣传信息、道路交通信息、气象环境监测信息等；二是支持发布票务（演出或活动）信息、常用电话、景点推荐信息；三是支持推送景区天气预报、景区承载量、在园人数、空气质量、停车场车位情况、监控画面等基础信息。

9.2.3 预约预订服务

预约预订服务包括线上预约和线下预约两大类，通过收集预约数据，进行景区客流预警，避免游客盲目涌入景区。

线上预约服务是指为游客提供基于官方网站、小程序、公众号、OTA 或电商平台的全方位预约服务。通过整合线上预约预订渠道，规范统一接口，为游客提供便捷的分时预约服务，达到全网限量预约、数据共享、有效错峰的目的。

电商平台是指通过构建一个支撑 O2O 在线交易与运营的电子商务运营服务平台，实现一站式管理、预订、支付。OTA 是指在线旅游网站，旅行社通过 OTA 为用户提供咨询和订购服务，OTA 模式改变了传统的景区营销模式，采用网络营销开展网络订购，提高景区的流量，加强景区的宣传力度。

线下预约服务是指通过多媒体服务终端设备等实现门票、服务及二次消费项目的预约预订，景区工作人员通过使用掌上电脑生成门票订单，游客对订单进行支付。游客持有自动售取票终端认可的证件，可通过触摸式操作界面，在语音和文字的提示下自行购票。

9.3　游览体验

游览服务是在游客到达景区后，景区为游客提供的最直接的服务，包括停车、智能接驳、验票入园、导游导览、沉浸式创新体验游览等，可充分利用生成式人工智能（artificial intelligence generated content，简称 AIGC）、数字人等技术，基于旅游行业大模型，为游客提供便捷、高效的服务。

9.3.1　购票服务

为游客提供现场二维码购票和在线购票两种方式，缓解景区售票窗口压力，高峰期使入园游客快速通行，同时也为游客提供便捷的自助购票服务。一是在线购票服务，进一步拓展互联网在线购票功能，游客可在景区官网直销商城以及接入景区的各主要OTA 分销渠道预订景区门票、船筏票、索道票和其他景区产品票务，并可在线支付。二是现场购票服务，在售票窗口或其他区域张贴购票二维码，便于游客在窗口扫码购票。同时应在游客中心配备数量足够、满足需要的自助售取票机，实现无人售取票。游客可通过售取票机自助购票，在线预订的游客也可通过售取票机自助取票。

9.3.2　智能停车

通过可视化管理和信息发布，可以构建安全和谐的景区智能交通环境，以便于游客一站式停车，为游客提供优质的服务体验。

首先应在自助触控终端、官方门户（含 PC 端及移动端）发布基于电子地图的停车场位置信息，并动态显示车位占用情况，能为游客提供手机交通导航、网络化车位预约服务、车位导引以及智能取车服务。其次应在景区停车场通过大屏显示实时车辆进出电子指示、车牌识别、泊位数量统计等信息，可为游客提供反向寻车、自助缴费服务。游客车辆到达停车场后，停车场系统通过高清识别摄像机记录车辆号牌，快速开启道闸入场、提供车位指引，游客车辆出场可通过手机移动支付实现无感支付。

9.3.3　换乘接驳

景区内常见的交通方式有游览大巴车、电瓶车、游船、三轮车、自行车、缆车等，结合景区基础地理信息数据，以 GNSS 定位技术、物联网为技术支撑，以合理优化配置景区内车辆资源为目标，实现景区交通服务智能化。

首先应设置电子显示屏、引导标识，并提供路线定制等服务，在各大景点处设置交通接驳点，实现景区内部游览分流，各景点无缝"接驳"。其次在景区内公共交通站点（如车站、码头和缆车乘车点等）应配置显示屏，显示服务等候时间。也可通过手机移动端为游客提供车船交通服务信息，如最近车船数量及预计到达时间等。与景区周边交通数据对接，借助游客量、车流量数据分析结果，优化景区内的游览路线。

9.3.4　验票入园

根据客流高峰流量，科学设置数量充足的验票通道，实现快速验票入园，避免游客排队拥堵。验票系统具备完善的网络、供电备份，确保稳定可靠运行。景区应配备手持验票终端设备，供人流高峰、闸机故障、紧急断电时应急备用。闸机应支持身份证、扫码、刷脸等验票方式。

9.3.5　导游导览

基于 AIGC 及旅游行业大模型，以数字人以及 App、小程序、二维码、无线讲解器等为载体，方便游客在景点随时获取游览服务。提供景区导览、线路规划、语音讲解、公共设施一键导航等在线服务功能。

语音讲解通过将不同风格的手绘地图与电子地图相叠加，对景区、景点、公共服务设施（出入口、游客集散中心、停车场、厕所）等进行内容标记展示，同时实现一键线路导航；地图可展示当前景区的所有讲解专辑列表，支持直接查看讲解专辑信息并对相关专辑进行选择收听。此外，720 度全景导览可帮助游客通过移动端在线浏览景区的全貌，观看景区的相关介绍，支持展示更多的场景信息和各方向的任意转动，实现在景区漫游的效果，在同一场景下，还可支持文字、图片、视频等交互。为丰富游中体验，充分发挥轻旅行、深度游、快传播的特点，强调景区内容传播和商业转化，具体功能包括识别标识、语音讲解、AR 实景导航、虚拟 IP 讲解以及营造宏观气氛动画等。通过 VR 技术提供智慧景区导览，VR 眼镜或者手机、沉浸式屏幕能集中展示景区所有功能设施及服务资源。

9.3.6　创新体验

构建互动体验，可以进一步丰富游客的参与感、愉悦感和体验感，全方位体验沉浸式场景。沉浸式体验依托虚拟现实、场景塑造、全息投影、智能交互，在体验感、互动性与场景感等方面优势突出，由传统的"观看模式"进入"体验模式"，满足了人们对休闲方式个性化和多元化的需要，增加了文化附加值，促进周边产品与衍生品的创造，推动文旅产品整体增值。

9.4　快捷服务

9.4.1　智慧购物

智慧购物服务的发展趋势是实现自助服务。通过自动贩卖机、自助超市以及 App 构建智慧购物体系，由游客自助选择商品，将购物信息接入景区门户网站、微信、App，对游客的购物偏好进行分析，打破传统的生产流程和消费习惯，创新购物模式，突破旅游购物异地管理和异地服务的限制。

9.4.2　智慧餐饮

对于餐饮服务智慧化，一方面，应提供自上而下一体化的餐饮管理、自助点餐、自助订购餐品、智慧化推送餐饮信息等服务；另一方面，在景区的餐厅融入客人自主点餐系统、服务呼叫系统、后厨互动系统、前台收银系统、预订排号系统以及信息管理系统等[19]。

9.4.3　智慧厕所

智慧公厕是在普通公厕的基础上，增加一系列传感设备，将公厕的使用情况数字化，并可通过 PC 端、移动端和大屏幕等可视化设备查看相关数据，提高使用效率与管理效率，降低管理成本，提升用户如厕体验，达到节能环保的目的。主要功能模块包括：数据采集，包括客流采集、环境采集、烟雾采集、人体采集、呼叫采集、考勤采集、能耗采集以及满意度采集等；数据处理，通过物联网，将所有传感器设备数据集中起来，上传给主机，对数据进行处理后输出，在大屏幕上显示；应用端，游客可结合小程序，用手机端查找公厕，显示公厕情况（包括附近的智慧公厕），并可导航前往任意公厕。

9.4.4　网络服务

景区应具备游览区域范围内和大密度客流情况下稳定的无线通信能力，能提供稳定的语音通话、网络通信服务。无线宽带网络应有效覆盖景区主要游览区域，包括景区出入口、主要景点、游客中心、交通枢纽地带和事故多发地，并能提供免费、稳定的上网服务。

9.4.5 共享服务

宜配备共享自行车和电动车、共享电子导览机、共享充电宝、共享雨伞、共享储物柜等共享服务设施，支持游客在线支付共享服务费用，使游客便捷地使用景区共享服务设施设备。

9.5 咨询投诉

9.5.1 咨询服务

咨询服务可通过线上、线下、电话、自媒体等方式为游客提供个性化、全方位的旅游综合咨询服务。景区应设有旅游咨询服务中心，为线上、线下咨询的游客提供问题解答和投诉受理服务，有条件的景区宜为特殊人群提供预约服务。开通多种以游客为中心的在线服务载体，包括但不限于网站、App、小程序、短信等多渠道，为游客提供行程规划、网上预约、电子讲解、导游导览，咨询、投诉、建议和信息分享等服务[20]。

通过运用新媒体、电商平台等互联网平台主动及时发布最新资讯，为游客提供前往目的地的最优交通路线、旅游资讯、旅游线路、旅游攻略、景区介绍、酒店介绍、餐饮介绍、活动（节庆、演出）介绍、本地文化介绍、气象信息、景区舒适度、景区周边交通、最大承载量、在园人数等信息服务内容。应在景区入口处、游客集散地和主要活动区域等景区显著位置设置触摸屏、智能机器人、电子发布大屏或媒体服务终端等信息服务设备，必要时设立专门咨询服务窗口，实现信息的统一发布。

此外基于人工智能技术，开通 AI 客服，通过 AI 实现语音智能对话导航，引入具体业务服务流程，不断积累业务服务知识，快捷精准地满足用户需求，有效降低客服系统的运行成本。

9.5.2　投诉服务

建立电话、在线、终端设备等咨询投诉联动机制，为用户设置投诉入口，以提供完善的投诉咨询和及时反馈。用户可根据需要，在入口、各业务页面（小程序及公众号）等发起投诉请求，后端管理人员接单处理，处理后给出对投诉的处理反馈，用户对投诉处理结果进行评分。主要功能包括在线投诉、电话投诉、投诉记录及进度查看、撤销投诉、查看投诉处理结果以及处理结果反馈。

9.5.3　呼叫服务

建设呼叫服务管理系统，统一景区服务号码，提供咨询、投诉、救援呼叫服务。呼叫服务管理系统具有多渠道事件接入、记录、常规处置和应急上报流转、呼救快速响应等功能，并可与指挥调度中心联动；通过实时图像、物联感知数据、巡场异常综合研判告警、联动处置，对景区安全风险点运营安全进行管理，并实现移动端应用。

系统具备定制语音提醒、全程录音、话务工单记录及转办功能，并可进行话务数据统计和分析，保障呼叫服务工作效果。根据预设的表单登记游客通话信息，包括游客姓名、游客电话，以及通话目的，如投诉、求助、建议、咨询等。根据预设的模板单条批量导入"12345"热线信息。在导入时，系统将自动解析文件内容并填入预设的表单。

9.6 应急救援

9.6.1 应急服务

实现对景区全方位的监控与调度，为游客提供物资、卫生等多方面的应急服务保障，实现快速反应，有效应对景区突发性安全事件，全方位保障游客安全。针对游客走失、物品丢失等求助信息，通过智慧景区视频监控、人脸识别等技术手段，辅助现场工作人员，解决游客的问题。

9.6.2 救援服务

应在景区信息发布醒目处提供救援服务联系方式，信息发布系统应能够及时发布应急信息。在官方网站、公众号、App、景区人流密集区、主要景点、安全隐患处为游客提供一键救援服务，并自动上传救援位置、类型等信息。游客能够通过公众号、移动App快速接收应急指挥中心提供的救援响应信息，查询并求助周边救援人员。

9.7 涉旅企业

涉旅企业包括旅游过程中为游客提供各类服务的商户，如餐饮、酒店、旅行社、特产门店等，以及企业中的各类从业人员，如导游、计调人员、司机、前台服务员等，涉旅企业及从业人员是直接为游客提供服务的一线人员，其服务质量和水平直接影响游客在旅游过程中的体验和感受，提升企业及从业人员的服务水平和能力，才能最直接地提升游客服务的品质。

9.7.1　旅游电商系统

可通过 SaaS，或租赁第三方电商平台的形式，为景区涉旅企业提供低成本、实用的电商系统，为涉旅企业的产品提供线上展示、销售、核销、结算、提现等功能，使产品有更好的销售渠道和曝光机会，为游客选购涉旅企业产品提供多样化的渠道。

9.7.2　点餐服务系统

可通过 SaaS 化模式为景区商户提供自助点餐、配餐、送餐、结算等功能，为餐饮从业者提供便捷的信息化工具，提升服务效率。

9.7.3　商品销售系统

可通过 SaaS 化模式为景区商户提供旅游商品、文创、土特产、旅游用品等产品销售系统，提供产品基础进销存管理系统，提升涉旅企业商品线下销售的管理服务能力。

9.7.4　团队服务系统

为景区合作旅行社提供场外交易市场（over-the-counter，简称 OTC）团队服务系统，可方便旅行社计调人员快速实现景区门票、二销产品的线上购买、线上组团、线上充值、支付、结算等，提高旅行社的团队服务效率。

9.8   旅游管理

　　利用数字化技术为景区管理者提供服务，是为了让管理人员在处置各类事件时，能够快速高效地作出决策，并进行有效的指挥调度，基于汇总的数据分析为管理人员提供数字化服务工具。

10

智慧景区营销

融合互联网、大数据、人工智能等信息化技术，运用数字化营销平台与监测分析、营销工具，实现旅游产品创新与推广，提高营销分析决策能力。从营销渠道、营销体系、营销分析以及营销评价四个方面构建智慧景区营销体系，以改善景区形象、提升景区品质。

10.1 概述

智慧景区营销是指依托互联网、大数据、人工智能等技术并将其融会贯通于新时代的品牌营销的新策略、新方针与新路径，以满足游客个性化需求为核心，进行精准的画像识别，输出匹配游客需求的服务，影响游客对景区品牌的认同，通过数据的不断累积逐步实现对同类型游客的精准化营销。

10.1.1 建设目标

基于游客反馈，挖掘更深层次要求，将信息技术与传统营销完美相融，利用大数据技术实现对不同群体、不同层次游客的精准营销，根据各网络平台的用户网络行为数据进行画像分析，最终实现对客户的个性化营销和服务输出，给游客带来个性化的体验，为其留下鲜明的景区特色和旅游印象；同时促进科技在景区中的推广应用，促进景区旅游管理体系不断完善，推动景区服务能力不断提升，全面、综合地提高景区的经济效益，带动周边城市的产业，开拓区域一体协同发展的新路径。

10.1.1.1 交互式推广，增强景区知名度

随着智慧营销的进一步发展，以 AR 和 VR 为支撑的交互性技术创新了媒介推广形式，在景区品牌建设过程中，通过下载各类软件使游客体验 XR 交互技术，将景区的风光、人文等与智能化消费时代的有趣性相结合，强化游客主动了解景区的意愿，提升旅游的综合体验。

10.1.1.2 跨渠道融合销售，提升经营收入

智慧景区营销将互联网大数据、云计算技术与传统的营销渠道相结合，提升景区的影响范围，提高游客服务满意度，使景区线上与线下、周边地区与景区自身跨空间与时间融合，推进电子商务在景区衍生产品方面的应用，通过多类型媒介的跨渠道融合扩大收入来源，加强并切实提升经营能力。

10.1.1.3 大数据分析，推动景区精准营销

通过对景区营销信息进行收集，分析景区的营销效果、产品销售等情况，构建游客画像，分析其兴趣以及偏好等，精准化改善景区形象的设计定位、推广概念、广告创意构想，为景区的可持续长远发展提供智慧和动力。

10.1.2 建设思路

融合互联网、大数据、人工智能等信息化技术实现"互联网＋景区""物联网＋景区"的传播与营销，运用数字化营销平台与监测分析、营销工具，基于网络平台、旅行社资源、旅游交通站点、

旅游饭店等各类旅游媒介，对外以视频、文字、图片等不同形式发布景区及周边地区的信息，实现景区产品创新与推广。提高营销分析决策能力，对景区的游客需求和营销市场进行精细化分析，为景区的营销发展提供决策信息和科学依据，从而逐步提升景区的品牌影响力。

10.1.3　建设内容

从营销渠道、营销体系、营销分析以及营销评价四个方面构建智慧景区营销体系，制定景区线上营销策略，充分利用互联网和社交媒体平台等平台，开展景区的线上营销和推广，提高景区的知名度和影响力（图10-1）。

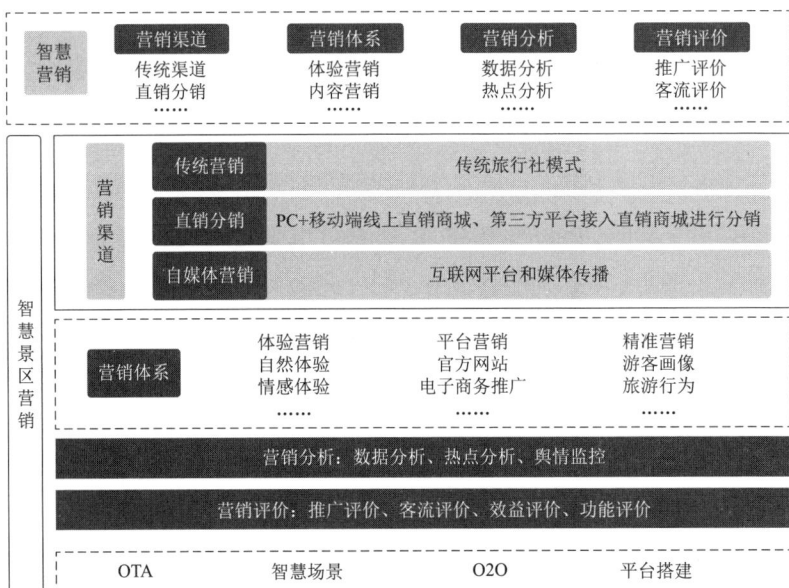

图10-1　智慧景区营销建设思路

（1）基于传统旅行社全面把握传统营销渠道，再进一步扩展线上线下一体化，通过直销分销统筹、自媒体营销形成完备的景区营销渠道。

（2）建设包括体验营销、内容营销、平台营销与精准营销四方面的智慧景区营销体系，拓展景区品牌塑造的维度。

（3）以景区的营销数据分析、热点监测以及舆情监控提高智慧营销分析能力，促使营销产品更加精准化到达游客端。

（4）打造以数据为支撑的营销优化体系，通过推广评价、客流评价、效益评价、功能评价四方面评估营销效果，助力景区调整营销方向，为扩大景区影响力提供支持。

10.2　营销渠道

10.2.1　传统营销

传统旅行社是旅游业最早出现的中间商，是资源方（景区、酒店）与游客之间的桥梁、纽带。通过旅行社联系中老年群体，与消费年龄结构年轻化的线上平台互补，加强与旅行社的合作，将线上产品通过宣传册、海报等进行实体传播销售；同时，通过将线上引流来的游客带入旅行社，为他们提供游中的服务，并获得游后的售后反馈，把旅行社真正作为一个落地服务载体，实现线上线下一体化。

10.2.2　直销分销

利用现有的景区电子票务系统统一接入和管理线上各直销、分销渠道，统一线上营销体系，完成线上线下一体化，可以增加游客了解景区的途径，缓解节假日游客排队的压力，增加景区的收入，同步推进直销和分销渠道建设，促进景区营销体系全面升级和完善。

线上直销指不通过中间商，而是将直销和现代互联网技术相结合进行商品销售。通过建设 PC+ 移动端线上直销商城，对景区门票、车票、酒店、旅游线路等产品资源进行整合，并将商品和服务通过网络直接推送给游客。

线上分销模式指进行网络分销，票务系统统一接入并管控分销渠道，可以实现景区旅游商品销售和落地服务的规范化，在扩大分销渠道的同时，又能保障游客满意度，形成口碑效应，树立品牌形象。支持接入各主流 OTA 第三方平台，保证景区票务实现多渠道销售，为代理商提供开放的 API 接口，使其直接申请成为代理商，针对不同代理商可设置不同的价格，代理商不受限制，无限级发展。

10.2.3　自媒体营销

运用互联网平台和媒体传播发布景区资讯，多样性地完善自媒体平台的互动功能，增加宣传内容，提高宣传质量。比如，游客可以通过公众号实现门票预约、预订、实名认证，扫码获取导览、景区介绍，在微商城购物等。利用景区的流量优势，逐步完成对周边旅游资源的整合，建立区域性社交平台、购物平台、消费平台，提高自媒体粉丝黏性和活动度。此外，根据自媒体平台的数据，对游客的行为轨迹、消费能力和消费习惯进行分析，采取有针对性的营销策略，提供更加符合游客消费喜好的旅游产品，可进一步促进营销策略优化，提升景区品牌宣传推广能力和影响力。

10.3　营销体系

10.3.1　体验营销

景区体验营销是通过提供沉浸式的场景化、个性化体验，吸引游客积极参与互动，使其获得独具特色的体验，可以从景区的自然风光、游客情感等方面开展，从而提升景区的品牌影响力。

10.3.1.1　强化景区自然体验

借助景区独特的自然资源优势和区位优势，充分发挥景区自然资源的内在价值，提升游客通过自然资源获得的体验。例如，借助景区内的山川、河流、道路等，打造独具特色的体验场景，借助各种植被建设生态旅游体验区，打造农耕体验与手工作坊；举办各类节事活动、茶艺体验活动等，增强游客直观感受，以利于景区文化传播和良好口碑建立。可在官方网站上对景区的文化资源、自然景观、活动体验进行图文形式的介绍或者播放宣传视频，借助 VR 技术对景区进行全景展示，同时增加文化宣传版块并开通旅游者评价功能。提升景区的美誉度和影响力，对景区的独特优势进行有效宣传是营销的重点，景区深度挖掘其自然、人文价值并进行分析利用，打好营销的基础。

10.3.1.2　提升游客情感体验

景区应着力打造既专业又高效的服务团队，注重用细致的服务感动游客，进而加强游客对景区的情感。第一是加强景区内基础设施建设，如合理规划游览线路，科学配置智慧厕所等；同时把各线路拥挤程度、休憩设施以及厕所点位等数据录入各地图服务商数据库，供游客在线查看和导航。第二是逐步提升景区的旅游服务能力和服务质量。一方面，通过在景区内设置合理的便民服务咨询点，向游客提供如讲解、游览咨询、交通、拐杖轮椅租借等多种服务；另一方面，通过联网摄像头或者人工拍摄为游客在最佳拍照点位提供拍照类增值服务，并及时更新官方的宣传内容，进行景区的品牌传播和口碑营销。第三是推动景区服务向更高水平冲刺。重点关注来自各大旅游网络平台对景区的各种评价，提取各大网络渠道对景区的好评，进行重点宣传推广，并核实对景区问题给出的反馈，按照游客建议整改并及时回复评论者，进而提升景区的整体服务水平，提高游客在景区的体验满意度。

10.3.2　平台营销

平台营销是指利用互联网技术手段构建起一个将景区的体验式营销与内容策划营销传播出去的渠道。景区通过平台营销对体验营销和内容营销的效果进行传播，为提升景区的体验营销和内容营销提供持续不断的动力。因此，平台营销实施的关键在于与用户的互动，只有不断保持用户参与才能更好地提升景区的品牌影响力和知名度。

10.3.2.1　搭建全面完善的景区官方网站

利用互联网、物联网、人工智能、大数据等技术对景区的官网进行全新升级改造，将旅游六要素如各类通知公告、资讯、场景、产品、服务等旅游信息在官网进行呈现，以便能够提供系统化、标准化的服务，使网站所呈现的内容更详尽、更实时，以满足不同旅游人群对旅行信息的检索需求，进而为千万旅游者提供满足个性化、多样化需求的各类服务信息。

10.3.2.2　深度整合旅游资源

平台营销通过与用户交流互动，抓住关键信息，发挥意见领袖的重要作用。景区不能仅限于建设自身网站，还要整合并利用景区网站之外的各大互联网平台，与其深度合作，将有关"吃、住、行、游、购、娱"的活动信息在各大新媒体平台上进行立体化的合作推广，并尝试推出多样化的套餐服务，全方位拓展平台营销的广度和深度。

10.3.2.3　电子商务推广

电子商务推广有助于景区更好地开展平台营销。因此，景区官网的设计不能只关注其涵盖内容的丰富性，还要以能否满足旅游者需求为依据，加强其功能的实用性和营销推广的趣味性。完善景区网上预订和支付功能，便于旅游者通过官网购买门票、预订酒店及选购各种旅游产品等，一方面可增加景区的经济收入，另一方面可提升景区的品牌影响力。

10.3.3　精准营销

旅游业发展的驱动力开始逐步以旅游者的需求为导向，利用大数据分析技术，不仅可以整合交通、酒店、餐饮、旅行社、购物中心等数据信息，还可以获得包括旅游者年龄、性别、客源地、出游行为等信息在内的旅游者属性，为管理者描绘游客画像，以提供精准的服务[21]。

10.3.3.1　游客画像营销

通过游客画像统计游客的性别、年龄和来源地等，对目的地景区在媒介推广、新媒体互动、社交媒体上的热度、目的地营销效果等多方面进行综合化分析，可以有针对性地进行广告投放、市场推广，获取旅游态势和旅游行业推广的监测数据，从而实现对景区的精细化营销和宣传推广。

10.3.3.2　旅游行为营销

利用大量的旅游服务站点和OTA站点提供评价订票服务、游览服务的功能，对旅游行业、特定的景点景区的关注点等内容进行文本和语义的挖掘和分析，对旅游行程上的景点景区、住宿等业态进行评价和评估，能够用于挖掘和分析游客的行为特征，有效反映用户在目的地城市游览的行为过程、开销，为定向营销和服务提供数据支撑。

10.3.3.3　景区品牌营销

通过市场营销推广可将品牌文化融入消费者的认知，通过对景区进行积极形象、文化形象、体验形象、社会形象、个性形象的市场定位打造后，对景区进行全方位、立体化的品牌营销，在潜在旅游者心目中树立对景区良好的感知形象，助力景区在同质化市场竞争中获得有利地位。

10.4　营销分析

10.4.1　数据分析

对景区的营销数据进行监测分析，分析内容包括营销结构、游客画像、游客消费偏好、营销走势等。

10.4.1.1　营销结构分析

通过对不同营销模式、收入增长、收入构成、收入实现的区域与渠道以及市场占有率等指标进行监测，对景区的营销收入进行全方位的分析，对比景区在不同时期的营销经营效果，识别潜在游客和商机，判断与同类景区相比有哪些优势、劣势。

10.4.1.2　游客画像分析

基于第三方数据，构建景区的游客画像数据，包括游客的基本特征、旅游出行偏好、App 使用偏好，对游客的各类信息属性进行精准定位，从而帮助景区挖掘潜客，助力景区形成营销闭环。

10.4.1.3 游客消费偏好分析

游客消费是景区经营赖以生存和发展的前提条件，通过对消费时间、地理区域、旅游消费构成在时间结构、空间结构方面进行分析，对景区游客在消费市场中的社会性因素进行分析、解释，以支撑对游客消费意向的预判、预测。

10.4.1.4 营销走势与同比分析

包括四个方面：一是历史趋势对比，通过分析该指标在一定时间内的变化趋势，观察营销走势异常与否；二是动作前后对比，即通过分析某个特定营销活动之前和之后的指标情况，判断该次营销活动是否有效（如节庆活动策划）；三是去年同期对比，分析本期与去年同期的数据差异，剔除周期因素从而判断异常与否；四是前一时期对比，分析本期与最相邻的周期的差异。

10.4.2 热点分析

通过策划、组织、举行和利用有新闻价值的活动，制造有"热点新闻效应"的事件，吸引媒体和社会公众的注意，可以提高景区知名度、塑造景区良好形象并促进产品或服务销售。热点可分为常规热点和突发热点两类。常规热点包括可预测的节日、假期、特殊时段、季节、赛事等可能会引发的讨论，常规热点有较多的筹备时间，对热点推广活动的掌控能力更强，重点在于对活动时间发布与结束的精确判断。突发热点优点为范围更广、裂变快、爆发性强，缺点则是操作难度大，考验景区宣传反应能力和把控事件的能力[22]。

10.4.3 舆情监控

对互联网海量信息进行自动抓取、自动分类聚类、主题检测、专题聚焦，实现用户的网络舆情监测和新闻专题追踪，形成简报、报告、图表等，为全面掌握游客动态、做出正确的舆论宣传引导提供依据[23]。舆情监控的工作流程分为三部分。

（1）制定危机预警方案。确定监控的目标网站，过滤关键词，针对各种类型的危机事件，制定比较详尽的判断标准和预警方案，以做好应对所有舆情事件的准备。（2）关注舆情事态发展。及时采集、汇总互联网上的数据信息，保持第一时间知悉事态发展，加大监测力度。（3）及时传递沟通信息。与危机涉及的景区相关部门保持紧密沟通，各部门协同作战、共同商议，判断危机走向，对预案进行适当修正和调整[24]。

10.5 营销评价

10.5.1 推广评价

对不同推广渠道进行多维度对比。首先，对比不同平台的优劣势，如微博、微信受众人数多，成本低，操作简单且互动性强，能够有力保障广告展示量；短视频平台用户群体年轻化，可对用户人群特征、地域、手机型号等多维度定向，进行精准营销推广。其次，评估不同渠道的流量、咨询量和预订量，以及各渠道推广活动的统计数据、投放的广告结果，为后期景区智慧营销提供数据支持。

10.5.2 客流评价

基于车牌识别、移动基站、电子商务、OTA 等的客流量统计数据，通过热力图、兴趣点（point of interest，简称POI）对比分析一段时间内的游客到访分布、来源分布及停留趋势等。通过生成游客到访分布热力图，支持多时段以及多区域对比分析、游客平均停留时长分析、游客停留天数占比分析等，支持游客来源地行政图展示及分析，支持多区域同一时段客流趋势对比分析，支持所选时间以及区域客流平均值对比分析等，结合天气、节假日、事件等信息，通过时、天、周、月客流粒度及时间维度，对历史客流数据进行多维度分析，为景区未来广告投放量提供参考依据，实现精细化营销决策。

10.5.3　效益评价

效益评价指景区判断营销对游客、潜在游客产生的影响以及潜在收益空间，包括满意度、推荐意愿、咨询旅游产品的意愿、购买旅游产品的意愿等多个方面。依据上述指标判断景区官方的内容编辑是否围绕游客需求，是否能够准确地向游客传达景区的定位与形象以及与景区想要传达的信息之间的融合情况。对比营销目标和营销效益，对评价结果可分时段查看，综合分析虚拟空间景区营销对大众的影响力，从而优化营销方案，进行科学化资源配置。

10.5.4　功能评价

从吸引力、活跃度、传播力三个方面对景区智慧化能力进行评价，促进智能化、信息化与景区特色相结合，提升景区的旅游吸引能力。吸引力指旅游官方网络平台、社交媒体等对访客的吸引程度。衡量吸引力的指标包括页面吸引指数、文字吸引指数、图片指数、视频指数、活动指数等。活跃度指官方网络平台、社交媒体在平台上的活跃程度。活跃程度越高，则自动推荐的概率越高，相应地，受众面会更广，营销力度更强。传播力指能够有效传播的能力和程度，主要包括粉丝数、关注率、被转发量、被评论量、被转发率等影响因子。

移动互联网、5G 技术的迅猛发展为信息的传播提供了通道，同时也对景区营销的发展起到极大的推动作用，智慧营销体系的构建，能够极大加快景区信息化的发展步伐，为景区的营销带来新时代下的转型与变革。

11

智慧创新应用

随着科技的不断进步和数字化转型的加速，新型智慧景区的应用场景正在不断丰富。这些智能化技术手段的应用不仅提高了旅游运行效率、优化了游客服务体验，还可以实现综合性创新应用。景区智慧创新应用有技术创新、实践创新、协同创新和成果管理四个维度。

11.1　概述

科技革命和产业变革快速推进，文化和旅游领域也迎来了新的变革。在这个过程中，文化和旅游科技创新逐渐融入并跨越了不同领域的界限。新一代信息技术，如大数据、人工智能等，成为推动文化和旅游行业创新的强大驱动力，全面提升了文化和旅游运营的效率，加速了文化和旅游发展模式转型，为行业带来了全新的发展机遇。

11.1.1　建设目标

加快推进新一代信息技术在景区的应用，不断创新景区建设新模式、扩大景区服务新供给、拓展景区产业协同新领域，着力在满足游客体验、提升旅游品质、引领全面创新上取得突破。在智慧景区基础技术架构之外，拓展创新景区管理营销、服务体验、产业招商、协同合作等领域的实践模式，形成多方业务协同、产业集聚迸发、景地有机联动、支撑相关科学研究的智慧景区综合体，助力建设更高科技水平、更可持续发展的智慧景区，带动当地经济发展和品牌宣传。

11.1.2　建设思路

在"十四五"时期，文化和旅游领域将迎来新一轮的发展机遇，新一代信息技术与新发展格局为文化和旅游提供了更加广阔的空间和场景，并全面渗透到文化和旅游的生产和消费各个环节中。结合景区实际情况，运用新一代信息技术，在智慧景区管理、建设、服务、运营中形成数字化协同创新应用的新格局，助力景区转型发展。

11.1.3　建设内容

智慧创新应用主要体现在技术创新、实践创新、协同创新以及成果管理等方面（图 11-1）。

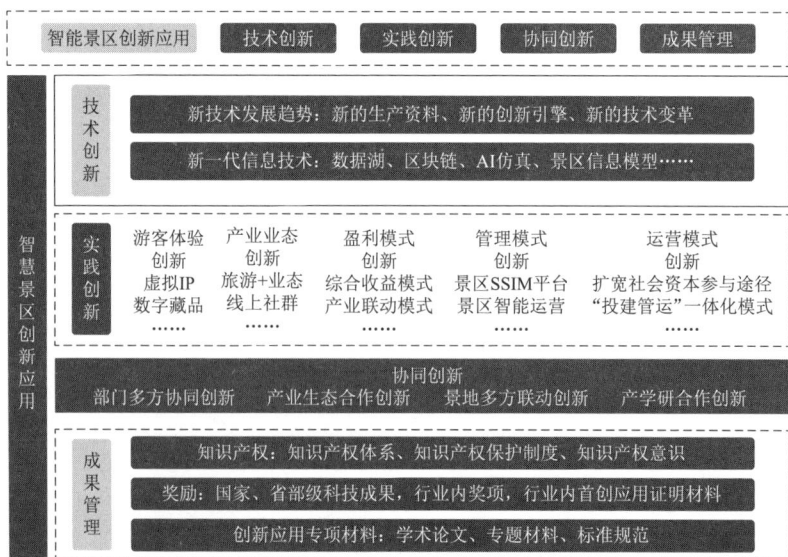

图 11-1　景区智慧创新应用架构图

其中：

（1）技术创新是指景区在各业务环节运用的新一代信息技术。

（2）实践创新面向游客体验、产业业态、盈利模式和运营模式，分析景区建设运行的新模式和新方法。

（3）协同创新探索分析景区各部门业务、产业生态、景地联动和产学研合作方面的协同创新。

（4）最后基于创新应用介绍智慧景区各类型成果管理方法。

11.2 技术创新

结合景区实际，融合新一代信息技术并在不同应用场景落地，最终优化资源配置、降低成本、提高效率，提升景区综合管理和服务能力。

11.2.1 新技术发展趋势

过去的十年间，技术创新以新产品或新工艺的面貌得以大范围拓展。以云计算、人工智能、大数据、物联网、移动互联网为代表技术的应用发展，为各行业转型升级、提质增效、实现高质量发展提供了强大动能。它不仅培育着经济发展的新动能，还推动社会向更高水平迈进，并具有新的竞争优势。具体而言，信息技术在不断更新迭代中，呈现以下新的特点。

11.2.1.1 大数据将成为新的生产资料

信息流已经成为数字经济时代最为关键的特征，并引领着物资流、技术流、资金流和人才流的流动。数据的流通速度、使用成本、汇聚能力和驾驭能力将成为决定各行各业发展和竞争力水平的关键要素。因此，打通数据流通渠道、深化数据挖掘和分析，并提升场景应用和服务能力，将成为各行各业提升竞争力的重要手段。

11.2.1.2　人工智能将成为新的创新引擎

人工智能极大地增强了产业智能化的生命力，智能产业与实体经济呈现紧密融合的趋势。随着经济转型升级，人工智能服务实体经济的潜力变得更大。同时，各行各业产生的海量数据为机器学习提供了宝贵的资源，极大地加速了人工智能技术的不断演进和智能经济的发展[25]。人工智能有望在工业、技术和数字化革命领域引发前所未有的社会变革。

11.2.1.3　数字孪生将引领新的技术变革

在信息技术发展的浪潮下，人类的生产生活已经不仅仅局限于传统物理空间，而逐渐向物理与数字空间协同双生的方向转变，以数字孪生为代表的新技术连通物理世界与数字世界，在多个领域推动产业数字化转型。数字孪生依赖 5G 与人工智能、边缘计算等技术载体，建立覆盖全部要素的数字化虚拟模型，并进行追溯、模拟、分析与预测，推动智慧景区的发展从量变到质变，走向自动化感知、网格化管理、平台化服务、智能化预测的高阶形态。

11.2.2　新一代信息技术

11.2.2.1　数据湖

数据湖（data lake）是一种可扩展的大型存储库，它能够保存大量原始数据而无须预先进行结构化处理。数据湖的特点是它能够接收各种类型和格式的数据，包括结构化数据、半结构化数据、非结构化数据和二进制数据[26]。这些数据可以通过不同类型的引擎得到分析，如大数据处理、可视化、实时分析和机器学习等。数据湖可以帮助用户在有需要的时候进行数据处理和分析，以支持制定更好的决策[27]。

11.2.2.2　区块链

区块链（blockchains）是一个由多个区块组成的链条结构。各个区块中都储存了一定的信息，并按照生成的时间顺序连接在一起形成链条。这个链条被保存在所有的服务器中，只要整个系统中有一台服务器可以工作，整条区块链就能保持安全。这些服务器在区块链系统中被称为节点，它们为整个区块链系统提供存储空间和算力支持。相比传统的网络，区块链具有两大核心特点：一是数据难以篡改，二是去中心化。基于这两个特点，区块链所记录的信息更加真实可信，有助于解决信息互认的问题。

11.2.2.3　生成式人工智能

以 ChatGPT（chat generative pre-trained transformer）为代表的生成式人工智能，因采用大规模语言模型、超高算力和海量数据，在生成规范的文字内容和有逻辑的对话文本方面实现巨大突破，被认为是人工智能技术"蝶变"的重要节点。ChatGPT能用于问答、文本摘要生成、机器翻译、分类、代码生成和对话。ChatGPT 的工作原理是通过学习现有数据，形成关于数据的分布模型，再根据提示重新抽样，综合重组出新数据。

11.2.2.4　景区信息模型

景区信息模型（SSIM）是城市信息模型（city information modeling，简称 CIM）在景区中的应用。通过整合景区地上地下、室内室外、历史现状未来多维多尺度信息模型数据和景区各类感知数据，构建三维数字空间的景区信息有机综合体，也是覆盖景区多领域、多维度和全生命周期的信息服务与智慧应用的数字载体。通过将景区全过程、全要素数字化，可以实现景区全状态的实时化和可视化。

11.2.2.5　元宇宙

元宇宙（metaverse）是一个虚拟世界，利用科技手段进行链接和创造，并与现实世界映射和交互。元宇宙的本质是对现实世界进行虚拟化和数字化的过程，需要对内容生产、经济系统、用户体验以及现实世界的内容进行广泛改造[28]。元宇宙利用增强现实技术提供沉浸式体验，使用数字孪生技术生成现实世界的镜像，并借助区块链技术构建经济体系。它将虚拟世界与现实世界在经济系统、社交系统和身份系统等方面密切融合，允许各个用户参与内容创作和"编辑世界"。

11.3　实践创新

11.3.1　游客体验创新

借助场景塑造、全息投影和智能交互等技术，创造出虚实融合的空间，可以进一步丰富游客的参与感和体验感，提供沉浸式体验。景区电子地图、语音导游和全景展示漫游等核心功能成为关键，通过移动设备、触摸屏等媒介，将景区的景观生动地展现给游客，激发游客对游览景区的兴趣，并大幅提升他们的游览体验。

11.3.1.1　景区虚拟 IP

通过创意性、个性化的呈现和传播方式放大景区文化艺术价值，采用人工智能、计算机模拟、大数据等技术构建景区虚拟 IP。利用本地地域优势和产业优势，创新多元的文化传播渠道，培育形成景区 IP 创意产业链和产业集群，带动景区营销宣传，增强游客互动体验感，为当地经济发展构建新的增长点。

11.3.1.2 数字藏品

数字藏品，即非同质化代币（non-fungible token，简称 NFT），是利用区块链技术生成的独一无二的数字凭证，用于保护特定作品、艺术品的数字版权，并实现可信的数字化发行、购买、收藏和使用[29]。数字藏品的种类多样，包括数字图片、音乐、视频、3D 模型、电子票证、数字纪念品等各种形式。景区可以利用本地地域优势和景区特色，将景区门票、文创产品、虚拟 IP、表情包等打造成数字藏品，为游客提供多元化的旅游产品购买服务。

11.3.1.3 可穿戴式互动体验

可穿戴式互动体验是指智能可穿戴设备，它可以直接穿戴在身上或整合到用户的衣物或配件中，是一种便携式智能设备。这些设备基于人体自然能力或环境能力，通过内置传感器、无线通信、集成芯片、多媒体技术等为用户提供信息交互、人体健康监测、放松和生活娱乐等功能。在智慧景区，通过给游客配备智能手表、智能腕带等智能配件提供定位导航、旅游行程记录、景点互动打卡等应用，为游客提供便携式、持续性的跟踪服务，提高游客的参与趣味性。

11.3.2 产业业态创新

借力业态经济，依托多产业的融合发展，布局业态经济的多重延伸。依托景区良好的农业资源、工业资源以及山水环境，借势多产融合的契机，进行业态经济的创新，构造出农业旅游、工业旅游、房地产旅游、康养旅游、体育旅游等多角度多渠道的业态格局。通过引入新形态的科技体验，如 VR 酒店、VR 主题公园和演艺活动，实现产业供给侧结构性改革，提升旅游目的地和集散地的综合竞争力，有效地增加游客接待量，延长旅游驻留时间，促进文化旅游消费升级。

景区线上社群：通过线上交流社群打通景区相关主体的交流渠道，汇聚景区内游客、商家、景区运维人员、景区管理者各种流程数据，通过社群主题活动、互动交流、群员福利提高社群与景区的黏性，促进景区各类型产业推广营销。通过社群建立景区及周边产业联盟，及时发布景区文旅业动态，带动多产业集聚与协同。

景区线上招商：利用景区管理平台开展景区线上招商，可通过"景区产业一张图"全景展示，面向企业、商家、游客进行景区品牌推广，让景区管理者可以从多维度、多层级对景区及周边产业经济发展进行观察、追踪并作出决策，为景区招商引资提供充分的论证和精确的数据支撑。

11.3.3　盈利模式创新

在新的旅游市场环境下，除了传统的门票收益模式，构建智慧景区可以优化选择盈利模式，以带来最大化和可持续的盈利能力，并推动商业模式创新发展。包括全方位拓展景区产业价值链的盈利模式，重点拓展产业链的广度和延伸产业链的深度，以满足智慧景区盈利模式的创新需求。

一种盈利模式是旅游综合收益模式，它通过丰富旅游产品和服务类型，提升景区旅游产品和服务的品质，增加景区的综合收益。传统的门票经济模式难以满足当前的需求，应进一步依托游乐、体验等外延服务实现收益的增长。除了将独特的自然资源和人文环境融入旅游产品开发，景区还可以利用虚拟交互技术（如 VR、AR、元宇宙等）开发参与性主题娱乐项目，为游客提供综合性体验。

另一种盈利模式是产业联动商业模式，它通过将旅游作为平台，发展相关产业，实现旅游与产业的共同发展，从而带来商业收益。其中，旅游地产商业模式以度假旅游市场、生态环境和土地资源为基础，以满足人们对度假、养生和投资等多元化度假旅游产品需求为导向，开发综合型度假产业。这种模式通过开发旅游和地产，以旅游为引擎带动周边土地成为投资热点，通过地产的收益来抵消旅游投资的成本。

11.3.4 管理模式创新

11.3.4.1 景区 SSIM 平台

景区 SSIM 平台旨在实现景区的数字化管理和信息备案，以及实时监测和感知数字化设施的运行状况。该平台运转于一个一体化闭环系统中，通过整合多种技术和数据源，推动景区管理的数字化转型。景区管理者对景区进行前瞻性规划和动态推演，可以收集、分析和处理大量的景区相关数据，从而为科学设计和合理布局景区公共基础设施提供支持。此外，SSIM 平台还能实时监测景区设施的运行状态，通过感知技术获取数据，并进行实时分析，以便及时发现和处理景区中的问题。

11.3.4.2 景区智能管理

通过景区 SSIM 平台、景区智慧大脑，实时查看景区日常运营数据，包括游客流量数据、停车场数据及现场所有服务设施、设备在线离线、资产等情况，智能预测未来能耗。通过 IoT 设备实时监测，利用平台实时采集应用场景中的客流量数据，分析显示当前及一段时期内客流量的变化情况，为管理人员根据客流数据向密集区域定向推送引导信息提供依据，实现整体调控管理。

11.3.4.3 景区无人机巡航

利用无人机自动巡航、返航等功能，及时发现景区异常突发情况并回传，对景区公共设施、景区资源环境定时巡查，为景区指挥调度、安全防控、消防巡查、景区测绘、文物保护以及病虫害防治等提供有力支撑。

11.3.5　运营模式创新

景区运营采用多种模式，包括景区完全出资、政府出资、运营商建设运营以及企业建设运营等。其中，拓宽社会资本参与途径和建立一体化运营模式是智慧景区创新运营的两种主要方式。

拓宽社会资本参与途径：在这种模式下，景区可以吸引社会资本参与，通过与私人企业或投资者合作，共同进行景区的建设和运营。社会资本可以以分享股权、合作开发或特许经营等形式参与，为景区提供资金和专业管理经验。这种模式可以促进景区发展、改善服务品质，同时也能够缓解政府的财政压力。

建立一体化运营模式：在这种模式下，政府、运营商和企业可以形成合作伙伴关系，共同进行景区的建设和运营。政府在这个模式下扮演监管和规划的角色，运营商负责景区的具体运营管理，而企业可以参与景区的产业发展并提供相关服务。通过整合各方的资源和优势，实现一体化运营，可以提升景区的整体效益和服务水平，促进智慧景区长效运营。

11.4　协同创新

11.4.1　部门多方协同创新

通过部门协同，打破各部门数据壁垒，系统整合业务流程等。一是强化部门协调配合的意识。建立部门协调配合制度，加强部门间的协调，形成工作合力。二是加强部门间的联系与沟通。建立畅通的沟通渠道，确保信息传递及时准确，加强跨部门协商和合作，以便更好地协调工作。三是规范部门间协调配合管理。对于涉及多个部门的事项，要明确牵头部门，并明确各部门的主次责任，确保协作高效、责任明确[30]。

11.4.2 产业生态合作创新

通过资源整合，实现产业链中各企业长期与景区合作。运用云计算、大数据等技术开展产业链全过程数字化应用，开放产业链企业统一定义的数据接口，构建数据通道，打破信息孤岛，推动全产业链数据融合。完善产业链企业技术、资源、人才、市场等信息，充实产业链业务品牌内涵，进行优势整合式市场宣传及营销工作，实现对重点领域、重点区域、重大项目的协同市场开发。

11.4.3 景地多方联动创新

指景区与当地政府部门进行数据交换共享、落实政府产业扶持带动政策等合作。主要包括：（1）共同保护景区资源。政府和景区管理部门共同保护景区生态文化资源，在本底调查、科研工作方面加强合作，在森林草原防灭火、打击破坏资源行为、水源地保护等方面加强联动。（2）共同谋划基础设施。应充分分析景区和城市发展需求，做好景区与城市之间交通、市政设施的合理衔接与融会贯通，景区与城市的管理信息平台应实现数据的互联互通，在产品打造、市场管理、环境综合整治、安全生产等方面建立联动管理机制。（3）共同推动景区宣传营销。共建共享宣传平台，在景区主题活动、组织促销、政策争取上加强协作，共同抓好旅游营销工作。在景地多方联动创新格局下，形成政府统领、景区协作体系，实现"资源共享、客源共享、收益共享"的目标。

11.4.4　产学研合作创新

产学研合作，也被称为产学研结合，是指产业、学校和科研机构相互协作、发挥各自优势，形成一个协同的先进系统，在研究、开发和生产等方面实现一体化，并在实际运行中展现综合优势。以景区需求为导向，与院校、专业研究机构开展合作基地、研究院、实训基地等产学研合作，吸引、培养专业的服务机构提供专项科技服务，实现企业资源、服务资源的双向配置、双向发展促进。

11.5　成果管理

11.5.1　知识产权

智慧景区的知识产权是指人们在景区的规划、设计、建设、实施、运营等全生命周期中以及满足游客需求的过程中获得的创造性智力劳动成果所享有的经济权利和精神权利。

11.5.1.1　建立景区完整的知识产权体系

在景区规划设计、建设实施和管理运营的过程中，景区管理部门应结合本地优势和特色，通过景区资源保护和利用、景区规划建设方案编制、景区管理运营项目实施、非物质文化遗产及其衍生品开发、文创产品及特色主题活动开发等方式，形成包括著作权、商标权、专利权、商业秘密权等在内的完整知识产权体系。

11.5.1.2　完善景区知识产权保护制度

在景区知识产权保护方面，需要建立符合景区实际情况的可操作性知识产权规范体系。这样的规范体系可以提供指导和依据，以确保景区的知识产权得到有效保护。结合现行《中华人民共和国知识产权法》和《风景名胜区条例》，以及风景名胜区保护、管理、利用的实际情况，为景区制定相关的知识产权工作指南。

11.5.1.3　建立景区知识产权管理平台

围绕景区全生命周期建设过程中产生的知识产权体系，建立景区知识产权管理平台，汇聚著作权、商标权、专利权等数据，形成知识产权数据库，并与当地或国家知识产权管理平台对接，提供政策咨询、专利申请、档案管理、统计分析、维护与宣传等功能，形成景区知识产权线上资源池。

11.5.1.4　增强知识产权意识

为了保护景区中的多样化知识产权客体，应采取各种保护措施。需要加强对景区管理部门的知识产权培训，以引起其对知识产权的重视，并且制止滥用景区名称、设立山寨景点等行为，及时采取商标异议、商标无效和商标诉讼等程序。对于具有代表性的景点名称，应及时申请注册商标，以确保其独特性和独占性。对于本地特色旅游产品，应尽早申请地理标志、集体商标和证明商标，以凸显其地域特色和品质保证。此外，还应加强对参与居民，特别是非物质文化遗产传承人的知识产权开发的培训，并培养他们的知识产权保护意识。还需要保证景区经济反哺当地居民，防止旅游知识产权开发不当损害当地居民利益。通过加强知识产权培训和保护意识，可以有效推动智慧景区中知识产权的保护工作，促进景区可持续发展，同时保护和传承地方自然和文化遗产。

11.5.2　奖励

在景区规划、设计、建设、实施、运维中取得的成果应积极申请国家级、省部级和行业内相关成果奖励，积极参与景区等级评定和建设水平评估工作，提升景区品牌知名度、客流吸引力，提升景区管理和服务质量，带动当地经济发展。景区取得的成果的形式包括但不限于国家、省部级科技成果，行业内奖项以及行业内首创应用证明材料。

此外，景区可通过知识产权管理平台对景区获得的成果奖励进行管理，模块具备奖励申报、申报材料情况及获奖情况等数据管理功能，景区管理者根据信息平台数据及成果鉴定情况，选择相应的奖励进行申报，对申报材料进行管理并提交上级评定机构。申报成功并获得奖励后，由机构统一将获奖情况数据导入数据库，景区管理人员补充相关信息并确认后，在系统中完成奖励认定。

11.5.3　创新应用专项材料

除知识产权及相关奖励之外，景区成果形式还包括创新应用专项材料，一般是指用于专业领域学术研究和特殊用途专题研究的成果，从而促进景区相关领域学术交流、成果推广和科技深化发展，其包括但不限于国家级刊物刊发与智慧景区相关的学术论文、行业内知名刊物刊登的专题材料、行业内相关标准规范。

保障体系

智慧景区建设是一项涉及多领域、多部门的综合性工作。从信息基础和设施、数据平台、智慧大脑到应用服务体系，智慧景区建设必须要有科学合理的保障体系，为智慧景区建设提供保障和支撑条件，确保智慧景区实施的可靠性、渐进性与科学性，可分为顶层设计、组织保障、安全保障、运行保障和后期保障五个方面。

12.1 概述

智慧景区保障体系是针对景区信息基础建设、技术设备、应用系统以及维护运营等，在组织机构、管理制度、信息安全、运行机制等多个方面进行综合统筹，构建智慧景区综合保障体系，为景区的资源保护、公众服务、业务管理、景区营销等提供智慧化建设的条件。

12.1.1 建设目标

保障体系建设，需要从具体实际出发，深入了解景区的智慧化保障需求，结合先进的技术手段，在不同层面采取景区智慧化保障措施，使战略层面登高望远、目标合理，组织层面高层运筹、协调一致，实施层面科学有效、推进有序，打造全方位覆盖的保障体系，实现对智慧景区建设的有效支撑，使智慧景区的保护、管理、服务和营销等工作有的放矢，从而实现景区智慧体系顺利运行和可持续发展。

12.1.2　建设思路

　　智慧景区是一个复杂的系统工程，需要综合运用新科技，并结合景区科学管理理论。在建设过程中，关键是进行系统思考和设计，以满足景区对精细化和服务化管理的要求，同时满足旅游者需求。在智慧景区信息化项目建设中，要使质量控制顺利、有成效地进行，就要在建设前、建设中、建设后全过程做好各方面支持和保障工作。

12.1.3　建设内容

　　采用"顶层设计＋分层保障"的保障模式，形成以顶层设计为指导，组织保障、安全保障、运行保障和监督保障相结合的全方位保障体系，并将保障贯穿智慧景区建设全过程。在建设前，景区就需要做好顶层设计，使智慧景区在实践过程中能够"按图施工"，避免混乱无序、重复建设和资源浪费。在建设中，设立相关组织机构，做好信息安全保障，明确运行保障，确保智慧景区项目建设平稳、顺畅和高效。在建设后，对智慧景区进行维护和监督的主要意义是确保平台系统稳定运行，并使整个系统在使用过程中得到充分优化与完善，从而使智慧景区项目在寿命周期内发挥最佳态。

12.2　顶层设计

　　智慧景区的顶层设计，是运用系统论的方法，对智慧景区建设的各方面、各层次、各要素进行统筹规划，为实现资源保护、景区管理、游客服务和景区营销的智慧化划定蓝图、指明方向，从而为景区提供示范，增强信息化建设能力。智慧景区顶层设计应结合景区自身风景、文化等特色与智慧化愿景目标的初步设想，结合行业与当地政策，从景区现存问题、景区发展需求出发，明确相关信息技术手段及相关资源要素等。包括但不限于需求分析、总体设计、架构设计和实施路径设计等内容。

12.2.1 需求分析

通过对景区所在地的政策、景区发展战略和目标进行分析，以及对景区现状进行调研和分析，可以明确景区未来发展的方向、定位和目标。同时，评估所在地和景区的智慧化现状，了解现有情况和潜在挑战，为景区智慧化发展提供依据。另外，还需要考虑景区的优势、问题和面临的挑战，充分了解景区资源、旅游市场需求和管理经验等方面的情况，以便把握智慧景区建设的机遇。在进行分析和调研的过程中，重要的是梳理出游客、景区主管部门、景区管理机构和企业等主体对智慧景区建设的需求，从而更好地制定智慧化发展目标，并确保兼顾各方的利益和期待。

12.2.2 总体设计

在需求分析的基础上，结合景区主要建设方向，以解决景区问题为出发点，围绕景区资源保护、景区管理、游客服务等方面的基础条件及实际需求，确定智慧景区建设的指导思想、基本原则、建设目标等，从组织保障、安全保障、运行保障、标准规范、后期保障等多维度提出智慧景区建设总体架构。

12.2.3　架构设计

依据建设需求和目标，应对智慧景区的组织体系、安全体系、运行体系、标准体系、维护体系进行设计。在组织体系方面，需要建立一个协调一致的组织框架，以便有效管理和协调智慧景区的各项工作。安全体系应具备可保护设备安全、网络安全、数据安全以及可追踪溯源的多重防御体系，保护智慧景区网络信息系统中的硬件设备及其上所运行的软件，确保信息系统正常、可靠、连续运行。运行体系是保障智慧景区正常运营的关键。标准体系应结合景区特点规划设计可支撑当地智慧景区建设与发展的标准。后期保障体系应包括维护、监督和评价等多维机制。

12.2.4　实施路径设计

在前期阶段成果的基础上，需要提出智慧景区建设的重点工程，并明确工程的属性、目标任务、实施周期、成本效益、景区与社会资金的投入，以及阶段建设目标等。同时，还需要设计各个工程项目的建设运营模式，并制定实施阶段计划，以确保智慧景区建设顺利推进。同时，在智慧景区的建设过程中，应在组织、人才、资金、安全、运行等方面建立全方位的保障体系，为智慧景区建设保驾护航。

12.3　组织保障

12.3.1　组织机构

设立智慧景区建设领导小组或景区信息化管理部门，推进智慧景区建设和平台整合工作；创新智慧旅游项目建设模式，积极探索景区和社会资本联合建设与运营模式；有计划地引进和培养智慧旅游技术人才，定期组织开展景区工作人员智慧旅游培训，形成智慧旅游建设和持续运营的智力支持体系。聘请建设、信息、旅游等方面的专家组成专家咨询小组，成立智慧景区专家咨询委员会，以帮助解决项目建设中的难题。

12.3.2　管理制度

建立智慧景区项目管理制度。建立智慧景区工作责任制，制定不同智慧旅游项目或专题的工作方案并组织实施。建立智慧景区项目规划、建设、管理、运维、升级等各环节的安全管控和责任落实制度，确保智慧景区项目顺利实施运作。建立智慧景区指挥调度管理制度，细化指挥调度工作边界划分，梳理指挥调度业务内容，固化指挥调度各项业务流程，建立指挥调度涉及业务的过程模板。

12.3.3　人才管理

面向智慧景区的发展需求，推动大学、科研院所、职业院校和企业联合培养标准化人才，培育素质优良、结构合理的人才队伍。岗位培训和发展方面，制定全面、系统的培训计划，了解员工现在掌握的业务技能及其水平，在此基础上进行有针对性的培训，培训前—培训中—培训后全阶段制定好相关的培训规则。绩效评估和激励机制方面，建立绩效评估制度，以评价工作表现和贡献，并根据评估结果制定合理的激励机制，如晋升、加薪、福利等。根据景区的属性设置相应岗位的考核内容。人才流失风险管理方面，制定人才流失风险管理方案，包括建立景区员工离职的反馈机制，了解员工离职的原因和不满点，并尽可能改进和完善景区的人才管理体系，减少人才流失。

12.3.4　资金保障

资金保障是指在智慧景区建设过程中，为确保项目顺利进行和保障项目的质量，必须要有一定的资金投入。在项目开始之前，需要编制详细的项目预算，包括项目各个阶段的资金需求，以及预计的开支和收入等。同时应充分利用多级财政渠道，探索建立多元化的标准化投融资机制。在项目建设过程中，需要制定完善的资金管理制度，确保资金使用合理、规范。此外，还需要建立有效的预算控制机制，对资金的使用情况进行监督和控制。

12.4　安全保障

12.4.1　设备安全

设备安全是信息安全链条的重要组成部分，也是能够直接影响各类信息业务运行的核心环节。智慧景区需要加强景区信息基础设施和平台安全，对景区数据大脑、云平台、数据中心等基础平台实施重点保护，提升重要信息系统安全防护水平。加强智慧灯杆、智慧管廊、智能终端等景区物联感知设施安全保护，确保设备的可用性和实时性，以及数据的完整性和安全性[31]。

12.4.2　网络安全

网络安全是信息安全链条的枝干要素，同时也承担了确保信息互联互通和整网安全防护的重要角色，如何识别、取证、阻断高级持续性威胁攻击已成为网络安全行业共同关注的问题。因此智慧景区在信息安全方面应充分采用入侵检测技术、安全审计技术、防火墙技术、网络隔离技术等网络安全技术，保障智慧景区硬件、软件、数据及其服务的安全。

12.4.3 数据安全

数据安全技术主要是通过采用各种技术和管理措施，确保网络数据的可用性、完整性和保密性。一方面是数据载体的安全，即对数据中心等数据存储节点通过安全加固、备份等手段保证数据的完整和可靠性；另一方面是数据本身的安全，主要通过加密的方式进行保证，通过不断创新的密码算法对抗各种破密手段，保证数据出现流失后数据中包含的信息无法被读取。因此智慧景区在信息安全方面应充分采用数据加密技术、数据防护技术等，确保数据处于有效保护和合法利用的状态。

12.4.4 追踪溯源

追踪溯源技术主要用于确定网络攻击者身份、位置或入侵中间路径、过程等。网络防护人员应用追踪溯源技术，通过掌握的信息，对攻击源头进行定位，一方面可以采取技术手段对攻击源头进行封堵，遏制攻击行为；另一方面可以通过电子取证确定物理位置，将证据提交相关部门，直接在线下对攻击者进行处理。智慧景区在信息安全方面应充分采用通用网络的追踪溯源和匿名网络的追踪溯源技术，追踪网络攻击的发起者，定位攻击者的真实位置，并对其采取法律手段。

12.5　运行保障

12.5.1　运行机制

建立景区智慧化工作运转机制。智慧景区的正常运转直接关系到决策在景区内部的贯彻落实，关系着景区管理、服务和运营的持续发展。为此，应围绕智慧景区的战略核心目标，构建智慧景区的运转机制。建立跨部门、跨层级数据共享对接机制。景区应预留相关数据接口，与旅游主管部门平台无缝对接，并及时推送、交换、共享相关信息。

12.5.2　运维流程管理

运维流程管理主要是在保证质量的基础上，对所有的任务、流程操作相关信息进行规范、统一的管理，以此来提高工作效率，包括前期策划、运维实施、过程检查以及后续改进四个步骤。确定策划运维及保障对象的内容和要求，建立与包括团队、流程、资源、人员等相适应的运维及保障管理标准体系。制定实施计划，确保运维及保障中心能够监管和及时响应物联感知、网络通信、计算存储、数据服务、智慧运用等各层次中硬件设备、控制系统、应用程序的运行状况。对运维及保障管理过程和实施结果进行监控、测量、分析和评审，以符合运维及保障的要求。修改和优化运维及保障管理计划和规程，改进运维及保障过程中的不足，以持续提升运维及保障能力[32]。

12.5.3　运营管理规范

在智慧景区建设过程中，应针对不同的景区开发模式采取不同的规划方式，重视规划设计和运营的关系，帮助智慧景区建设项目少走弯路，降低建设与后期运营维护成本。在智慧景区运营管理中，应对景区整体运营状态、景区内部各运营项目状态数据进行采集，实现对各项目的目视化管理和精细化监管、运营。梳理景区运营指导意见，将既有的运营经验通过数据转化为运营指导，实现景区以数据为支撑的可视化运营。

12.6 标准规范

景区标准编制应遵循科学性、适用性和规范性要求。科学性要求为根据智慧景区建设的要求，用清晰的逻辑层次展开和表述，规定智慧景区建设的内容。适用性要求为适用于所有景区的智慧化建设，其他旅游服务场所智慧化建设可参照执行。规范性要求为遵循景区智慧化建设规则起草文本格式规范，包括数据标准、应用标准、基础设施标准、安全标准、管理标准等。

12.6.1 数据标准

数据标准主要是通过对数据基本单元的标识、分类和描述等，进行规范化和标准化，保证数据的准确性、可靠性、可控制性和可校验性，包括分类与编码、数据规范、数据交换方面的标准。分类与编码标准用于智慧景区建设中对信息进行统一的分类，建立规范的分类体系。数据规范标准用于智慧景区建设过程中对信息资源的统一描述，包括数据元标准化的基本原则和方法，各应用领域各类复杂数据的数据规范，以及各类数据字典标准等。数据交换标准用于规范智慧景区各类应用系统之间以及同一应用系统中的数据交换情况[33]。

12.6.2　应用标准

应用标准是指面向业务系统、业务流程的应用设计规范，主要包括应用支撑、业务流程所需要的标准。应用支撑指为业务应用系统提供基础服务、互操作机制、构件等应用支撑层规范。业务流程指智慧景区应用领域的基本业务流程单元，以及为核心业务流程的梳理和构造提供的支撑，不仅包括业务流程的设计方法、业务环节、人员角色、流程时序及接口设计等，还包括工作流程方面的标准，如操作规程、业务相关的指南、要求等[33]。

12.6.3　安全标准

安全标准是为保障智慧景区建设中的信息安全而采取的技术和应符合的管理要求。基础通用安全标准主要包括物理安全标准、运行安全标准、数据安全标准和内容安全标准[33]。

物理安全标准指保障网络与信息系统的支持性基础设施及物理环境的安全标准，用于规范和支持物理设备信息安全。运行安全标准指网络与信息系统的运行过程和运行状态保护方面的标准，包括漏洞扫描、安全协议、防火墙、物理隔离、访问控制、防恶意代码技术、安全审计技术、审计与追踪技术以及防网络攻击技术等方面的标准。数据安全标准指数据收集、处理、存储、检索、传输、交换、显示、扩散等过程的安全标准。内容安全标准用于对信息在网络内流动中的选择性阻断，以保证信息流动可控[33]。

12.6.4　基础设施标准

基础设施指网络设施、信息处理设备、计算机操作系统及数据库系统等基础软件系统、人员与设备的工作环境。基础设施标准包括通用设备标准、专用设备标准、网络标准、机房环境以及系统软件方面的标准。

　　通用设备标准指各种通用的设备标准，用来指导设备选型、安装调试、验收、招标等方面的工作，以便实现信息处理设备互相兼容与互联。专用设备标准指产品方面的设备标准及其管理标准。网络标准指各类网络和各级节点局域网建设等方面的标准，包括网络通信设备、广域网、局域网、手机通信网、专用网络等各类网络。机房环境标准指为计算机系统、设备及工作人员提供工作环境的机房等的建设标准，以及综合布线方面的标准。系统软件标准指操作系统、数据库系统等系统软件方面的标准[33]。

12.6.5　管理标准

　　管理标准指智慧景区建设及信息系统运维所需的管理标准，包括岗责规范标准、项目管理标准、运维管理标准、信息管理标准和协同管理标准。

　　岗责规范标准包括人员的岗位职责、工作内容、权限、考核资格等方面的规范。项目管理标准指采用项目管理通用的过程描述方法，按照项目的生命周期，对智慧景区建设中项目管理相关过程进行规范。运维管理标准指日常运行维护所需的管理标准，包括数据库维护管理、网络维护管理、业务系统管理、主机系统管理、存储备份管理等。信息管理标准指对智慧景区各应用领域业务产生以及收集的各类信息资源进行管理的标准。信息资源包括纸质和电子形式（如文档、软件、数据库、网站内容、多媒体等）[33]。协同管理标准指对跨部门、跨领域的项目、信息资源、技术等，统筹各方力量和资源，制定信息、技术、业务和管理决策等协调统筹方面的标准。

12.7　后期保障

12.7.1　维护保障

维护保障体系需要对项目的设备、工具、资料、数据等进行有效维护，以确保项目设施和信息的安全、有效、先进。在项目建设完成后，需要建立相应的维护保障机制，以确保项目正常运营并得到维护，包括建立维护保障部门、设立维护岗位、明确维护职责、制定维护标准和程序等。

为了保障项目正常运营并得到维护，需要对维护保障资料和数据进行管理，包括建立资料和数据的收集和整理机制、建立资料和数据的存储及备份机制、制定资料和数据的使用及保密规范等。同时，还需要建立维护保障信息系统，以方便资料和数据的管理和查询。

12.7.2　监督保障

建设后期需要对项目运营和发展进行监督和管理，包括对项目运营情况的监测、评估、反馈和改进，以确保智慧景区运行合法、公正、透明、高效。监督手段有实地检查、文件审查、会议汇报、数据分析等。同时，还需要制定监督标准和程序，以确保监督的规范性和科学性。监督结果是指在监督过程中发现的问题和不足之处。针对监督结果，需要提出合理的解决方案和建议并及时进行处理。

12.7.3　评价机制

影响智慧景区有效运行的因素复杂多样，从评价的目标层、准

则层和指标层多个层面，游客维度、财务维度、业务内部流程、员
工学习等多个维度，涵盖项目的经济效益、社会效益、环境效益、
运营效率、管理水平等方面的指标，构建智慧景区评价指标体系。
评价周期应根据项目的实际情况和发展阶段来确定，一般可选择每
年、每半年或每季度评价一次，以确保评价的及时性和连续性。在
评价过程中，需要及时向项目管理人员和决策者反馈评价结果，并
建立完善的改进机制，及时调整和改进项目的运营和管理，以保证
项目持续发展。

13

智慧景区建设项目全过程管控

智慧景区无论是智能化工程还是信息化项目，当下主要的建设模式，是在分别编制相应的初步设计和施工图设计方案或者可行性研究报告和初步设计方案后完成招标采购，接着进入建设、验收和运维阶段。本章主要针对信息化项目全过程管控展开阐述，并就当下信息化建设模式与信息化项目本身特点之间的矛盾作了简要分析，给出了未来全生命周期信息化项目建设的方式方法。

13.1　概述

智慧景区项目建设离不开全过程管控，它可以在帮助管理者确保项目质量的同时，按进度要求完成各项既定目标，从而实现智慧景区经济效益和社会效益的有机统一。从项目管理者的视角出发，将智慧景区建设过程分为立项阶段、招标阶段、建设阶段、验收阶段和运维阶段[34, 35]。之后就 PPP 和 EPC 建设方式说明了特点和运用条件。最后，对智慧景区项目的建设进行了回顾和展望。

13.1.1　目标

智慧景区项目建设具有内容涉及领域广、专业性强，技术复杂度高、隐蔽性强，涉及环节多、协调工作量大，且相关标准滞后、需求不确定性大、费用难预算等特点。因此，景区管理者需要做好以下几项工作：一是在顶层设计的指导下，统筹兼顾景区当前需求和长远发展目标，坚持问题导向和需求导向，开展智能化项目设计工作；二是应结合实际需求，兼顾技术成熟性和先进性，形成招标文件；三是签定合同，并根据合同要求和标准，做好项目建设阶段的全过程监管；四是充分重视项目的运维，做好项目绩效评价和后评估。最终实现项目质量、进度、投资"三统一"，保障智慧景区项目建设目标达成。

13.1.2 思路

项目全过程管控需要根据不同项目、不同阶段、不同内容等展开。其中立项和招标阶段的管控内容是以文档为切入点展开阐述，建设阶段的管控内容是以管理为切入点（即"四控三管一协调"）展开阐述，验收阶段的管控内容是从流程和文档为切入点展开阐述，运维阶段管控内容以流程为切入点展开阐述。

13.1.3 内容

对景区而言，智慧景区建设项目在立项阶段一般需要编制完成项目建议书、可行性研究报告和初步设计研究报告；在招标阶段需要编制完成招标文件，定标后需要签订合同；在建设阶段需要完成"四控""三管""一协调"相关管理工作，"四控"为投资控制、进度控制、质量控制和变更控制，"三管"为合同管理、文档管理和安全管理，"一协调"为沟通协调。在验收阶段需要完成货物验收、初步验收、试运行、竣工验收等工作。同时，需要具有真实、完整、规范的验收文档；在运维阶段需要保证项目正常运转，以流程为切入点，做好质保期和续保、迭代升级过程中的工作，而项目的建设方式则是根据项目实际情况贯穿项目建设某一个或几个阶段（图 13-1）。

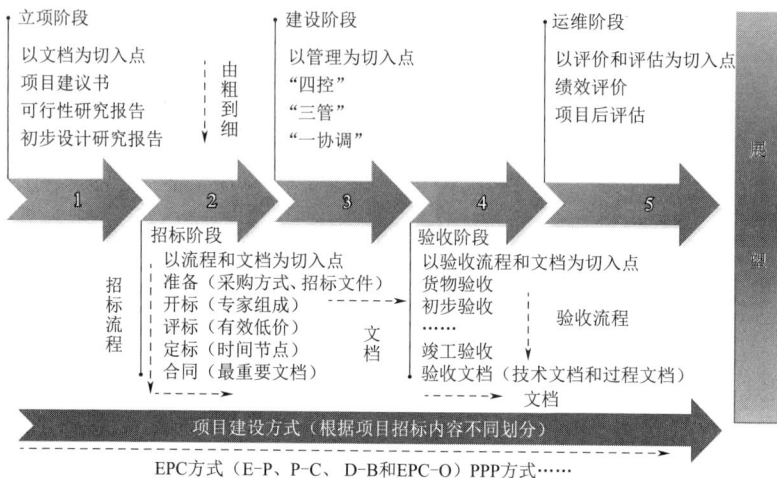

图 13-1 智慧景区建设项目全过程管控业务流程图

13.2 立项阶段

在智慧景区项目建设过程中，立项阶段的工作非常重要，却极易被忽视。此阶段一般会形成三个文档，即项目建议书、可行性研究报告和初步设计研究报告。要注意项目所有涉及的费用，均应在此阶段的费用估算中体现。如果项目需要进行安全等级保护、密码应用安全评估、价格评审、功能和性能测试、安全测试、代码审计及监理服务等第三方服务的采购，费用也应在立项费用中体现。但在实际过程中，为了确保第三方服务的公正性，建议不放在主体项目中采购。

项目建议书相对简单，可以考虑由管理者自行编制，可行性研究报告和初步设计研究报告对专业能力要求较高，建议通过第三方服务采购进行编写。

13.2.1 项目建议书

项目建议书应明确项目建设的必要性和重要性，一般是景区建设该项目最初的上会材料，相对比较简单，可以由景区工作人员编制完成。内容一般包括项目名称、建设单位（包括责任人和负责人，俗称业主）、编制依据、项目概况（包括项目总投资额）、必要性和重要性论述，以及最终的结论和建议。

13.2.2   可行性研究报告

智慧景区建设项目耗资多、历时长、风险大，其可行性研究应就现状分析、需求分析、技术可行性（技术路线、技术方案比选）、政策可行性、经济可行性、社会可行性、运行环境可行性、操作可行性和人员可行性等进行调研分析，最终给出整个项目是否具有可行性的结论。可行性研究内容一般包括项目概述、建设单位概况、项目建设必要性、项目建设可行性、项目现状分析、项目建设需求分析、数据共享需求、项目建设方案、项目投资估算、项目招标方案、项目风险管理、效益分析、预编制项目资源目录和可行性研究报告结论（《国家发展改革委关于印发投资项目可行性研究报告编写大纲及说明的通知》（发改投资规〔2023〕304号）编制）。

13.2.3   初步设计研究报告

初步设计研究报告是作为招标文件的技术文档，要求设计深度达到招标要求，做到完整、明确。如果是迭代更新的项目，建设复杂程度远远高于新建项目，一定要重视项目的现状描述，避免因描述不到位导致中标后扯皮。现状描述中，硬件应说明其数量、品牌、型号、质保期等，软件需说明软件名称、版本号、系统架构、编写语言等，网络需要给出网络拓扑结构图、安全等级保护级别、网络环境等。初步设计研究报告内容一般包括项目概述、项目建设单位概况、现状分析、需求分析（完整、明确）、总体建设方案、本期项目设计方案、项目建设与运行管理、人员配置与培训、项目实施进度和保密管理、初步设计概算、风险及效益分析、信息资源共享情况等。初步设计研究报告是招标文件的组成要件，是智慧景区建设项目建设全流程管理中最重要文档之一。此外，考虑到软件费用，特别是定制开发的软件，其费用难确定，宜聘请第三方机构作招标前价格评审。

13.3　招标阶段

在招标阶段，首先要明确适用的法律，即采购法系还是招标法系，不同的法系，行政审批部门不同，流程和内容也不同；其次是选定相应的代理机构，最终形成招标文件，并拟定合同文本初稿。需要采用适宜的采购方式（如公开招标、邀请招标、竞争性谈判、竞争性磋商、单一来源采购、询价及其他方式），选择合适的评标办法（如最低评标价法、综合评标价法），聘请公正的招标代理，并认真做好招标文件发标前的保密工作。下文以采购法系为例进行阐述。

13.3.1　招标文件

招标文件是采购项目建设的大纲，是承建单位实施项目建设的工作依据，应包括向投标单位提供参加投标所需要的一切情况。因此，招标文件的编制质量和深度关系着整个招标工作的成败，它是智慧景区项目建设全过程管控中最重要的文档之一。编制招标文件的目的是告知潜在的投标人有关采购货物和服务的要求、合同中的内容，以及交货的时间安排等。招标文件应保证所有的投标人有公平竞争的机会。

招标文件多为格式文本，应重点关注三部分内容，即需求一览表、评标办法和采购合同的编写。在招标文件中发布的"需求"内容应完整、明确。根据需求内容，选择适合的评标办法。其中，综合评标办法中货物与服务的价格分占比不同。景区管理者应熟悉相关法律、法规，了解自身需求，确定价格分值。同时，建议增加对项目经理的更换、离场，以及故障解决时间、运维要求等内容的考核条款，并与付款条件相关联，将其作为项目建设管控中的一个重要抓手。当然，智慧景区在项目建设中也应同时兼顾营商环境氛围等要素。《政府采购货物和服务招标投标管理办法》要求招标文件中列出拟签订的合同文本，且正式签定合同时，不得向中标人提出不合理要求作为签定合同的条件。这就需要将合同拟定工作提前，即在招标文件中就应将合同内容尽可能准确、完整、全面地列出。

13.3.2   合同文本

合同是项目建设中唯一的法律标尺，是智慧景区建设项目全流程管控中最重要的文档之一，需要引起高度重视。合同条款适用于《中华人民共和国合同法》，包括八大要素、四大要件。合同的拟定可以参考国家相关标准。合同中应列出违约责任，以及争议解决方法。招标文件、投标文件、承诺、补充协议等都是合同组成要件，应注意约定合同执行顺序。

13.4   建设阶段

在项目建设阶段要做好"四控""三管""一协调"。如果智慧景区建设项目聘请了监理公司，上述工作即为监理人员的工作职责，景区管理者只需做好对监理人员的管理，否则上述工作需要由景区管理者自行完成。

13.4.1　"四控"

　　质量控制是指对项目实施质量情况进行监督、管理和持续改进，是一种过程性、纠偏性和把关性的质量管理活动。质量内涵比较广，涉及智能化工程的功能性、一致性、安全性、可靠性、寿命和售后服务等多个方面。质量控制应贯穿整个项目生命周期，质量控制还需要关注持续改进事宜。

　　进度控制是指对项目在合同约定的时间内完成所必需工作的管理过程。若进度延期，会导致投资增加。组织协调是实现有效进度控制的关键。与建设项目进度有关的单位一般较多，如果不能有效地与这些单位做好协调，进度控制将十分困难。

　　投资控制是指要在批准的预算条件下确保项目保质按期完成，即在项目投资形成过程中，对项目将消耗的人力资源、物资和费用开支，进行指导、监督、调节和限制，及时纠正将发生和已发生的偏差，把各项费用控制在计划投资的范围之内，保证投资目标实现。所有前期工作经费要计入总投资，包括可行性研究报告、初步设计研究报告编制费用和专家评审费用等。

　　变更控制是指建立一套正规的程序对项目的变更进行有效的控制，从而更好地实现项目的目标。项目变更要规范变更流程。执行可以参考《国家政务信息化项目建设管理办法》。此外，在合同变更时，项目管理人员应特别注意，变更请示、答复以及会议纪要均需要文档化，以形成变更依据。

13.4.2　"三管"

　　合同管理是指对项目合同的订立、履行、变更、终止、违约、索赔、争议处理和档案等进行的管理。合同是一种法律关系，它是买卖双方形成的一个共同遵守的协议，卖方有义务提供合同指定的产品和服务，而买方则有义务支付合同规定的价款。合同依法订立后即具有法律效力，应该实际、全面地履行。合同履行过程中有关人员应妥善管理合同资料，对合同的有关技术资料、图表等重要原始资料要加强管理，确保合同的完整性。需要注意约定计算机软件等知识产权的归属。

文档管理是对项目过程中产生的所有文档进行管理，对于项目的建设和运维有着至关重要的作用。根据《工业控制计算机系统 软件 第 3 部分：文档管理指南》GB/T 26805.3—2011 和《计算机软件产品开发文件编制指南》GB/T 8567（以下简称《指南》）文档管理的行业标准进行编写。如果项目聘请了监理、第三方测试、安全等级保护测试、代码审计等，还需要提供此部分文档。

安全管理是指通过现行的法律法规建立各项安全生产管理制度体系，从而规范项目工程参与各方的安全生产行为。项目风险管理是项目安全管理的重要内容。风险管理主要包括风险管理计划编制、风险识别、风险定性分析、风险定量分析、风险应对计划编制和风险监控。对于管理者来说，要监督项目承建单位做好以上工作，同时对上升到项目进度、质量、投资的风险要提前做好应对。

13.4.3 "一协调"

项目协调是确保项目相关方及时、正确地产生、收集、分发、存储和最终处理项目信息，并且让相关方能及时了解这些信息的过程。它是确保项目按进度达成目标的重要手段。在项目建设阶段，应由监理或建设方定期召开项目例会，并邀请项目相关方参与例会，通报项目进度，提出项目难点，解决项目问题，并形成项目纪要。

13.5　验收阶段

项目验收的唯一法律依据是合同，要全面评估项目建设成果，检查项目建设是否符合设计要求。有关验收的内容和过程需要在合同中提前约定。

13.5.1　货物验收

货物是项目建设的重要内容，货物验收是确保项目质量的一个重要手段。货物主要包括硬件设备、软件产品、辅助材料等。货物验收由采购人组织，确保货物与合同清单一一对应。硬件产品核实品牌、型号、数量，并对设备加电测试，同时提交产品说明书；软件产品核实版本、型号、有效期及授权数量等。此阶段要形成货物验收文档。

13.5.2　初步验收

初步验收一般由项目建设单位成立专门验收小组，作为验收的组织机构。验收小组召开初验评审会，对项目进行初验评审，根据合同要求，形成单项或专项验收报告。初验通过后一般进入 1~6 个月的试运行期。

13.5.3　竣工验收

项目通过试运行期，并且功能、性能等均达到了合同要求，由承建单位申请，经监理单位同意，一般由建设单位的主管部门组织专家进行竣工验收，重点审核与合同的一致性，与需求分析阶段确定的需求的一致性，与预期结果的符合程度，对运行环境的适用性及运行和维护的可行性，以及是否违反了国家强制性标准等。竣工验收组织之前应完成验收文档审核，并建议聘请第三方检测机构完成对系统功能和性能的评测。

第三方检测。建议建设单位聘请有国家检验检测资质的第三方机构对智能化系统的性能、功能、安全等进行检测；对于有安全等级保护需要的，可聘请有资质的机构进行第三方安全等级保护测试；采用商用密码的项目，应聘请有资质的第三方机构进行密码测评；对源代码有需要的，可聘请有资质的第三方进行代码审计。注意此部分内容需要在合同中提前约定。

验收文档。验收文档是智慧景区项目建设全流程管理中最重要的文档之一，是项目质量的重要组成部分，支撑项目的正常运维。验收文档包括过程性文档和技术性文档。过程性文档包括但不限于项目立项报告、招标文件、建设过程性文件、货物验收报告、初验文档、试运行报告、项目变更材料、用户使用意见、绩效总结、终验前系统适应性维护记录和系统运行情况记录等。技术性文档包括但不限于系统需求规格说明书、数据需求规格说明书、数据资源共享目录清单、系统设计说明书、程序设计说明书、数据库设计说明书、系统使用说明书、系统功能和性能测试报告、系统维护手册（管理员）、系统安装部署手册（含系统运行环境说明）、网络拓扑结构图、系统框架图、硬件设备清单、质保清单、软硬件功能复核清单、第三方软件授权及维保文档等（含代码）。需要引起注意的是，验收文档中要求提供的内容应在招标文件中约定，特别是对源代码有需求的，应在招标文件中标注告知。

13.6 运维阶段

在项目运维阶段要做好对运维公司的管理，有的项目还涉及运营。运维分为质保期运维和续保、迭代升级（终止）期。

13.6.1　质保期运维

在质保期，根据合同要求应做好运维的内容、起止时间、资金的管理，同时制定运维制度，确保运维工作正常运行。这个阶段需做好项目的绩效评价和项目的后评估。项目在建设期内的每年底应进行绩效评价，项目建设单位组织评价，评价内容包括项目绩效目标和执行情况（建设进度和投资计划）等，应征求有关项目使用单位和监理单位的意见，形成绩效报告，并向项目审批部门提交。《国家政务信息化项目建设管理办法》明确要求，项目由上级管理部门组织后评估，应委托相应的第三方咨询机构开展。后评估时间节点一般在验收并投入运行后12～24个月内，评估内容包括项目应用服务成效和数据资源共享情况。其中，项目应用服务成效包括项目应用服务的性能、项目使用情况、项目业务支撑情况、项目共享协同集成情况和项目应用服务效益。

13.6.2　续保、迭代升级（终止）期

《国家政务信息化项目建设管理办法》明确要求，一是对于未按要求共享数据资源或者重复采集数据的政务信息系统，不安排运行维护经费，项目建设单位不得新建、改建、扩建政务信息系统。二是对于未纳入国家政务信息系统总目录的系统，不安排运行维护经费。三是对于不符合密码应用和网络安全要求，或者存在重大安全隐患的政务信息系统，不安排运行维护经费，项目建设单位不得新建、改建、扩建政务信息系统。

13.7　项目建设方式

根据不同的需要和要求，项目的建设方式会贯穿上述某一个或

某几个阶段。

项目建设方式即项目采取什么样的方式建设，常规做法是景区通过服务采购的方式委托一家设计单位做可行性研究、初步设计，形成招标文件后，结合项目实际情况，通过招标或采购，确定中标公司，由其按照合同要求完成建设和运维。而具体到招标或采购又涉及多种方式，需要根据项目情况选择。若项目比较复杂、规模大、投资高，而景区自身管理人员能力较弱，可以考虑招集成标，即将所有的建设内容放在一起进行招标。如此，在整个建设过程中只需要管理一家公司，但往往费用成本会增加。如果景区自有人员能力较强，可以根据软硬件或专业分开招标。让专业领域的公司做专业工作，性价比较高，但易产生漏项，因多个中标单位同时施工，会导致协调工作增加。此外，在景区项目建设中也存在利用社会资金投资建设（public-private-partnership，简称PPP）和设计采购施工一体化交钥匙工程（engineering procurement construction，简称EPC），这两种方式也需要进行招标或采购，只是招标的阶段上述情况有所不同。

13.7.1   EPC 方式

EPC是交钥匙工程，是指公司受业主委托，按照合同约定对工程建设项目的设计、采购、施工、试运行等实行全过程或若干阶段的承包。当下，采用EPC方式招标的项目，一般要求建设范围、规模、标准、功能需求等建设内容明确，技术方案成熟，且建设单位要实行全过程造价管控。未能按要求配备有相关资格、经验的管理人员或聘请第三方咨询机构的，不建议采取这种方式。

EPC中标公司对其所承包工程的质量、安全、费用和进度负责。有以下四种常见方式：交钥匙总承包（EPC）、设计—采购总承包（E-P）、采购—施工总承包（P-C）、设计—施工总承包（D-B）。

EPC 方式的优点为建设工程质量责任主体明确，有利于追究工程质量责任和确定工程质量责任的承担人。其难点为如何对项目给出相对准确的估价，很难选到性价比最优的公司。在国外，类似情况下，做法是业主同时聘请专业公司做咨询。当下，EPC 还有一些衍生和组合，例如 EPC-O、EPC-F、EPC-M 等。

EPC-O 是在 EPC 方式上增加了运营环节，国家大力支持此种方式，最先在环保领域实行，近年来也推广到其他领域，主要应用于需要运营的项目，满足运营下的全生命周期管理的需要。此种方式在项目周期内，政府对项目的管控减弱。

EPC-F 是在 EPC 方式上增加了"融资"功能，经常应用于公共设施项目投融资和管理，解决资金投资不足的问题，有利于发挥承包商投资带动施工的优势。根据目前的相关政策，此种方式存在一定的合规风险。

EPC-M 增加了"管理"功能，施工单位（设计供方、设备供方和施工供方）与业主直接签定施工合同，由 EPC-M 承包人代表业主对施工进行管理，这种方式可降低项目成本。EPC-M 实质上是一种专业服务合同，更适合于方案尚未完全定型，预计在实施过程中会出现较多变更的项目，这是一种目前国际建筑行业的项目交付方式，额外支付一笔管理费用，从而减少因合同多、协调难度大造成的总进度不可控的问题。

13.7.2　PPP 方式

PPP，即政府和社会资本合作。在经历了推进、废止后，2023年11月，国家发展改革委、财政部《关于规范实施政府和社会资本合作新机制的指导意见》，推出了 PPP 新机制。确定政府和社会资本合作应聚集使用者付费项目，明确收费渠道和方式，项目经营收入能覆盖建设投资和运营成本，有一定投资回报。其特许经营原则上不超过 40 年，政府不得增加隐性债务，政务投资只能补贴运营，不允许补贴建设成本。

这一方式的优点是增加了投资资金的来源，可以改善服务品质，提高公共部门和私营机构的财务稳健性。缺点是因普遍采用特许经营制度可能导致垄断，如果项目没有找到很好的盈利点，可能导致项目烂尾。

13.8　未来展望

对智慧景区项目建设应该回溯过去、定位现在、展望未来。智慧景区强调的是以科技赋能景区"智慧"，其很重要的组成部分即是信息化技术和通信技术，因此信息化项目建设对智慧景区至关重要，需要引起管理者高度重视。

智慧景区的信息化项目最早起源于建筑智能化。建筑智能化也可划分为立项、招标、建设、验收、运维五个阶段。只是在建筑智能化中，设计的主要任务是绘图，即把要建的内容首先在图纸中绘制出来，通过图纸统计出材料的量，再通过量计算出费用。显然，随着信息化的发展，将图作为计算出费用的设计方式越来越不适用。于是信息化逐渐从建筑智能化中被分享出来，采用了当下的建设模式，即上面阐述的通过可行性研究分析和初步设计分析文档，得出概算费用，进而形成招标文件。而无论是建筑智能化，还是当下的信息化建设，这些过程阶段都有着明确的管理节点，而对这些节点的管理，即称为项目全过程管控。

信息化项目有其自身特点，如个性化、非标准化、需求变更贯穿项目全过程、无明显阶段里程碑。因此对信息化项目实行全过程管控，就存在着管理方式和项目特点不适应的问题。专家研究结果和大量企业实践表明，在信息化项目的生命周期中，大约 80% 的时间与信息化项目运营维护有关，而该阶段的投资仅占整个投资的20%。但在经常出现的问题中，技术或产品（包括硬件、软件、网络等）方面的问题仅占20%，而流程失误方面的问题占40%，人员流失方面的问题占40%。这就说明，信息化运营维护方面的问题，更多的不是来自技术层面而是来自管理层面。

为了更好地解决这些问题，IT服务管理（IT service management，简称ITSM）应运而生。它起源于信息技术基础架构库（IT infrastructure library，简称ITIL），目前《信息技术服务管理体系标准》ISO/IEC 20000系列是世界上第一部针对ITSM领域的国际标准，目的是提供建立、实施、运作、监控、评审、维护和改进ITSM的模型（国内与之相对应的标准是《信息技术　服务管理》GB/T 24405，由实践和规范规则两部分组成，较之国际标准要简单很多）。它简洁明了地定义了ITSM管理服务以满足业务需求，即ITSM的目标是满足业务的要求，而管理服务的内容主要体现为五大过程、十三个服务管理流程。未来信息化建设将向购买IT服务管理的方式转变，从而走向项目全生命周期管理。

建设实践

14.1 云台山智慧票务平台

14.1.1 案例概况

14.1.1.1 实施背景

云台山景区是国家级风景名胜区、首批世界地质公园、首批国家 AAAAA 级旅游景区。自 2006 年至今，云台山智慧景区建设已历经近二十载春秋。2005 年成为全国首批数字化景区建设试点单位，2011 年被住房和城乡建设部与中国风景名胜区协会命名为风景名胜区数字化景区示范基地，2012 年成为全国首批智慧景区建设试点单位，2013 年景区参与编制的《旅游景区数字化应用规范》GB/T 30225—2013 颁布为国家标准。近年来，在技术的不断创新和更新迭代中，又以卓越的成就连获智慧景区建设大奖，2019 年荣获河南省首批五钻级智慧景区，2022 年入选由文化和旅游部资源开发司等指导评选的"2022 智慧旅游创新企业"。

14.1.1.2 案例简介

随着景区迅速壮大发展，云台山在智慧化建设中积极以成为行业标杆为总目标，以云储存、云计算、云服务等信息化技术为支撑，持续升级迭代票务系统，打造以票务为业务核心的一体化智慧

景区运营管理平台（图 14-1），以智慧营销、智慧服务、智慧管
理为导向，实现景区资源—渠道—服务—管理全方位、全场景、全
业态的协同整合一体化运营，使景区全面进入智慧运营管理新时
代，以满足多业态、多场景的管理服务需求。

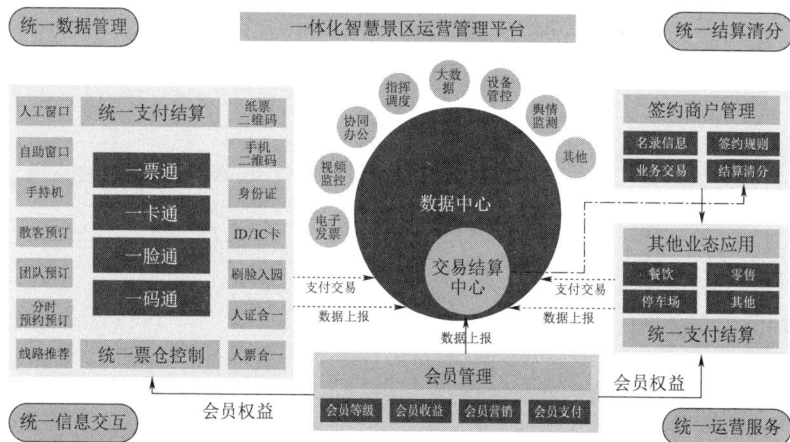

图 14-1　一体化智慧景区运营管理平台功能图

　　平台融合票务、直销、分销、营销、支付结算、电子发票、二
次消费（餐饮、零售、住宿等）业务，构建全场景的服务生态。所
有票种和产品全覆盖，所有经营业态全覆盖，着力解决好票务等产
品分散问题，将票务销售、财务结算、客户管理、业务流程等各方
面有效整合，全面优化业务流程，支持跨业态产品组合售卖，线上
线下渠道多元化，并与销售业务数据关联，做到"一票通、一卡
通、一码通、一脸通"，同时使管理者能够对景区票务等业务的各
个环节进行实时跟踪、分析、管理，大大降低了人工管理成本，提
升了云台山景区运营管理效率，升级游客体验。

14.1.2 平台体系架构

14.1.2.1 建设思路

（1）闭环一体化运行

景区所建的系统，要实现线上线下、数据、交易一体化运行，形成完整的闭环，做到有始有终，能够真正落地实施。

（2）直销为主、分销接入

实现直销为主、分销为辅的网络销售体系，各渠道的销售统一接入资源方的自主管理系统，所有 OTA 统一接入景区一体化平台，而不是对接（数据对接的方式无法保证数据准确无误，又会出现多个信息数据的孤岛）；由平台授权，集中管理，统一票仓，保证平台运营的统一化和规范化，实时掌控各渠道的销售收入并入账，实现整个票务业务流程的闭环管理，确保景区业务不受外界影响，保障景区自身利益不被侵犯。

（3）数据资源自主掌控

通过构建自主化的管理运营平台，实现景区全方位、全要素、全业态的数据汇集和协同共享，逐步形成景区自有的数据资产，自主掌控，可反复利用，景区可以通过更全面的数据分析，为下一步的营销工作提供支撑。

14.1.2.2 平台架构

（1）业务管理一体化

通过融合不同的业务场景，承载不同的角色需求，打通景区票务及其他二次消费业务等全部业务系统，实现真正的万物互联；各业务系统账号合并统一，权限统一管理，通过一张图综合管控平台实现景区可视化集中管控，实现对景区业务、设备、人员和资源的统一调度、指挥和管理，让操作更便捷，管理更轻松（图14-2）。

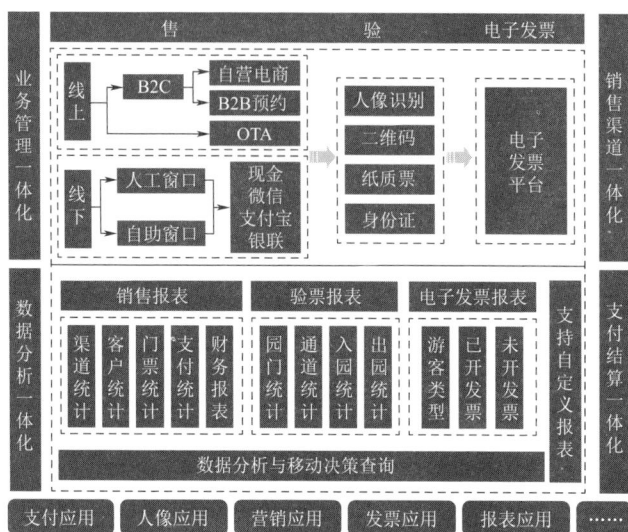

图 14-2　一体化闭环平台架构图

（2）销售渠道一体化

将云台山景区线上线下所有渠道产品全部纳入统一平台进行管理，解决传统票务系统业务分离、数据分散的问题，无论直销还是分销，没有任何中间环节，杜绝了体外循环受外界利益绑架的现象，直接将数据通过技术手段接入景区一体化平台，真正实现景区闭环一体化管理，自主经营，谁的资源谁做主。

（3）数据分析一体化

通过统一的平台实现业务数据统一归集，保证数据的完整性、一致性、实时性、准确性，通过数据采集、分析，合理高效应用数据，对沉淀的景区数据实时动态监管、多维度分析，为管理者提供辅助决策支撑，不断优化景区的管理和服务。

（4）支付结算一体化

采用先进的技术架构，通过支付系统，建立统一支付渠道、统一支付接口、统一交易平台、简化财务对接流程，优化支付分账管理，有效解决账目管理繁复、对上下游依赖较重、业务线及产品线分散、财务分账和对账出错风险倍增等问题，提升景区综合支付能力。

14.1.2.3 技术架构

通过打破传统的线上、线下系统分离式部署方式，实现完全一体化私有化部署，服务器部署采用应用和数据库分离部署的模式，全部采用高可用服务器部署方式来保障数据的安全和稳定。平台根据微服务理念，结合具体的业务，对项目功能进行模块分层，整体采用"大中台、小前台"的设计理念，实现高内聚、低耦合，减少了系统间的依赖。通过松耦合的服务带来业务的复用，不必为不同的前端业务开发各自对应相同或者类似的服务，提升了平台的可扩展性、可维护性。各业务模块相互独立，模块之间通过接口进行交互。平台技术架构图如下（图14-3）。

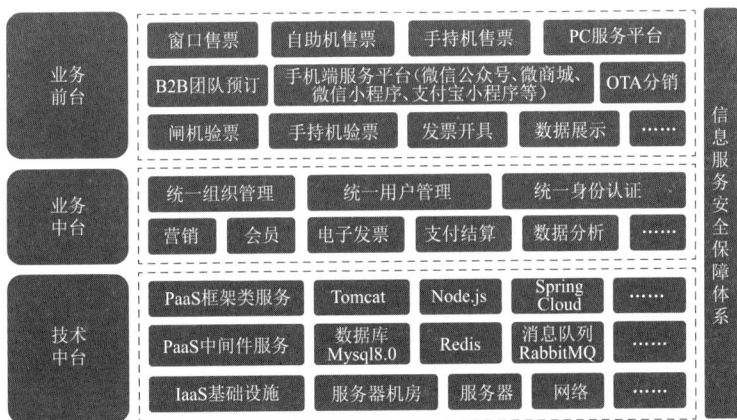

图14-3 平台技术架构图

（1）业务前台

通过接入线下窗口、自助机和手持机、线上PC服务平台和手机端，以及B2B团队预订、OTA等分销平台，满足云台山景区售票、验票及相关业务需求。

（2）业务中台

业务中台提供通用能力的统一输出和标准化中间件，为上层应用提供标准化、统一的运行环境。如业务前台窗口售票、自助机售票、OTA 分销需要收敛一些基础的业务服务（组织管理、支付结算、数据分析、营销、会员等），这些基础的服务会被整个票务系统所使用。通过业务中台提炼各个业务线条的共性需求，并将这些打造成组件化的资源包，然后以接口的形式提供给前台各业务部门使用，可以使产品在更新迭代、创新拓展的过程中研发更灵活、业务更敏捷，最大限度地减少"重复造轮子"的工作，整个系统更加紧密化、轻量化。

（3）技术中台

系统服务端使用了 RPC 技术替代 HTTP 请求，提高了接口访问效率，并提高了系统安全性。

在微商城和小程序中，通过压缩并减小网页里面的图片、Java Script 等静态资源，设置浏览器缓存，提升了网页访问速度。

采用 Spring Cloud 微服务架构，支付、发票、短信等通用基础功能充分内聚，窗口订单、验票订单、网络订单、OTA 推送订单之间边界更加清晰，减少了系统性能瓶颈，降低了服务间业务的耦合依赖，提高了系统可靠性，让系统变得更容易拓展、更富有弹性。

数据库使用 MySQL8.0，相比 MySQL5.7 读写性能提升一倍。通过主从复制，确保数据安全，可以实现异常情况下的热备切换。报表功能和订单服务实现读写分离，降低了主库压力，提高了数据库性能。

通过数据库表结构优化，减少了数据库的冗余数据，提高了事务提交效率。经压力测试，满负载运行时，服务端售票订单接口和验票接口的每秒事务数（TPS）可以达到 200 以上。

使用了 Nginx 的 Proxy 功能，实现了 7 层负载均衡，功能强大，性能卓越，运行稳定，配置简单灵活，能够自动剔除工作不正常的后端服务器，上传文件使用异步模式，使用加权轮询分配策略，分配方式灵活。

（4）信息服务安全保障体系

通过构建覆盖各个部门的统一身份认证体系，完成对线控中心用户身份、权限的安全管理，基于统一身份认证平台实现各级用户在门户平台下的单点登陆。从物理层、操作系统层、网络层、应用层、数据层多方面保障景区数据的安全。首先对系统中的关键核心数据、敏感数据等进行加密存储，防止数据被窃取，即使出现泄漏，也可以通过加密存储的方式，杜绝数据泄漏其真实的意义。其次，通过对业务数据之间存在的逻辑关系进行数据之间的相互验证，确保数据的完整性、安全性，防止数据被篡改，如有恶意修改数据库内数据，则通过数据之间的相互验证及时发现问题，确保景区不会发生假票事件。最后，围绕数据全生命周期，系统充分考虑数据安全问题，对外展示的数据做脱敏处理，对内只存储需要使用的数据，符合《中华人民共和国个人信息保护法》的相关规定，充分保护游客的隐私信息安全。

14.1.3　功能与特点

智慧票务平台充分满足云台山景区门票、交通票、索道票、年卡、二次消费（餐饮、零售、住宿等）产品票等多种业务需求，支持跨业态产品组合销售，结合线上线下多元化的销售场景，实现景区对散客门票、团体票、年卡等多业务类型销售的高效管理，为游客提供多种购票方式（云台山官网、微商城、抖音、小程序、OTA等直销和分销平台），分散窗口购票压力，提升购票效率，有效解决游客买票难和黄牛占票问题。

智慧票务平台的建设全面满足云台山景区实现游客便捷购票、快速入园的业务流程和景区统一管理、数据全面、应用全面的功能需求。

便捷购票：支持线上（景区官网、微信公众号、微商城、小程序等）、线下（人工窗口、自助售取票机、手持机）全渠道多种购票方式，游客无需在窗口换票，减少窗口的排队时间。

快速入园：可直接使用电子二维码、身份证、人像识别等多种方式验票，极大缩短了游客排队入园时间。

数据全面：系统记录的数据实时、准确、全面，包括但不限于销售数据、验票数据、各园门验票数据、收入明细、购票方式明细、支付渠道明细。

应用全面：平台集核心票务管理、智能验票、自助售取票、直销商城、OTA 分销接入、B2B 团队预约、支付结算、报表管理、移动决策查询、电子发票、电子保险、会员管理、营销等系统于一体，打通所有底层应用系统，实现各应用及业务数据互联互通，形成景区管理、服务、营销一站式的闭环。

14.1.3.1　售票渠道

线下售票包括人工窗口客户端（图 14-4）、自助机客户端（图 14-5）、手持机客户端（图 14-6）等渠道。

图 14-4　窗口客户端

系统功能完备

自助购票	自助取票
团队实名登记	打印门票
票纸管理	设备管理

面向用户设计

| UI、UE设计友好 |
| 所有操作4步以内完成 |

自助机作用

| 缓解窗口压力 | 节约排队时间 |
| 公共广告投放 | 提升景区形象 |

图 14-5 自助机客户端

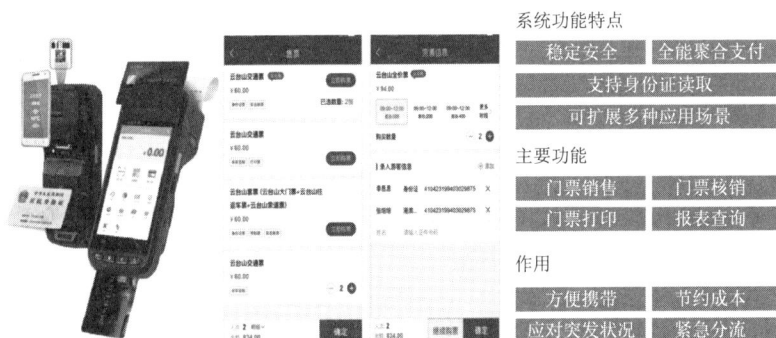

系统功能特点

| 稳定安全 | 全能聚合支付 |
| 支持身份证读取 |
| 可扩展多种应用场景 |

主要功能

| 门票销售 | 门票核销 |
| 门票打印 | 报表查询 |

作用

| 方便携带 | 节约成本 |
| 应对突发状况 | 紧急分流 |

图 14-6 手持机客户端

线上售票渠道包括直销商城和分销渠道接入。

云台山景区通过搭建直销商城（图14-7、图14-8），打通直销渠道，打通手机移动端全网的流量入口和搜索入口，掌握营销主动权，自主掌控售票价格与客源，为游客提供实时的移动端预约订票、直播、咨询、导览、讲解、救援、评价等线上闭环服务，景区线上商城与线下核验设备打通数据接口，支持游客出示核销二维码，快速核销入园，简化游客购取票流程，减少排队拥挤，快速入园。全面实现景区智能管理和服务模式，每年为600多万游客提供高效优质的服务。

图 14-7　景区微商城界面

图 14-8　景区支付宝小程序（"先游后付"）界面

　　分销管理方面，针对团队游客，搭建 B2B 旅行社预订系统，实现集产品预订、在线支付、订单修改、购票人批量操作、一键取票等多功能于一体的在线管理，减少旅行社操作人员因人工处理而产生的巨大工作量，降低出错率，同时提供预订产品后订单的查询、修改、取消等操作，让与景区合作的旅行社更灵活地处理订单，后台支持设置与旅行社的分润模式，为其添加和修改优惠政策等。景区通过旅行社实名预订，可以收集游客客源地信息，为精准营销提供数据支撑。

针对散客，搭建 OTA 分销接入系统，将各大 OTA 电商（美团、同程、携程等）统一接入景区票务运营管理平台，统一票仓、统一发码、统一核销，通过一个平台实现对各大 OTA 的管理，精准统计数据，保障了用户数据资源由景区自有自主统一管控。

14.1.3.2　全网分时预约预订

全网分时预约预订基于景区一体化票务平台实现，减少了预订购票操作中的工作人员干预，全面"去人工、自动化"，减少排队拥挤，实现游客有序旅游。景区通过销售库存方案，统一配置好门票的最大库存、销售时间、使用时间等，从售票环节严格限制入园流量，还可以根据景区接待能力，实时调整售票时段和票量，以达到分散客流的效果，保护景区的游客资源，保障游客安全，减少现场集中售票的压力，避免景区游客瞬间聚集，实现了景区的有序管理。

系统支持多级库存管理，包括日历库存、分时库存、日期段等，也可以针对具体时间段设置特殊的数量库存；支持多渠道库存控制；库存需具有启用和关闭功能，可以独立管理；支持多套分时库存模板，包括但不限于节假日库存模板、日常库存模板，分时库存模板可以根据实际情况任意切换。库存支持自定义时间段，能够设置不同的时间段及时间段库存；同时支持分时库存查询。

游客可通过线下售票窗口，线上景区微商城、小程序等自营平台及各大 OTA、团队预订平台（图 14-9）实现"全渠道、全场景、全业态"的门票预订预约，缓解现场拥挤、排队难、购票难、验票难的问题。

图 14-9　窗口售票客户端及景区微商城票务预订界面

14.1.3.3　智能验票系统

景区通过验票闸机（图 14-10）、手持机等 70 多台验票终端，对入园及出园人数进行实时统计，进行入园控制、应急控制、客流量预警，对已售门票实行全方位实时监控和管理，杜绝了漏票、伪票、复票、人情票及内部财务漏洞等。借助人像识别验票为景区构建全方位、自动化的入园管理体系，提升验票效率，帮助游客快速入园。系统具有以下功能。

支持多种介质验票：如身份证、二维码、生物识别（人脸、指纹等）、扣费扣次入园等。

支持特殊介质验票：如护照、各类证件等，需定制增加相应的识读设备。

支持多种核验模式：一人一验，一验多人，一次核销、反复循环核销等。

支持人工干预模式：验票后暂停、人工干预后准入或拒绝、人工处理异常状况等。

支持自主时间段控制：可随意设定时间段，完成不同的验证及放行模式。

支持多线程混合验证：可随意验证各类票证，各自独立处理，互不干扰，提高效率。

支持生物识别直通验证：可直接刷脸或采用其他生物识别模式，直通验证入园。

支持的其他功能：能满足高原、高寒、高温区域的特殊要求。

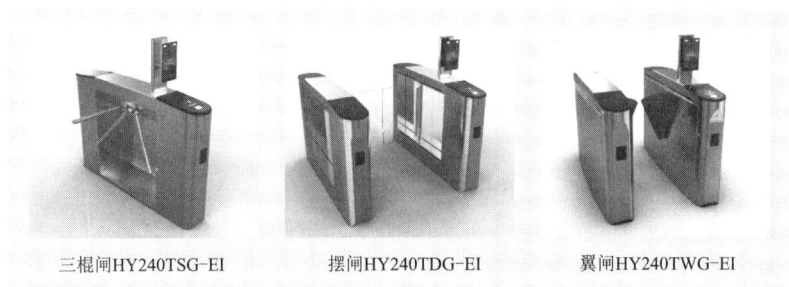

三棍闸HY240TSG-EI   摆闸HY240TDG-EI   翼闸HY240TWG-EI

图 14-10 验票闸机

14.1.3.4 经营数据分析系统

为景区管理层运营决策统计、查询、分析，以及财务部门核账、对账提供更加简便的数据支持，便于景区工作人员统计和查询。支持对销售数据进行系统化、图形化的设计，使数据能以报表的形式更加清晰地呈现出来；支持按年、季、月、日不同时间段进行统计，按售票、验票、财务、网络、库存、OTA分销平台、B2B旅行社等不同业务类型进行统计，如销售流水报表、分账汇总报表、网络订单报表、游客画像分析等。

14.1.3.5　领导决策查询

（1）手机报表

支持移动端的查询与展示（图14-11），作为景区智慧管理、领导决策的新型应用模式，景区管理层可以随时随地通过手机实时查看景区当前的运营情况，实现对全景区的实时可视化监控管理，多方位、全天候地把控景区运营情况，把握旅游市场脉搏，深刻理解消费者需求，以便进行科学决策管理。

图 14-11　手机报表示意图

（2）综管报表

综管报表作为数据可视化大屏展示平台，基于景区数据仓库票务系统等多个应用系统和第三方系统的数据采集、汇总，积累海量数据，为景区提供实时的客流、车流、热力图的情况感知，配合舆情数据、游客满意度分析、消费分析、智能语义分析、搜索指数及全网用户画像等功能，帮助云台山景区实现个性化深度定制舆情分析和全方位实时舆论监控，从而帮助管理者通过数据指导景区管理、营销、服务和环保工作。支持多页面模块化展示，展示内容可扩展。

14.1.3.6　支付结算中心

通过支付结算中心对接景区的业务场景和支付场景，搭建快速、安全、便捷的统一支付平台，支持当下各支付方式全接入（公众号支付、小程序支付、银行卡支付、扫码支付、App 支付、H5支付），满足游客各类支付需求。

根据景区实际业务需求，支付系统实时统计数据报表、不同支付渠道的交易情况，统一记录交易订单。景区财务对账可以通过支付系统直接查看各个支付渠道汇总的交易记录，支持自动分账，解决旅游景区财务流程对接烦琐的痛点，提高景区财务部门对账核账、财务统计等工作的效率。

14.1.3.7　卡证管理系统

景区通过发行旅游卡满足用户长期、多次高频使用的需求，一方面是针对企业员工、内部商户人员、当地或周边居民群体使用需求场景（如门禁通行卡），另一方面通过营销政策提前锁定用户的需求场景（如次卡、月卡、年卡、套卡等）。卡证要求限本人使用，不能转借他人，通过生物（人脸）识别技术进行人卡绑定。通过绑定个人资料、手机号等，后期入园时，配合人脸识别闸机，直接刷码即可入园，免除排队时间，通行更快。绑定个人资料后将杜绝景区年卡"黄牛党"，减少一卡多用、非会员入园、盗卡使用等情况，帮助景区和游客挽回损失。同时卡证可以作为一种重要的营销手段，帮助景区提前锁定周边粉丝客户，提高客户黏性，增加营收。

14.1.3.8　营销管理系统

云台山景区建立了全渠道整合的客户连接和营销网络，通过营销自动化、营销内容和体验、"营""销"协同的完整运营体系等，打造连接、参与、培育、转化的智慧营销闭环。借助智慧化营销系统，为云台山景区票务业务提供多元化的互动营销工具和营销方案，如借助拼团、砍价、秒杀、集卡、助力、抽奖、打折促销、优惠券等低成本、高转化、复购率高、传播速度快、价值延伸度高的营销推广活动获客；支持全员参与、裂变营销，通过层级获取佣金奖励的全民营销模式（图 14-12），通过代理商（组织或个人）实施营销推广，依靠产品差价来获得利润的代理商模式。支持以H5、小程序的形式，全面覆盖微信、短视频、直播等主流平台，帮助景区拓客、转化、促活、复购、留存和推广，全面拓宽景区全网获客渠道和盈利来源。

注册推广员　　　　　推广规则介绍　　　　　佣金提现

图 14-12　全民营销模式业务流程

14.1.3.9　会员管理系统

景区通过搭建一体化的会员管理体系，使会员丰富的权益和多消费业态联动，及时向游客展示和传递信息，实现展示、预订、支付、消费无缝连接，创造顺畅的会员服务体验。使用窗口终端对会员进行实体卡开卡、会员实体卡退卡、会员实体卡补卡、会员充值、会员消费退款等操作；游客仅借助移动端（图 14-13）（微商城会员功能）会员中心，即可在会员生态体系中使用充值、消费、充值退款、享受会员权益等功能。

图 14-13　会员管理系统——窗口终端及游客使用端

　　景区管理员通过控制后台设置针对会员的推广营销方案，如充值赠送、跨店满减、优惠券、礼品卡、虚拟卡券、会员价格等，实现会员"促活""留存""老带新"；通过微信等线上沟通渠道定期推送最新上市或优惠活动消息，突破时间空间限制，触达离店会员，进行精准营销，促成线上"转化"，以增强客户黏性，提高用户忠诚度，与会员建立长久的可持续关系，提升复购率。

14.1.3.10　电子发票系统

　　通过与票务系统对接，建立统一发票管理平台，集中管理数据，实现多个网点开具电子发票，支持多种开票方式——窗口购票开票（税控发票客户端）、网络购票开票（微信公众号开票）、旅行社等合约客户开票。实现游客自主开具电子发票，既能使景区节省发票印制成本，避免让财务人员做简单又烦琐的重复性劳动，又能让用户快速获取发票，开票不用排队。

14.1.3.11　电子保险系统

旅游保险因其在分散旅游风险、保障旅游企业和游客权益方面的突出作用而日益受到重视，通过电子保险系统与票务系统的对接，方便游客在线选择保险购买，对云台山景区来说，也可以减少纠纷，转移旅游风险。

系统可对接不同保险公司的业务，售票员可以销售保险，旅行社、游客通过景区直接购买、查看保单或申请退保，并可在网上验证保单有效性，由保险公司对意外进行理赔。支持线下人工窗口、手持机、自助机购买，线上可以通过官网、小程序、微商城、旅行社团队、OTA 等渠道购买。

14.1.3.12　一体化管理后台

景区一体化管理后台（图 14-14、图 14-15）包含平台配置、商家管理、产品管理、产品库存、产品预订、售验票管理、库存管理、订单管理、分销管理、决策管理、网站管理、营销管理、支付管理、账户管理、发票管理、报表管理、报表统计及其他基础设置等功能操作，实现对景区人员、用户权限、业务、资源、资金、数据等的全面管理。

14.1.4　建设成效

智慧景区运营管理平台的建设，满足了云台山景区全网全渠道的销售要求，实现了业务控制一体化、数据管理一体化，真正实现了景区管理方对财务和数据全面、实时、准确地把控，杜绝了体外循环等不可控因素，实现了云台山景区所有资源自主管理，将景区利益最大化。

平台自 2020 年 10 月升级后，在运营和数据上满足股份公司

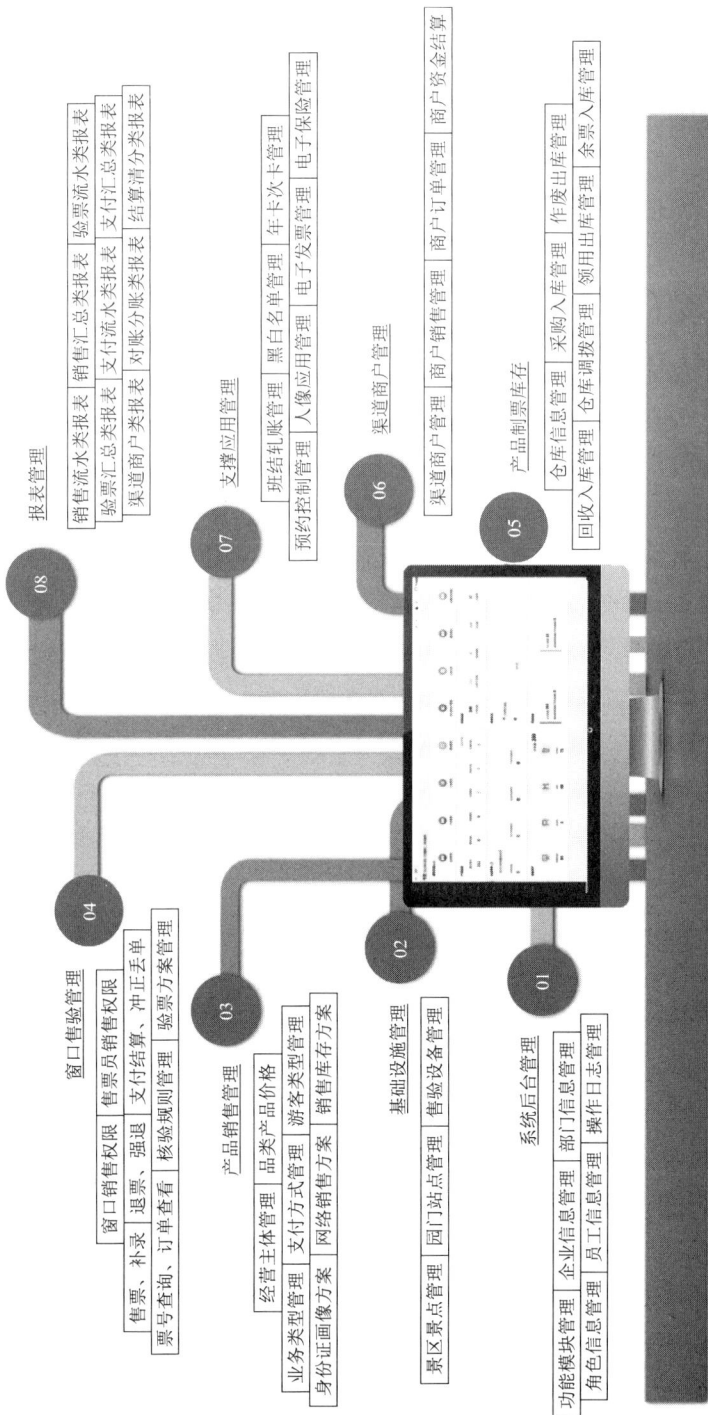

图 14-14　控制台功能图

08 报表管理
- 销售流水类报表　销售汇总类报表　验票流水类报表
- 验票汇总类报表　支付流水类报表　支付汇总类报表
- 渠道商户类报表　对账分账类报表　结算清分类报表

07 支撑应用管理
- 班结轧账管理　黑白名单管理　年卡次卡管理
- 预约控制管理　人像应用管理　电子发票管理　电子保险管理

06 渠道商户管理
- 渠道商户管理　商户销售管理　商户订单管理　商户资金结算

05 产品制票库存
- 仓库信息管理　采购入库管理　作废出库管理　条类入库管理
- 回收入库管理　仓库调拨管理　领用出库管理　余类入库管理

04 窗口售验管理
- 窗口销售权限　售票员销售权限
- 售票、补录　退票、强退　支付结算、冲正丢单
- 票号查询、订单查看　核验规则管理　验票方案管理

03 产品销售管理
- 品类产品价格
- 经营主体管理　游客类型管理　销售库存方案
- 业务类型管理　支付方式管理　网络销售方案
- 身份证画像方案

02 基础设施管理
- 景区景点管理　园门站点管理　售验设备管理

01 系统后台管理
- 功能模块管理　企业信息管理　部门信息管理　操作日志管理
- 角色信息管理　员工信息管理

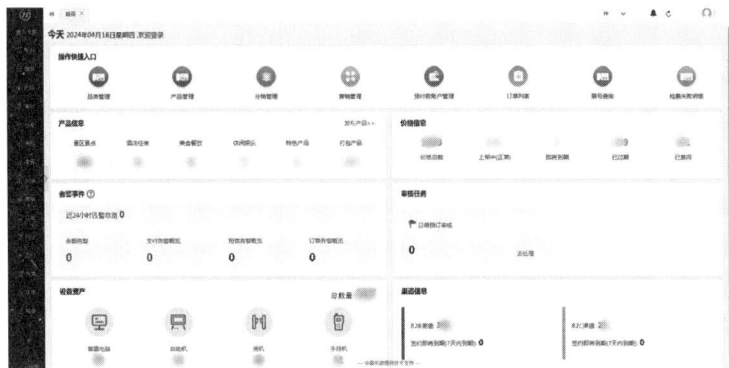

图 14-15　控制台首页界面示意图

上市的要求，对发展公司与股份公司的业务进行了拆解，经历了节假日旅游高峰期大流量考验，系统稳定运行，同时保障了发展公司、股份公司业务系统数据整体与联动业务处理，60 多台售票终端累计服务 780 万人次，网络销售服务 670 万人次，70 多台验票终端累计验票通行 1570 万人次。同时，智慧化景区建设让云台山实现了精准管理、精准营销、精准服务，景区连续 4 年重游率达到了 25%，游客接待量持续保持"两位数"百分比的增长（图 14-16）。

图 14-16　云台山景区指挥中心——景区客流分析

14.1.5 深化发展

云台山景区始终高标准落实景区智慧旅游的管理和建设，紧随创新科技，持续进行智慧化转型升级。为推动景区高效管理，基于互联网、物联网、云计算、大数据、GIS 等技术，打造一张图综合管理平台（图 14-17），实现景区的"综合管控"和"业务运营"高度集成，满足云台山景区对"人、财、物"的可视化集中管控，借助一张图可视化平台全面监控景区运行情况，对发展公司、股份公司的数据进行汇集统计，对景区的客流数据、运行数据、设备数据、资源数据做到一目了然，实现实时客流监测和数据分析，当客流预警时与应急指挥调度中心（图 14-18）联动，大幅提升景区预测预警能力和处置突发事件的能力。随着景区智慧化建设不断完善，管理水平持续提升，营销能力明显提高，景区整体业务水平得到飞速提升。

图 14-17 云台山综合指挥中心——综合管理平台

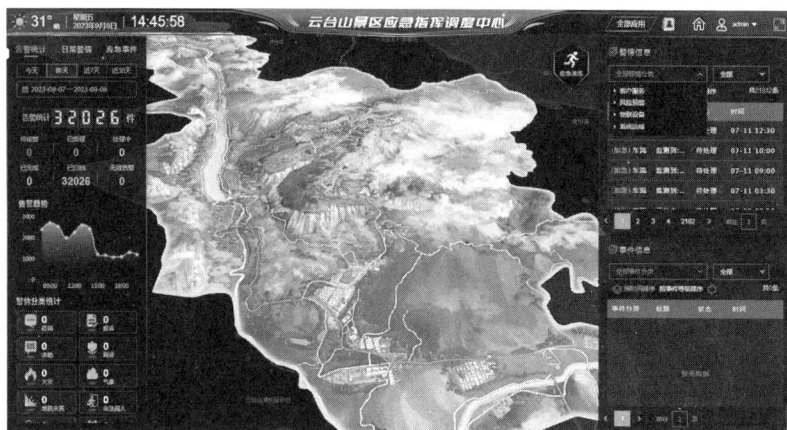

图 14-18　云台山综合指挥中心——应急指挥调度中心

　　时代在变，游客需求在变，云台山智慧景区建设在不断升级中助力景区跨越式发展，为游客带来更美好的旅游体验。

14.2　西湖景区一网统管平台

14.2.1　建设概况

14.2.1.1　政策导向

　　2021 年 3 月 11 日，十三届全国人大四次会议表决通过的《中华人民共和国国民经济和社会发展第十四个五年规划和 2035 年远景目标纲要》提出提升城市智慧化水平，推行城市运行一网统管。

　　2021 年 6 月 24 日，时任浙江省省委书记在浙江省数字化改革工作推进会上提出：探索数字孪生机制，推进城市大脑建设。以数字孪生的理念和方法，夯实城市大脑的数据底座，提升城市治理一网通管水平，推动实现城市治理体系和治理能力现代化。

　　2021 年 6 月 24 日，浙江省发展改革委、文化和旅游厅在《浙江省旅游业发展"十四五"规划》中指出，"十四五"及今后一个时期，全省旅游业将处在现代化的开启期、高质量发展的关键期，全面进入大众旅游新阶段，全域化发展更加快速，品质化需求更加突出，分众化消费更加明显，数字化应用更加广泛，融合化改革更加深入，国际化竞争更加激烈。

14.2.1.2 建设思路

坚持以"技术融合、业务融合、数据融合"为核心思想，以数据全量归集，事件闭环管理，场景多跨协同为主要导向，聚焦实用实战实效，探索数字赋能保护管理服务应用。

2022年4月，杭州西湖风景名胜区管理委员会以智慧城市的治理和服务为核心，开展了"一网统管"应用建设谋划，以一体化智能化公共数据平台为基础，与基层治理四平台协同贯通，积极打造西湖景区"一网统管"场景，使西湖景区从"数字景区"到"数治景区"再到"数智景区"转变，树立全国"智慧景区"标杆，建设"中国数字第一景"，让景区更聪明、更智慧。

14.2.1.3 组织和制度保障

（1）开展顶层设计。建立以主要领导为组长的数字化改革领导小组，相继出台《数字景区顶层设计方案》《以数字化改革引领全面深化改革工作要点》，构建业务应用体系、业务支撑体系、数据资源体系、基础设施体系，确立"中国数字第一景"的远景目标。

（2）调整运作模式。体制改革前，由西湖区信息中心牵头开展数字景区建设工作。2020年体制改革，由西湖区改革办牵头，相关部门协同，以数字化改革为抓手，开展对西湖景区"三张清单"的动态梳理，努力找准改革的痛点难点，形成对场景的宏观布局。组建成立综合指挥保障中心，将数字景区建设与日常指挥调度相结合，落实场景的具体建设，有效解决"建、用"脱节的问题。

14.2.2 系统架构

西湖景区一网统管应用总体架构是"1135",技术架构遵循浙江省数字化改革"四横四纵"架构体系,业务架构实现"162"体系与"141"体系业务贯通、数据贯通和闭环管控。

14.2.2.1 总体架构

西湖景区一网统管应用总体架构是"1135"(图 14-19)。"1"是一个中心,具备城市神经元末梢感知、大数据研判、AI 预警能力,是承担城市指征检测、多跨事件联动处置、城市运行管理职责的城市智治中心。"1"个平台,建立"管委会—街道 / 管理处—村社 / 网格"三级贯通的一网统管平台应用,区级平台为各类应用接入、中心建设提供支撑;"3"个手段,实现"统事、统人、统制",组建人才队伍,统管大场景、小切口、一件事,统筹制度重塑、流程再造,形成高效治理、快速协同的保障制度;"5"大目标,即可观(全量事件、城市指征可观),可管(多跨事

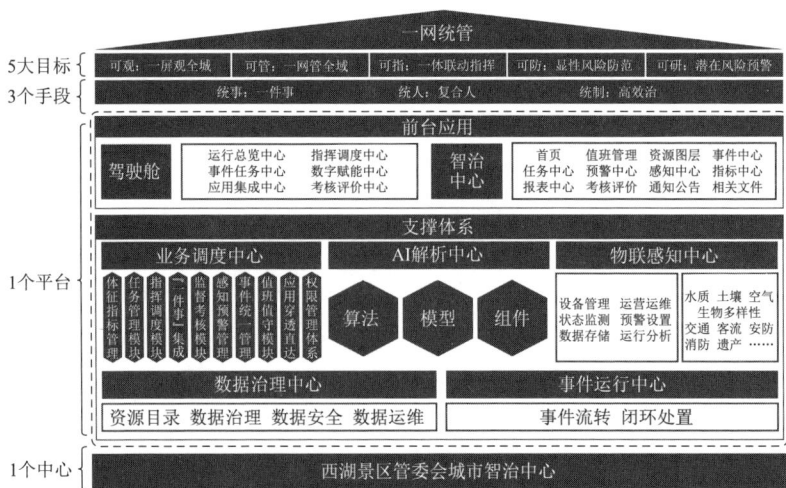

图 14-19 西湖景区一网统管应用总体架构

件、"一件事"可管），可指（一体联动指挥，大脑带动手脚，多级、多行业整体指挥），可防（显性风险预警），可研（潜在风险研判）。

14.2.2.2 技术架构

技术架构遵循浙江省数字化改革"四横四纵"架构（图14-20）。西湖景区一网统管应用在基础设施体系的基础上，充分调度各类基础设施资源，包括物联感知设备、感知网络、政务网络、云资源等，发挥资源集中优势；在数据资源体系上，融合多源异构数据，建设由事件库、体征库、人物库、考核库等构成的城市运行数据资源，完善一体化平台数据资源体系；在应用支撑体系上，充分利用已有的数据、知识、模型、算法、组件工具能力，强化空间建模、智能研判、物联感知、AI解析等能力，同时构建具备体征管理、任务管理、指挥调度等能力的城市运行应用支撑体系；在业务应用体系上，充分挖掘城市运行核心业务，统筹技术融合、业务融合、数据融合，提升跨层级、跨地域、跨系统、跨部门、跨业务的"多跨协同"管理和服务水平；在政策制度、规范标准、组织

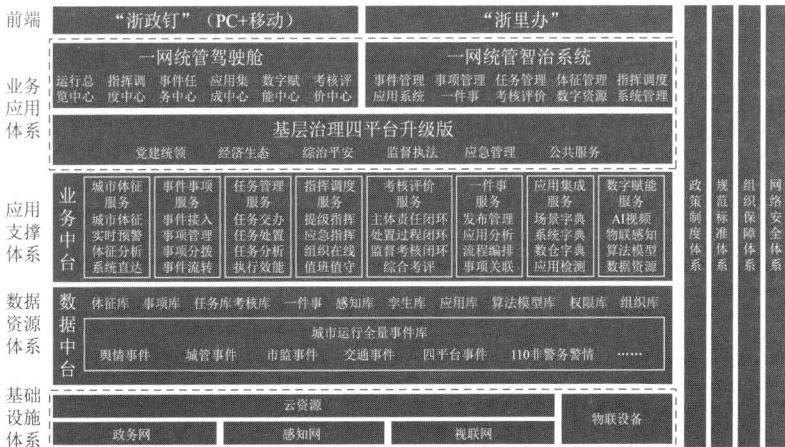

图 14-20 西湖景区一网统管技术架构

保障、网格安全体系上遵循数字化改革总体要求，坚守"安全屏障"，紧跟"政策指引"。

14.2.2.3　业务架构

业务架构遵循"162"体系与"141"体系业务贯通、数据贯通和闭环管控（图14-21）。业务应用打造"六大中心"，通过数据和业务接口对接的方式，实现上下贯通，左右协同；业务应用系统以数字驾驶舱应用为核心，以一体化智能化公共数据平台为基础，与基层治理四平台贯通，协同"六大领域"，实现对景区运行态势的统一展示、对景区主要业务事件的统一监管、对景区运行异常事件的统一预警、对景区事件处置的统一指挥。

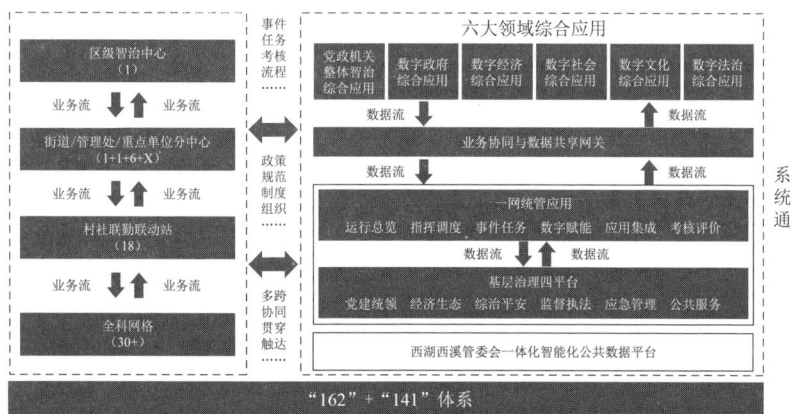

图14-21　西湖景区一网统管业务架构

14.2.2.4　产品模块

西湖景区一网统管应用产品模块主要涉及驾驶舱应用、智治中心应用、"浙政钉"应用和后台管理四部分（图14-22）。驾驶舱应用模块主要包含运行总览中心、指挥调度中心、事件任务中心、应用集成中心、数字赋能中心、考核评价中心、图层服务、特色专题应用和应用工具9个子模块。智治中心应用模块主要包含首页、值班管理、资源图层、事件中心、任务中心、预警中心、AI感知中心、指标中心、报表中心、考核评价、通知公告和相关文件12个子模块。"浙政钉"应用模块目前主要包含扫码值班模块。后台管理模块主要包含业务配置、系统配置和日志管理3个子模块。

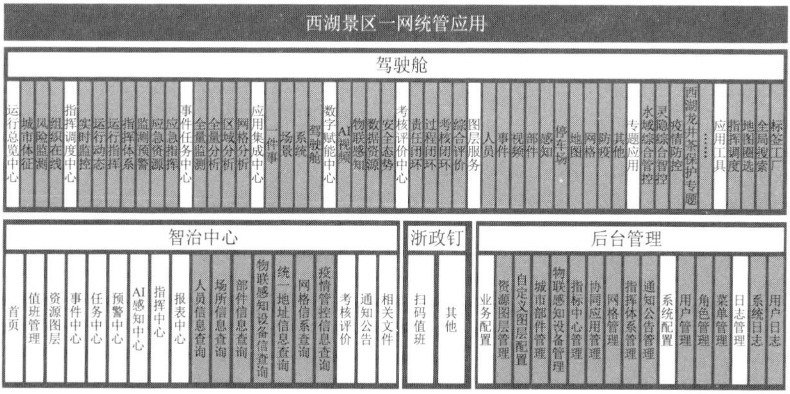

图14-22　西湖景区一网统管产品模块

14.2.2.5　软硬件配置

（1）软件配置（表14-1）

软件配置表　　　　　　　　　　　　表14-1

参数名称		参数值
RTO	磁盘恢复	小时级
	人工迁移	小时级
	应用系统远程切换	秒级
PRO	磁盘恢复	小时级
	定时数据备份	日级
	异步数据备份	小时级
	同步数据备份	秒级

（2）硬件配置（表14-2）

硬件配置表　　　　　　　　　表 14-2

硬件类型	参数名称	参数值
负载均衡服务器	CPU	8c
	内存	16G
	系统存储	50G
	数据存储	400G
	操作系统	CentOS 7
	中间件	Nginx 1.20
数据库服务器	CPU	8c
	内存	16G
	系统存储	50G
	数据存储	1.5T
	操作系统	CentOS 7
	中间件	Nginx 1.20　　MySQL 8.0　　Redis7.0
备份数据库服务器	CPU	8c
	内存	16G
	系统存储	50G
	数据存储	1.5T
	操作系统	CentOS 7
	中间件	Nginx 1.20　　MySQL 8.0　　Redis7.0

（3）性能指标（表14-3）

性能指标　　　　　　　　　表 14-3

性能类型	参数名称	参数值
接口调用	接口速度	≤ 0.5s
指标分析	指标分析速度	≤ 0.65s
文件管理	文件检索和导出	≤ 0.8s
数据管理		
数据承载能力	结构化数据承载量	亿级
	非结构化数据承载量	T 级
图层管理性能规格	2D 平面图加载	≤ 0.5s
	2D 实景图加载	≤ 1s
	3D 实景图加载	≤ 1s

14.2.3 业务功能

西湖景区一网统管应用业务功能主要以驾驶舱和智治中心为主，智治中心是一网统管应用的前台，"浙政钉"应用是一网统管的移动端，后台管理是驾驶舱、智治中心和"浙政钉"应用的统一后台，通过驾驶舱、智治中心、"浙政钉"应用和后台组合服务，并通过分级分权实现全区基于一个账号体系、一个应用载体的多方复用。

14.2.3.1 驾驶舱应用

驾驶舱应用主要是通过"六大中心"以大屏可视化方式（图14-23），实现"可观、可管、可指、可防、可研"，通过可视化、动态化、多维度展示城市运行综合管理态势全景图，为领导决策提供辅助服务，实现景区运行实时感知、景区管理即时调度、景区服务保质保量。

图 14-23 驾驶舱应用——运行总览中心

（1）运行总览中心

运行总览中心反映西湖景区总体运行态势，从景区基础特征、公共管理、公共服务、公共安全、风险监测、组织在线等维度反映景区运行状态，包括经济、生态、交通、客流、文化遗产、安防、消防、舆情等运行要素，按"一数一源一标准"建设规范提炼城市指征，通过对运行指标数据进行系统分析、研判，"一物一判、一事一决"，针对感知类、事件类、分析类都量身定制预警阈值，实时进行预警监测，培养可视化、智能化的感知预警能力，协同基层治理四平台进行预警事件流转处置闭环，保障景区运行高效、稳定。

（2）指挥调度中心

指挥调度中心分"平时"和"战时"两种状态（图14-24），在日常工作时，启用平时预案，可以实现对人员、视频、船舶、部件、感知设备等指挥全要素的即时调度，并掌握各指挥网格值班情况，实现平时指挥有序；在应急和重大事件状态下，启动战时预案，提级指挥、统一接管、总体部署、快速反应、联防联控，实现战时指挥高效。

图14-24　驾驶舱应用——指挥调度中心

（3）事件任务中心

事件任务中心支持景区全量城市运行事件、任务的呈现、上图和分析（图 14-25），涉及省市级综合治理、监管执法、应急管理、公共服务、党建统领、经济生态等重点领域，保证各要素"可观、可指、可研"，查询各类事件、任务处置节点和处置闭环信息，支持全量监测、全量分析、区域分析、网格分析等治理要素多维分析展示。

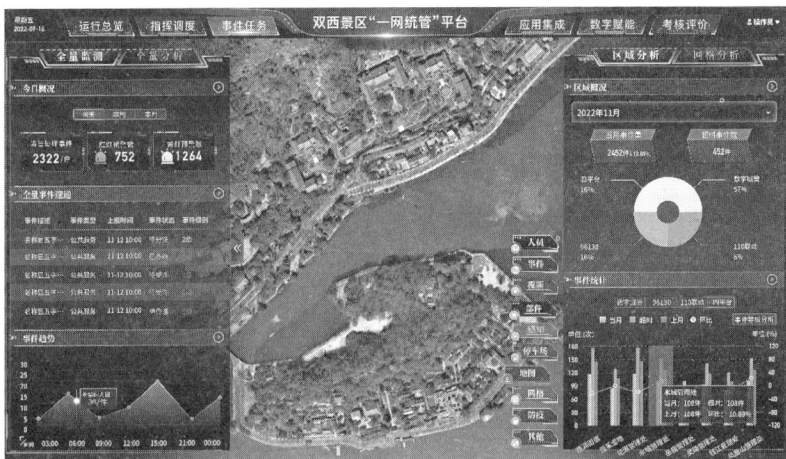

图 14-25　驾驶舱应用——事件任务中心

（4）应用集成中心

应用集成中心是系统、场景、驾驶舱等应用的枢纽，支持对接包括党政机关、数字政府、数字经济、数字社会、数字文化、数字法治"六大领域"的西湖景区各类政务应用、民生应用，同时集成景区一网通办、一网畅游、水域治理、航测比对等各类"一件事"应用，实现各类应用"一键直达"。

（5）数字赋能中心

数字赋能中心是西湖景区一网统管的"数智大脑"中心的可视化体现（图 14-26），可针对不同业务场景、业务需求，提供包含视频、图像等类型的智能分析算法，支持物联感知智能发现、智能算法运行、大数据分析研判等，支持各类结构化和非结构化数据的加工、分析和研判；同时，数字赋能中心也是一体化智能化平台运行中心，展现一体化平台支撑景区在数据归集、数据资产、数仓建设和组件接口调用等方面的建设情况；此外，数字赋能中心还是景区网络和数据安全监管中心，实时展现景区网络和数据安全态势。

图 14-26　驾驶舱应用——数字赋能中心

（6）考核评价中心

考核评价中心是景区工作任务、督办事项的考评闭环（图 14-27），支持对事件处置、任务完成情况进行考核，基于任务、事件的全过程数据统计、分析、研判，实现"督考一体化"。

（7）图层资源服务

图层资源服务是一网统管应用数据资源的重要组成部分，是景区数字化运转的"微小单元"，也是城市治理服务的"智能模块"和"基本要素"。按照"实体数据化、数据资源化、资源可视化"的建设理念，景区目前梳理了涉及人员、事件、视频、部件、感知、停车场、网格、地图、防疫及其他分类共 122 个图层，涵盖基础信息展示、监测预警提示、轨迹查询、指挥调度、融合通

图 14-27　驾驶舱应用——考核评价中心

信等服务功能，贯穿景区治理和服务的方方面面，通过对景区时间、空间、地理、文本、图像、音频等信息要素的提取、转换和融合，形成标签化资源图层，再通过不同资源图层的组合利用，可以实现治理和服务小场景的自由、快速搭建，通过"小场景"实现"大作用"，打造西湖景区"智慧一张图"，同时，数字化的图层资源服务也是西湖景区立足建设"中国数字第一景"的数字基础。

（8）特色专题应用

特色专题应用是一网统管的拓展和延伸，各部门单位可以基于西湖一网统管应用的统一架构、统一标准规范、统一指征体系、统一组件服务打造部门单位特色应用，满足定制化需求。

14.2.3.2　智治中心应用

智治中心应用是一网统管应用的前台，是面向用户的业务操作平台，支持用户配置各类任务，支持查询、检索各类数据资源、运行记录、预警记录，支持对各类数据仓成果进行汇总应用，也是一网统管知识库的沉淀中心，主要包括首页、值班管理、图层管理、事件中心、任务中心、预警中心、AI感知中心、指标管理、报表中心、考核评价、通知公告和相关文件等模块功能。

　　智治中心应用支持各部门单位在线值班编排（图14-28），在驾驶舱上可以投放"值班码"，手机扫码签到，对于重要保障会议，支持各层级值班情况一键调取，方便即时调度，强化应急指挥；支持用户对人员、事件、视频、部件、感知、停车场、网格、地图、防疫及其他共十大类图层资源进行信息检索；支持数字城管、"四平台"、110接处警非警情类等事件的接收、流转、查询、统计和分析；支持对各类预警事件、感知事件基于图、文、视频、链接等详情进行检索、查看和下载；支持对各类指标的名称、含义、来源单位、来源系统、更新频次、责任人等信息进行综合查询；支持对人、房、企、事、物、组织等城市治理要素的综合报表进行查询、下载；支持对考核评价内容进行综合查询分析；支持对各类通知、文件等知识库信息进行查询和下载。

图14-28　西湖景区智治中心模块

14.2.4 应用成效

14.2.4.1 "统"：聚焦数据归集，系统汇聚

截至目前，一网统管梳理了涉及"六大中心"600 余项数据指标，提炼了景区涉及基础体征、公共管理、公共服务、公共安全类城市体征 231 项，汇总了涉及治安、秩序、人车船、舆情、疫情、灾害、安消等 14 大类 27 小类预警监测，理清了涉及人、房、企、事、物、情、组织等 122 个景区资源图层，建设了一户一档、一企一档、古树名木、景区景点、事件事项、统一地址等全量全要素数据仓，汇聚了景区涉及视频、图像、语音等各类智能算法 20 类，接入了涉及水生态、土壤、空气、生物、文化遗产、安全消防等物联感知设备 26 类 5000 余个，归集了景区涉及党政机关、数字政府、数字经济、数字社会、数字文化、数字法治等共 10 余个场景应用、30 余个系统应用和 10 余个驾驶舱应用。

14.2.4.2 "管"：发挥实战，实用，实效

当前，杭州西湖风景名胜区管委会综合指挥保障中心日常值守一网统管应用，以"政府＋企业""业务＋技术""7×24"的专班化方式协同运转，在日常管理、重要节假日、重要安保等工作中发挥了重要作用。自系统上线以来，支撑了景区客流管控、疫情管控、舆情监管、机动车预约管控、水域治理、古树名木保护、企业监管、建筑监管、防台防汛、事件督办、网格管控等多个治理和服务场景。

（1）聚焦实战，坚持建用结合

结合体制改革，杭州西湖风景名胜区管委会组建成立综合指挥保障中心，整合数据资源管理、综合指挥协调等职能。西湖景区一网统管由综合指挥保障中心主导建设，西湖景区相关单位建立一网统管试点，各管理处分配账号，全域推广使用。做到线上智治中心与线下指挥中心结合，实现从散到统、从看板到实战、从人工到智

能、从单一到多跨的转变。

（2）聚焦实用，强化治理能力

网格化，实现管理责任到人，目前已完成全景区 58 个网格的切分，实现平安网格与管理网格的整合，基于图层资源归集展示、网格力量展示、事件数据撒点、异常告警等功能模块，实现"一图总览，全域感知"；系统化，实现事件处置流程闭环，迭代升级一网统管基层治理四平台事件处置模块，实现责任到人、闭环处置、三级贯通，结合西湖景区体制实际，重塑事件处置自上而下、平行流转、自下而上、内部流转四个闭环管理流程；可视化，对各类事件按照类型、区域（网格），实现事件可视化多维度研判，实时调取，实时分析。

（3）聚焦实效，提升服务质量

立足西湖景区各部门单位、市民群众的切实需求，充分发挥一网统管信息系统在景区市域治理服务方面的优势，突出一网统管应用建设的战略定位，高效处置城市治理服务方面的切实需求，大幅度提升城市治理服务效率和质量，让西湖景区更聪明、更智慧，提升市民群众的安全感、获得感和幸福感。

14.2.5　深化发展

14.2.5.1　完善物联感知体系建设，进一步夯实"城市运行感知基座"

基于景区城市治理和服务要求，进一步完善"云、网、端"一体融合的感知体系建设，完善多种形态的物联感知终端、云边协同的物联感知边缘处理节点，打造物联感知专网，组成完善配套的物联感知基础设施，提升景区"全息感知、精准分析、多维展示、科学决策、快速处置"的治理服务基础能力，夯实西湖景区城市运行感知基座。

14.2.5.2 加强 AI 解析中心建设，进一步赋能 "西湖景区智慧大脑"

提升景区 AI 感知能力，加强西湖景区 AI 解析中心建设，构建包含视频、图像、语音、文本、混合等结构化、非结构化、半结构化的场景数据模型能力和智能算法能力，聚焦 "AI+ 场景" 应用，实现 "数字治理" 向 "数智治理" 转变，让景区更聪明、更智慧。

14.2.5.3 开展数字孪生场景建设，进一步打造 "中国数字第一景"

结合西湖景区一网统管应用，充分利用物联网、大数据、云计算、人工智能等新一代信息技术的发展优势，探索开展数字孪生场景建设，以业务为导向、以场景为模板、以对象为中心，力争对时空、数据、组件等资源进行全方位、多维度的优化整合、迭代创新，奋力打造国内领先的数智景区孪生体系，建设 "中国数字第一景"。

14.3 峨眉山景区智慧交通平台

14.3.1 案例概述

根据峨眉山《智慧景区智慧交通总体规划》和景区实际道路交通管理需要，综合运用 "移动互联网 + 物联网 + 大数据 + 云计算" 等新一代信息技术，通过使用无线网关、智能道闸、车牌识别一体机、引导屏等前端物联网设备，动态实时采集、显示、推送景区停车泊位信息，加快游客停车、找车速度，避免大量车辆在景区道路上迂回寻找车位或拥堵在停车场的出入口，影响游客体验。同时，对全部停车资源进行整合，可以网上预约公共停车泊位，实现联网运营、管理，提升道路通行效率和车位周转率，减少停车运营管理工作量，提高景区管理服务水平和工作效率（图 14-29、图 14-30）。

千佛顶　万佛顶
金顶
舍身崖　十方　金顶
普贤　金顶索道
大酒店
太子坪
接引殿
杜鹃、冷杉林保护区
生态猴区　雷洞坪
滑雪场
双水井
杜鹃保护区
华严顶
零公里
观音岩　洗象池
长寿岩　生态猴区
仙峰岩　初殿
仙峰寺
九老洞　琪桐、报春花　九岭岗　长老坪
保护区
茶棚子
遇仙寺　息心所
天池峰　九
十
九　石笋峰
琪桐保护区　道　洪椿坪　万年寺　万
拐　年
生态猴区　寺
道
车
一线天　报春花　白龙洞　场
纯阳殿　中峰寺　广福寺　保护区
秤楼保护区　雷音寺　神水阁　清音阁
伏虎寺　报国寺　五显岗
红珠山宾馆　博物馆游人　龙门洞地质保护区　清音平湖
灵秀苑　服务中心　净水
峨眉山温泉饭店
峨眉山特色　黄湾游人集散中心　至峨眉山市区
景区客运中心　峨眉山大酒店
天下名山　峨眉山特色
美食府　四川名优土特产购物中心

━━━ 公路　　[?] 投诉咨询点　[P] 停车场　　[+] 医疗救助站　[车] 汽车修理厂　[温] 温泉
──── 步行道　　[电] 公用电话　　[卫] 卫生间　　[派] 派出所　　　　　　　[油] 加油站

图 14-29　峨眉山景区全山交通规划示意图

图 14-30　零公里车场规划

建设内容包含三级诱导系统 6 套、车场出入管理系统 10 套、指挥中心大屏 1 套、安防监控系统 125 点位、卡口系统 5 套、车位诱导系统 1 套、智慧交通管理平台 1 套。

14.3.2 案例目标

14.3.2.1 管理运营角度（表 14-4）

景区停车改造前后管理运营效果对比   表 14-4

序号	角度	改造前	改造后	社会效益和价值
1	景区管理运营	车辆存在乱停、乱放现象，难管理，安全隐患大	停车场合理规划，规范有序停车	规范管理，提高服务品质；高效管理，降低管理运营成本；智慧运营，减少管理安全事故
2		景区内停车收费不规范，引起客诉，影响形象	统一收费规范，统一服务标准，提升服务品质	
3		景区停车缴费形式单一，通行慢，路口堵	预约入场需缴纳预约金，可用于抵扣停车费，助力车主快速通行	
4		景区停车存在信息孤岛，资源使用不均，有的停车场无位拥堵，有的停车场大量空位	提前发布车位情况、空闲区域信息，合理泊车，顺畅通行	
5		引导缺失，盲进，出现集中拥堵	同步通行情况，精准引导通行	
6		车场人工收费，管理运行成本高	智能化，无人值守，管理运营成本降低	
7		没有任何数据，管理调度无根据	大数据分析，智能调度，保障顺畅通行	

14.3.2.2　游客体验角度（表 14-5）

景区停车改造前后游客体验效果对比　　　　　　表 14-5

序号	角度	改造前	改造后	社会效益和价值
1	游客体验	民营、私营停车场收费不统一，游客常被坑	统一收费标准，愉悦停车体验	游客游览顺畅；客诉少，满意度高
2		无法提前预计景区通行状况，误入拥堵	提前通过引导、手机知晓情况，避开拥堵高峰	
3		缴费方式单一，效率低，体验差	预约金抵扣停车费，无感支付，畅快通行	
4		车行信息存在盲点，找车位、停车难度大	提前知晓停车状况，通过引导快速停车	
5		大停车场寻车难	方向寻车，快速找到车位	
6		非智能，缴费、停车麻烦大	完全自助化，方便快捷，可享受更多车生活服务	

14.3.3　案例架构

14.3.3.1　技术架构

景区智慧交通管理平台系统网络采用分层分布式结构，利用网络完成整个智慧停车管理平台系统的搭建。与景区智慧交通其他停车场信息系统共享部分数据。集中停车场数据，形成景区智慧交通平台的数据源。

景区智慧交通管理平台分为设备层、网络层、平台层、服务层（图 14-31）。

（1）设备层

设备层主要由车位检测设备、手持采集终端、出入口管理设备等组成，车位检测设备、出入口管理设备负责采集基础数据并上传

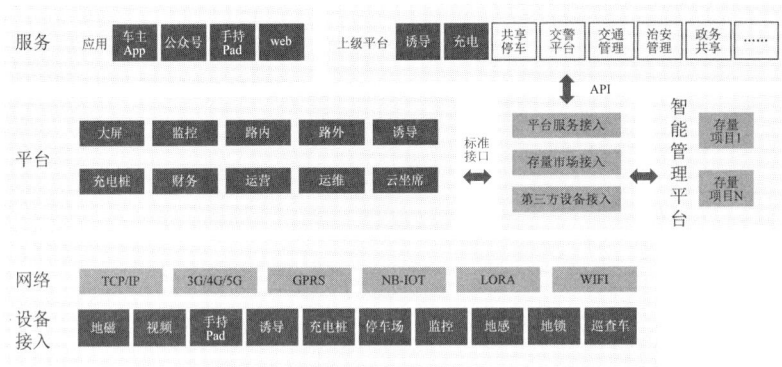

图 14-31　景区智慧交通平台技术架构图

至平台，自动计算车辆停放时长。手持采集终端作为现场收费和巡查监管配备，可完成人工收费、欠费拍照取证等。

（2）网络层

网络层由无线网、互联网、物联网等各类网络构成，用于前端数据采集设备与平台双向信息交互。

（3）平台层

平台层由智慧停车收费管理平台和标准接口层两部分组成，支持智慧停车一系列流程，对停车位的周转率和利用率进行统计分析，为管理部门提供辅助决策，全面掌握停车信息。

（4）服务层

服务层由微信公众号、App、手持 Pad、门户网站等不同应用场景的服务方式组成，通过智慧停车收费管理系统对外提供支撑和服务，例如为车主提供精确停车引导、停车缴费、车场导航等服务。

14.3.3.2　网络架构

景区智慧交通管理平台基于大数据设计思想，采用互联网流行的微服务架构、中台服务架构设计（图 14-32）。

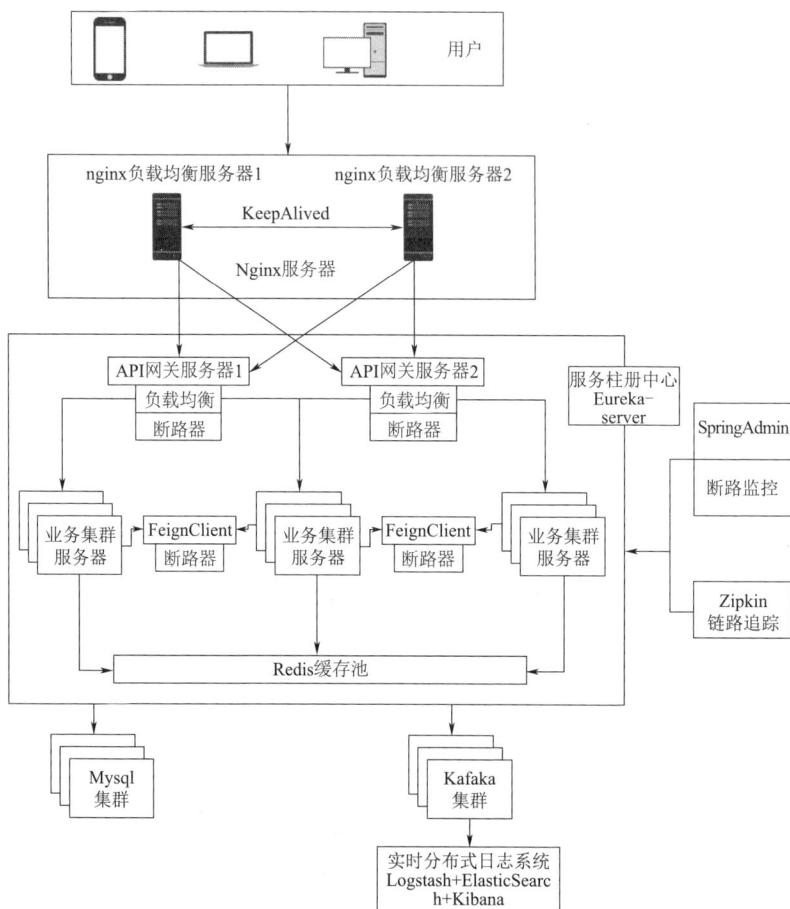

图 14-32　网络架构

微服务架构：是基于有界上下文的、松散耦合的面向服务的架构。其特点是模块即服务、松散耦合、独立部署、强模块化边界、技术多样性。其目的是有效拆分应用，实现敏捷开发和快速部署。

中台服务架构：是构建符合互联网大数据时代的，具有创新性、灵活性的"大中台、小前台"的机制，即作为前台的一线业务会更敏捷、更快速地适应瞬息万变的市场，而中台将集合运营数据能力、产品技术能力，对各前台业务形成强有力的支撑。中台突出的是整体设计和协调性，而前台强调的是设计创新和适应性。

14.3.3.3 软硬件配置（表 14-6）

软硬件配置表　　　　　　　　表 14-6

序号	分类	货物名称
1	停车系统	智能道闸
2		车牌识别一体机
3		辅助摄像机
4		无人值守
5		智能终端设备
6		接入交换机
7		电控箱
8	诱导系统	一级诱导屏
9		二级诱导屏
10		三级诱导屏
11		一级屏立杆
12		二级屏立杆
13	环保、交通及卡口系统	环保卡口抓拍单元
14		气体爆闪灯
15		补光灯
16		卡口立杆
17		终端服务器
18		箭头灯
19		一体化三合一箭头灯
20		一体化人行灯
21		倒计时器
22		交通信号控制机
23		500W 电子警察
24		交通灯立杆
25		高清智能违停球机
26		信息提示屏
27		控制电脑
28	软件及平台	总体要求
29		系统响应时间
30		并发性
31		可靠性
32		安全性和许可限制

序号	分类	货物名称
33	软件及平台	智慧停车管理系统
34		交通诱导系统
35		车位预约系统
36		移动端应用
37		系统对接要求
38		运营管理子系统
39		接口要求
40	机房	机房建设

14.3.3.4 平台性能指标

（1）硬件性能指标

道闸起落杆时间 0.8 秒；车牌识别准确率 99.7%，增加 AI 算法后，识别率高达 99.99%；系统响应时间 0.1 秒；诱导数据更新响应时间 5 秒内；卡口事件识别准确率 98%；定位精度 3m；断电 ups 延时工作 1 小时；有线、无线网络自动切换。

（2）软件性能指标

系统架构支持管理 500 个以上停车场。

系统具备前端设备故障自查自检能力、软件模块远程控制升级能力以及数据自动备份能力。

总控中心物理安全、系统网络安全、主机安全、应用安全、数据安全及备份等方面达到《信息安全技术 网络安全等级保护基本要求》GB/T 22239—2019 第三级基本要求。

系统基于 .NET 或者 JAVA 平台，后台数据采用动态加密方式进行数据传输，保证数据在公网传输的安全性。数据接口支持采用负载均衡的方式部署，通过公共缓存的技术降低数据库的访问压力，提高用户请求的响应速度。

为了保证数据的完整性，需要做好数据的本地和异地的备份。

同时，系统必须具备良好的可扩展性，可以在不影响平台性能的情况下，对应用系统等进行动态扩展。

管理端采用 B/S 模式，岗亭馆采用 C/S 模式，运行在 Windows 或者 Linux 操作系统下，客户端采用 HTTPS 协议访问后台的数据。

系统能够 7×24 小时不间断运行。

数据库系统自动滚动循环备份，根据设定周期自动配置，同时支持手动备份。

前端系统接入设备应能兼容多厂家、多格式的停车场硬件设备、车位检测器以及配套的通信设备，后台系统能提供同时支付预付费和后付费的计费模式。

（3）平台性能指标

支持实时数据统计：页面加载时间不超过 3 秒，数据响应时间在 5 秒以内，实时统计的要展示出来。举例如下。

地图展示：能在 3 秒内加载地图上的泊位数据。

报表：查看、导出各项报表时，报表的加载时间不能超过 5 秒。

交易订单：当用户申请停车后，系统会在 3 秒内生成订单数据。

欠费订单：当车辆离开后，系统会在 3 秒内生成欠费单。

数据查询：查询数据时，在 5 秒内要将查询结果展示出来。

（4）平台运行指标

平台启动时间小于 1 秒；登录平台时间小于 100 毫秒；该系统与各个业务系统之间的接口响应时间小于 100 毫秒；数据查询操作，近期数据查询响应时间小于 1 秒，历史数据查询响应时间小于 5 秒；设备远程操作，响应时间小于 3 秒；功能菜单切换，响应时间小于 1 秒；数据保存时长（记录）10 年以上；数据保存时长（图片），抓拍的图片，保存期限最少 180 天；系统支持并发用户数达到 1000 个以上，操作响应速度不超过 2 秒。

14.3.4　案例功能

14.3.4.1　功能概述

以"停车场＋引导＋大数据"为核心，以停车场停车为骨干网络，打造扩展性强、快速升级的智慧停车综合管理平台，实现对停车场停车资源的统一管理、高效利用，支持车位查询、电子支付、统一监管等功能，通过配套诱导系统疏导交通。同时，依托标准的技术规范与数据接口，打造开放、共享、互通、多品牌共存和多渠道共赢的景区停车新生态。

智慧停车综合管理平台分为大屏、监控、停车场、引导、财务、运营、运维、设置、云坐席九个功能模块。

（1）数据大屏

通过大屏模块，清晰显示停车资源的使用情况，包括资源分布图、城市资源、用户概况、用户支付方式统计、用户停车时长统计、泊位使用统计、收入统计、设备概览、运维工单统计等。

（2）监控

通过监控模块可以在 GIS 地图上实现对停车场智慧停车、停车诱导的统一管理，具备车场监控、视频设备监控、诱导屏设备监控、车场人员监控等功能。管理系统与停车场出入口控制机、车牌识别一体机、视频卡口等业务设备建立数据连接，实现视频实时监控。

（3）停车场停车

系统具备完整的停车场停车管理功能，包括车场配置、车位管理、实时监控、增值服务管理、订单管理等功能（图 14-33）。

（4）停车引导

智慧停车综合管理平台对接停车引导系统，支持设备管理、信息管理、发布引导信息、引导调度管理等功能（图 14-34）。

图 14-33 停车场停车管理功能模块示意图

图 14-34 停车引导功能模块示意图

（5）财务管理

财务模块根据各停车场的收费费率设置功能，与第三方进行费用清算，提供多样的费用统计分析报表，包括财务概况、商户管理、支付记录管理、复核管理、业务平台对账、支付平台对账、结算管理、收入分析统计等功能（图 14-35）。

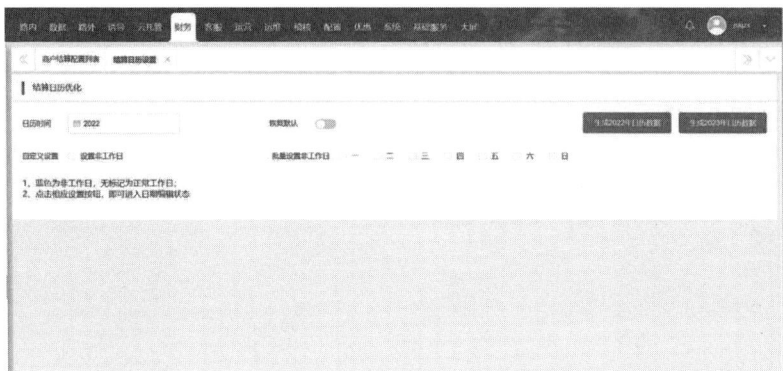

图 14-35　财务管理功能模块示意图

（6）运营管理

系统具备丰富的业务运营服务体系，运营模块包括运营概况、客户服务、会员管理、车辆管理、电子发票管理、第三方车场管理、收费额度管理、停车服务评价、用户营销、统计分析等功能（图 14-36）。

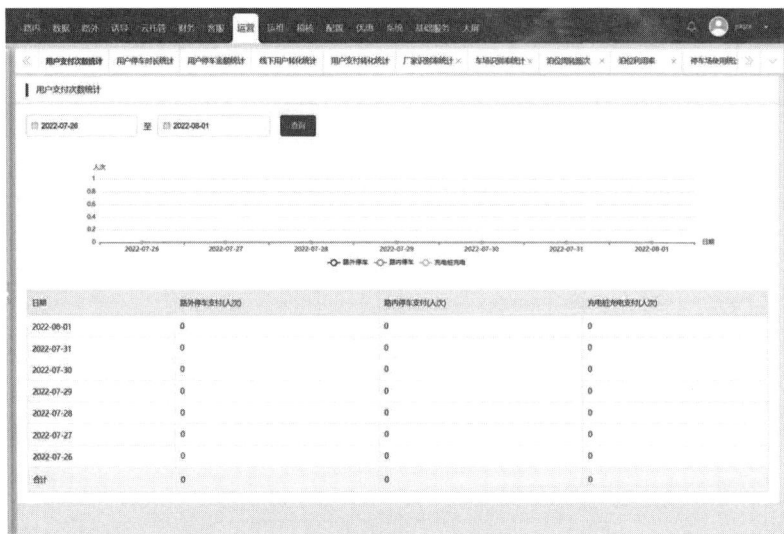

图 14-36　运营管理功能模块示意图

（7）运维管理

运维模块将记录设备运行情况、故障信息以及设备维护信息，支持运维概况、运维监控、运维工单、供应商管理、应用软件版本管理等功能。

（8）系统配置

系统配置模块实现对相关应用系统用户及权限的统一管理，包括组织机构、系统管理、数据字典、城市信息、收银台管理等功能。

（9）无人值守云坐席

平台支持云坐席功能，借助互联网，通过地感探测、主动发起等方式响应服务需求，由专职人员 24 小时在线处理，实现对车场岗亭的集中化管理。平台支持工作台、坐席监控、事件管理、数据分析等功能（图 14-37）。

图 14-37　无人值守操作台示意图

14.3.4.2 部分功能模块详解

（1）移动应用

对车场日常业务进行线上处理，一部"手机"即可提供各类服务，车场通知、活动信息等一键触达用户。同时，移动端集成常用应用，支持常见事务一键办理，带给车场管理者、车主舒心的体验。

① Pad 收费 / 巡检端 App

收费端应用包括开机登录、签到签退和考勤、查看路段、查看车位、收费员任务、停车记录、免费订单、月卡办理、小票通知单、消息提醒、用户管理等功能。

②车主 App

车主 App 包括注册、登录、密码找回、第三方登录、路内停车、车场停车、停车缴费、欠费补缴、附近停车场、钱包余额及充值、优惠券、账单查询、停车记录、我的车辆、月卡管理、我的收藏、电子发票、用户设置、意见反馈、系统消息等功能。

③微信公众号

微信公众号包括注册、登录、附近停车场、路内停车、车场停车、停车记录查询、车辆管理、无感支付、月卡管理、钱包充值、欠费补缴、App 下载等功能。

④车位预约

景区停车场作为游客重要入口，与景区购票系统存在强关联关系，景区如何尽可能为购票游客提供便捷的停车渠道，如何解决景区内商户为游客提供预约停车服务指引，是停车场系统需要重点考虑的问题。

停车与门票联动预约，只有在预约门票的前提下才能进行车位预约；若退订门票，则预约车位随之退订；若预约车辆被智能道闸识别后进入景区，则与之对应的预约门票不能取消（图 14-38）。

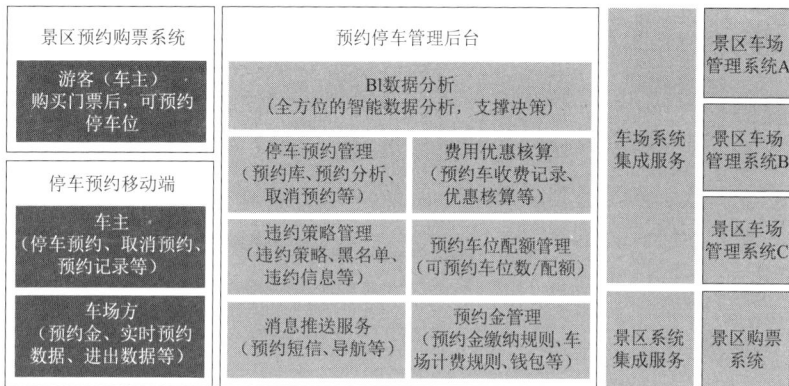

图 14-38　停车预约模块示意图

（2）智慧停车管理系统

系统应具备完整的停车管理功能，包括车场配置、进出规则管理、业务管理、无人值守管理、电子发票管理等功能。

①停车场接入管理

运维人员通过 Web 页面统一管理所有停车场的关键业务配置和关键业务操作，可对停车场进行增加、删除、修改、查询，对接入停车场系统的所有智能化设备进行添加、删除、查询、修改。

②车辆进出规则

根据实际管理需要，可自定义车辆出入规则，根据不同场景制定不同出入预案，并可对预案进行修改与保存，管理人员可根据需要从预案列表调用预案。

③客户业务管理

进行客诉业务处理、用户意见反馈。客服人员受理、处理停车游客的客诉，并登记处理结果。

④无人值守管理

通过无人值守功能，可实现通道远程监控、一键远程控制、远程对讲等（图 14-39）。

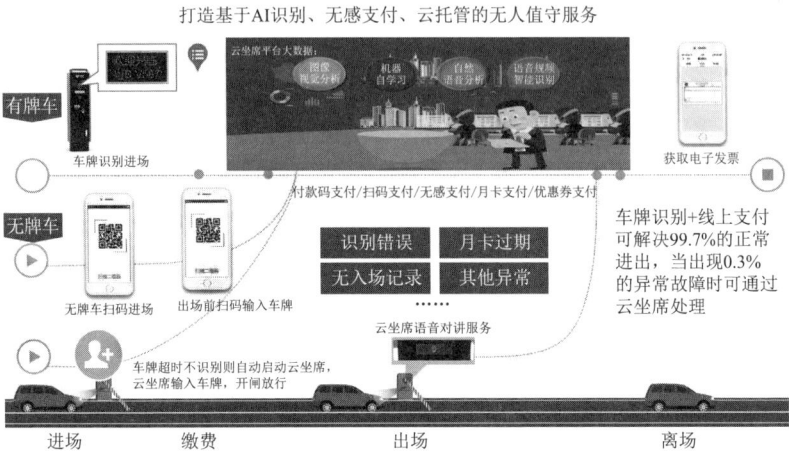

图 14-39　无人值守服务示意图

为了减少人工成本及应对现场突发事件，系统可远程托管到监控中心，在提高系统灵活性的同时优化用户体验。

⑤电子发票

电子发票系统基于现有税务规则，是承接发票业务及开票系统的中间基础平台，以满足用户的开票需求。用户可便捷地通过手机、PC 等设备获得相应的电子发票，实现发票无纸化、开票随时化，方便快捷地处理报销事项（图 14-40）。

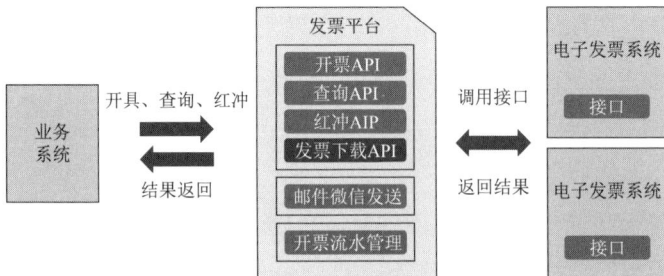

图 14-40　电子发票开票流程

（3）运营管理系统

运营管理系统是根据车场、区域、人员、车辆、设备等各种维度，实时展现系统运行和运营收入等重要数据的平台。其掌握景区停车场运营报表、日常运营数据、多种分析诊断图表，可方便管理人员随时随地查看车场的缴费和车辆进出报表，实时了解车场的经营状况。还能汇总车位检测设备、停车场进出记录、视频卡口、违停抓拍等终端数据，实时以地图、图表形式向管理人员反馈停车场生产运营情况。

①智能分析

通过大数据分析，输出车道识别率、车位空置率、场内车盘点、车场指标、车场流量分析等指标，为车场优化提供依据。

②经营数据

提供应收、实收、减免的数据报表，并针对异常金额、异常通行记录、异常事件等生成独立报表，便于车场管理方调整管理策略。

（4）运维管理系统

平台建立线上运维管理体系，同时建立车场管理流程。平台支持停车设备维护、设备运营状态监控、事件预警、故障智能派单等功能，最终为管理方考核、降本增效、增值服务提供可靠的支撑。

①停车设备维护管理

系统可以通过实时监控停车场出入口控制机、车牌识别一体机、视频卡口、诱导屏等各类设备的运行情况，感知设备故障并通知系统派单处理，跟踪故障单解决流程。

②设备状态监控

管理系统可与停车场出入口控制机、车牌识别一体机、视频卡口、诱导屏等业务设备建立数据连接，进行链路心跳定时检测，系统能够实时检测到链路的中断或恢复，并进行记录；此外，系统还支持设备状态监控、设备资源管理、预警提醒管理等。

③事件预警

根据视频卡口、违停抓拍等前端采集系统上传的实时数据，按照提前设置事件动作进行自动提示与报警。

④故障维修跟踪

支持按照维修单处理原则，自动分派处理人、验证人或者由人工指派处理人、验证人。维修工单处理人查看待处理故障后，进行故障排查并解决问题，完成后变更工单状态为待验证。最终维修满意情况将由验证人进行确认，满意则关闭，不满意则再次转为待指派状态。系统支持对所有维修工单的状态变更和处理情况进行实时跟踪、保存、查询。

（5）引导系统

停车引导管理系统是智能交通系统的重要环节之一，主要通过对机动车流进行动态分配、实时引导、科学管理等，从而提高景区道路服务水平。景区停车引导系统包括行车引导及停车引导。

停车引导技术通过对城区停车资源进行实时统计和发布，有效引导使用者顺利到达目的地，实现交通流优化，避免因停车导致交通阻塞，也提高了停车设施利用率。

①停车信息发布

通过多渠道发布停车信息，包括利用路面上布置的信息发布诱导屏、手机 App 等，使信息准确、全面、醒目、直观，能被游客接受，使用方便，具备良好的停车引导效果。

②一级引导服务

一级诱导屏设置于主干道或者主干道交叉口处，提供停车场位置、动态车位、行车方向提示等详细信息。

③二级引导服务

二级诱导屏设置于停车场周边 1～4 个路口处，提供停车场的动态空车位及方位信息。

④三级引导服务

三级诱导屏设置于停车场入口处，用于指引游客到达某一特定的停车场，发布内容包括车位数、方向和停车标识等。

⑤停车导航服务

系统依托停车管理服务平台及智能移动终端（微信公众号），为游客提供停车全过程的导航服务。游客可通过诱导屏或微信公众号确认目的地停车场，后跳转至高德、百度地图 App 规划最优路线，在最短时间内到达停车场。

交通引导系统基于智慧停车管理系统进行车场、车位管理，采集车场车辆数据，并向移动端、景区诱导屏发布动态车位状态，根据诱导信息为管理部门提供数据分析、辅助决策。

14.3.5　应用成效

"一个中心、一个平台、N 个应用"智慧停车系统综合运用移动互联网、物联网、大数据、云计算等新一代信息技术，全面采用当前市场最前沿的"互联网＋停车"管理模式，通过行业最先进的视频传感、地磁传感以及出入口无人化传感设备加平台云端识别等融合技术手段，实现不同环境下多场景、多业态数据的实时采集与覆盖，获取整个景区停车位数据，建立感知、分析、服务、指挥、监察"五位一体"的静态交通管理平台，实现对景区路外停车场进行一体化运营监管，对停车资源进行智慧化管理，引导车辆合理停泊，停车泊位的利用率提升 50％，周转率提高 150％，停车顺畅度提高 25％，有效解决了停车难题。同时与动态交通平台及其他公共服务平台打通，积极构建智慧化城市综合管理体系，逐步实现城市综合管理信息化、集约化和智能化，助力智慧城市发展。主要成效体现为：

实现景区停车规范化管理，提升景区服务品质与服务形象，降低安全风险；有效疏导车辆，避免交通拥堵，让游客快速找到车位，快速通行，提高通行效率；通过合理化改造，增加景区停车泊位，提高景区停车位资源的使用效率，解决景区停车资源不足的问题，有效缓解供需矛盾；实现信息化停车资源运营，智能化通行调度，提高景区停车资源运营效益，助力融入全域旅游、区域交通；构建规范、有序、智能的景区停车系统生态，提升景区的整体形象、游客满意度。

14.3.6　深化发展

（1）优化停车管理：全面整合全域停车资源，提高车位周转率和管理效率。通过智慧管理，实现对车位的监控、查询以及订单支付、巡检等各项运营管理功能，实现数字化停车管理和无人值守。

（2）提升游客体验：为游客提供车位导航、反向寻车、无感支付、电子发票等多种服务，解决景区停车难、停车乱和停车堵塞等问题。

（3）数据共享与规划：全方位采集停车信息，形成停车大数据，为城市规划提供基础数据，同时也为交通管理部门和城市管理部门提供决策依据。

（4）持续创新技术：引入最新的人工智能、物联网、大数据等技术，升级智慧停车系统，提高系统的稳定性、安全性以及智能化水平，以满足景区不断变化的需求。

（5）强化运营管理：优化计费规则，提高停车场的运营效率和收入。同时，加强员工培训，提高服务质量，提升景区形象和游客体验。

14.4 长白山国家级自然保护区森林防火智慧管理平台

14.4.1 案例概述

长白山国家级自然保护区全区南北长 80km，东西宽 42km，总面积为 196465km²，现有 9 个保护管理站、2 个专业扑火队、13 座森林防火瞭望台。

长期以来，受气候、地理、人员素质等限制，长白山国家级自然保护区扑火多沿用人员瞭望和人工定位的方式，这类传统方式不能满足其作为国家级自然保护区发展的需求。作为第一个以森林防火视频监控类名称批复的项目，长白山森林防火视频监控系统研发旨在加大森林防火预警建设力度，开展森林火险气象等级监测和预报工作，做好森林火险预警监测和发布工作。国家林业和草原局领导多次在讲话中指出，要加快森林火险预警系统建设，提高装备、仪器的科技含量，注重基础理论研究和火险预测预报应用软件开发，逐步建立全国森林火险等级预报系统和森林火险预警（视频监控）体系。

长白山国家级自然保护区森林防火视频监控项目是利用当今成熟的电视监控、数字视频、网络传输、多媒体等技术，并结合 GIS 平台开发的集报警、监控、定位、三维可视化于一体的系统。该系统综合运用先进的现代通信技术、计算机网络技术、遥感技术、地理信息技术、图像识别技术、大数据应用技术、多条带全景拼接技术，基于 RTMP 的视频发布技术以及云端运维的技术和手段，为森林防火业务提供全面信息化的综合管理系统平台。该系统平台功能包括火源管控、火险等级预警、火险自动告警、火情监测、指挥调度、三维 GIS、扑火资源管理等功能。

14.4.2　案例目标

通过项目建设，实现长白山国家级自然保护区森林防火准确预警和精准定位的功能应用，有效解决森林火情发现不及时、定位不准确、易贻误扑火时机的问题。扩大森林防火监控面积，加大森林防火力度，实现无人值守的全天候 24 小时火情监测，对火点、火情的早期发现和早期控制，有效解决了地形复杂、人员流动、火点随机等方面的问题。

通过项目建设，管理局可以及时了解森林火情，促进长白山森林防火工作智能化、高效化，提高森林监管工作的灵活性。全面实现对长白山森林防火工作的统一规划、监管和指挥，提升森林消防指挥部门的管理能力和应急事件处理水平。

通过项目建设实现长白山林业信息管理工作的标准化和规范化，为林业主管部门提供信息查询、数据更新、分析评价等服务，根据需要，制作发布火场实时监控报告，为林业防火规划、管理、决策和应急响应提供及时、科学、准确的依据。

14.4.3　应用成效

项目于 2020 年 6 月完成建设并投入使用，为长白山区域森林防火提供了科学、规范的管理模式，覆盖了现有火情监测盲区，加强了森林防火的信息管理，提高了森林防火的管理水平和服务能力；及时掌握森林火灾的现状、动态、发展趋势，提供效益综合分析、评价、决策手段和方法，提高了对紧急事件的处理能力；实现政务办公计算机化，提高了办公效率，增强了森林消防指挥部门的服务能力。

项目的实施有力加强了长白山区域的森林防火基础设施设备建设，提高了预防和扑救森林火灾的能力，保证了长白山区域森林资源和生态环境的安全，将对保护生物多样性、维护生态平衡发挥巨大的社会效益和生态效益。

14.4.4 案例架构

长白山国家级自然保护区森林防火视频监控项目整体架构分为6层（图14-41）。

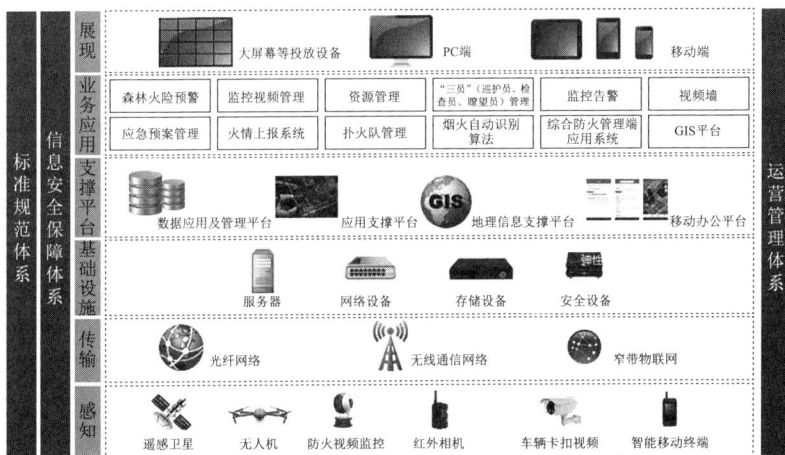

图 14-41　系统架构图

14.4.4.1　展现层

展现层是系统展示的媒介，是向用户传递信息的硬件设备，系统可根据大屏幕显示比例制定画面投放方案，同时支持电脑端、移动设备端等设备的展示。

14.4.4.2　业务应用层

利用大数据的可视化分析技术，通过分析挖掘森林防火数据，实现防火资源数据图上查看、审批、作业、评估评价等可视化管理，为林业防火的整体规划与管理提供智能、最优的科学决策服务。

14.4.4.3　支撑平台层

支撑平台层是为数据的展示、分析、挖掘和业务应用提供标准化、智能化、科学化的基础支撑服务，包括提供地图服务、数据可视化服务、视频数据接入及分发服务、多媒体调度服务以及移动办公服务等。

14.4.4.4　基础设施层

基础设施层是整个后端数据中心的硬件设施，为系统软件提供稳定的运行环境。

14.4.4.5　传输层

传输层是连接系统前端采集设备与后端数据中心的纽带，承担着数据传输、融合通信、控制指令上传下达的任务。

14.4.4.6　感知层

感知层是系统的眼睛和触手，是融合视频监控技术、自动传感技术等高新技术手段构建的，不仅可通过遥感卫星、无人机、高山视频监测火险，同时可使用红外相机对地表火和人员活动进行监测，构建立体感知监控网络，采集前端各类数据。

14.4.5　案例功能

系统利用林业专网集成所有的"天、空、地"感知设备，构建"天、空、地"一体化感知预警，纵向联通防火视频监控系统，并通过视频加密技术保障林火视频数据的安全；通过构建无人机自动机巢，加强火情防范、火情巡查和火点排查的机动力量，提升林火监测预警的应急响应能力；接入卫星遥感热点监测数据并按地域进行数据推送和分发，完善林火监测体系；加强火情监测信息以及森林防火管护业务信息调度，实现卫星监测、无人机巡查、地面高空监控的多方联动和交互调度，提升感知体系应用效能。

通过建设防火综合治理"一张图"平台，综合展示保护区火险等级、火情分布、基础设施、防火队伍、防火视频、"三员"监管等，加强景区对森林防火的全局性掌控能力。系统可在 GIS 地图上显示火点附近的相关资源信息，包括蓄水池、扑火队、村庄、城镇、加油站、各类工厂等信息，并在地图上绘制扑火方案。前端用户可进行火情上报（初报、续保、终报）和火险等级上报（各基层单位上报本区域的温度、湿度、风力等信息，系统按固定模型计算火险等级）。

业务应用包括森林火险预警、监控视频管理、资源管理、"三员"管理、监控告警、视频墙、应急预案管理、火情上报系统、扑火队管理、烟火自动识别算法、综合防火管理端应用系统、GIS 平台模块。具体内容如下。

14.4.5.1 "天、空、地"感知系统

（1）遥感卫星应用系统（"天"）

一是通过遥感卫星监测野外火源。在卫星过境时，对全省特别是中东部地区进行野外火源监测。

二是火场态势监测。发生较大以上火灾时，根据需要对火场区域进行重点拍摄，通过不同时段的卫星图片信息对火势蔓延方向、速度进行对比，掌握火场火情发展态势，为扑火指挥决策提供重要依据。

三是灾损监测。灾后通过卫星遥感技术，提供火场的过火面积、有林地损失等信息，并提供灾后植被恢复情况遥感影像数据。

（2）无人机监测巡查系统（"空"）

当前，多数行业无人机用户仍采用手动或半自动作业模式。一方面，作业过程需要人员介入，对人力要求较高。另一方面，作业结果依赖飞行员的技能水平，操作门槛较高。基于上述业务痛点，项目采用全新一代无人机自动机场，与飞控平台搭配使用，开创了全新的作业方式。火灾事件发生时，遥感、高山视频监控可联动无人机自动前往巡检，具备如下功能。

①实时感知

实时直播：支持多路无人机低延时高清画面直播，实时了解一线动态。

标注与同步：可在遥控器、移动设备和电脑端标记目标、规划路线、分配作业区域，并实时同步。

②巡检任务

巡检设备管理：对所有设备进行分类并管理，监控各设备状态，充分掌握设备工况，以便后续巡检工作开展。

航线规划：通过航线规划功能，可进行精确的巡检航线规划。

巡检结果：无人机结束任务时，将巡检数据自动上传至数据库并建档，无需人为操作，实现全流程无人化。

巡检任务下发：通过平台远程下达实时、定时巡检航线任务，无人机精准按照预定时间进行飞行作业。

（3）地面高山视频监控体系（"地"）

高山视频监控由高清可见光摄像机及可见光镜头、红外热像仪及红外光镜头、高精度转台、烟火智能识别定位系统组成（图14-42）。

智能监测终端通过可见光成像系统和红外热成像系统完成视频信息采集任务，为后续处理系统提供清晰、稳定的视频图像资料，由双光谱火情识别系统对视频进行整理加工，然后提取关键火情特征并识别，将告警信息回传至后端平台。系统高精度转台能够

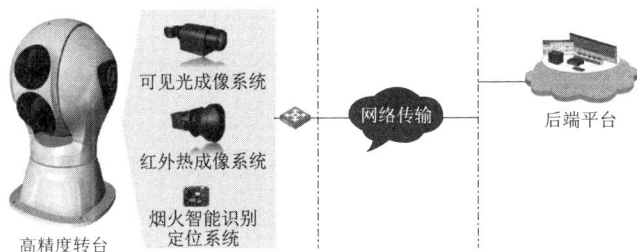

图 14-42　高山视频监控系统结构示意图

360° 全覆盖巡航扫描，精准确定俯仰角、方位角等技术参数，进行多种速度的水平、俯仰灵活控制，快速查看火情目标，精准定位火点。

该设备的高精度转台是在普通转台技术基础上采用抗风阻球型设计理念，同时使用高精密轴承、高精度测角系统、同轴传动方式、极高的控制响应伺服系统实现其高精度定位及目标跟踪。高精度转台适用于定位精度要求较高的远距离、超远距离图像监测及低空防御领域，可进行连续转动巡航工作，转动速度可调、识别精度高、使用寿命长、监测无盲点（水平扫描范围为连续 360°，垂直扫描范围为 −90°～90°）。其设备主要技术特点如下。

①程控变速巡航，操作流畅，快速定位

转台可通过伺服控制系统完成任意速度、任意方向的精准控制，可读取当前角度，令转台转至指定角度。超低速运行可在远景观察时保证画面清晰、不漏细节，当镜头变焦至最小视场并转动设备观察远处目标时，只有低速才能保证观察的画面平滑移动，以获得最佳监控效果；采用慢启动、快转动的可程控变速运动方式，可实现高速巡航、快速定位，提高火情确认的时效性。

②智能感应变速，转速自适应，提升操作体验

转台根据镜头的焦距值自动调整运行速度。广角时，运行速度快；长焦时，可轻松控制低速运行。

③定位精度高，精确判定火点方位

定位精度是火情识别后确定火点位置的重要指标，定位精度偏差较大直接影响最优扑火路径、增长扑火时间，大大增大了火势控制难度。高精度转台采用高精密垂直轴系与水平轴系结构设计，结合高精度测角设备，使定位精度达到0.0038°，率先在实际业务中实现单点定位，保障了火情的早期发现和及时扑救。

④温度控制系统，适应恶劣环境

前端监控设备工作环境多变，夏季，强烈的阳光会直射设备表面，设备最高温度可达70℃；反之，冬季寒冷，设备温度急剧降低，最低可达-40℃。两种环境条件下，设备均难以正常工作。为了防止上述情况发生，高精度转台配备的温度控制系统可良好地抵御酷暑和严寒。

⑤3D精确定位，快速查看火情

高精度转台支持矢量操作，可进行三维定位，以快速定位查看目标，满足业务需求。如果想要小视角观察物体，由左上向右下拖动鼠标，框选所要观察的物体，即可将其拉到小视场下观察；如果想要大视角观察，可以由右下向左上框选所要观察的物体，操作过程简单便捷，而且图像在变换过程中清晰呈现，提升了用户体验度。转台内置GPS芯片，自动定位地理坐标，减少开局现场工作量。转台内置6轴陀螺仪，自动标识地磁北极，实现多点联动定位火点。

⑥军工级制造工艺，使用寿命更长

对关键结构件采用多种工艺处理，提高其机械性能和抗腐蚀能力，具有良好的支撑刚度和稳定性，负载能力强，防护等级达到IP67，使用寿命长，可在各种复杂森林环境中应用。

⑦双目增透防护，有效识别烟火

可见光视窗采用纳米自洁特种光学玻璃，镀膜增透，防水、防油污。

红外镜头锗玻璃表面较软，经不起洗擦，容易留下划痕或损坏，因此在红外视窗加装金刚与增透双层镀膜锗玻璃，提高整机防护能力，有效保护红外镜头。

为了有效识别森林烟火，采用可见光与红外双光谱融合识别，这就要求两种图像具有像素配准依据，科学精准调节光轴是像素配准的关键，可极大提高烟火识别能力。

⑧低功耗设计，降低供电成本

转台合理的结构设计，使之传动系统摩擦系数及风阻系数较小，系统在巡航状态下以较小功耗即可正常工作。

⑨模块化设计，远程升级易维护

结构件及电控部分均采用模块化设计，底仓和保护仓之间所有电路采用单板连接，可以单独拆卸维护，快速更换。

⑩设备技术指标（表 14-7）

设备技术指标　　　　　　　　　　　　表 14-7

	类别	参数
1	有效监测半径	大半径不大于 15km，小半径不大于 5km
2	全区域续航预警时间	不长于 30 分钟
3	自动识别系统	支持可见光与红外双识别，前端部署
4	最小可识别像素	烟目标：7 像素 ×7 像素 火目标：2 像素 ×2 像素 热红外目标：2 像素 ×2 像素
5	承载设备	高精度转台
6	转台定位误差	15km 处：最大径向定位误差小于 1m，最大轴向定位误差小于 78m
7	巡航模式	匀速巡航 / 变速巡航
8	旋转速度	0.01°/s～30°/s
9	环境标准	整体不小于 IP66，镜头、相机保护仓不小于 IP67
10	巡航范围	水平 0°～360°，俯仰 45°～-90°
11	工作温度	-45～70℃
12	传动系统	高精密轴承系统
13	精度保证系统	高精密轴承系统
14	动力系统	高精度力矩电机
15	测量角度系统	20 位绝对式光电轴角编码器

	类别	参数
16	速度调节	精确可控
17	可见光成像系统	覆盖半径15km，光学成像系统，可见光系统采用750mm镜头＋1/3英寸CCD相机，红外系统采用120mm红外镜头＋氧化钒非制冷焦平面探测器；视频编码标准：H.264 HP@L4，支持可见光及红外双图像识别，火目标2像素×2像素、烟目标7像素×7像素，二次判别机制：有；烟火识别反应时间：1S～4S，15km半径巡航时间≤30分钟，水平角度范围：0°～365°；垂直角度范围：210°～-90°；支持0°～365°连续巡航，采用绝对式测角设备，定位回转精度：0.0038°，设备IP66，相机舱体IP67，具备连续、匀速变速巡航及定位伺服控制能力。镜头：内置可见光镜头；焦距：12.5～750mm（25～1500mm）；变焦倍率：60倍，2倍光学放大，具备光学透雾功能；最大相对孔径：1∶3.8；光圈范围：F3.8～F22。相机：具备光学透雾功能；有效画面像素：PAL模式752水平×582垂直，NTSC模式768水平×492垂直；灵敏度（3200K），全视频：1.4lx（0.14fc）；50IRE1（黑白模式）：0.031lx/0.0052lx（0.031fc/0.0052fc），最低照度0.007lx，固定，无频闪，缺省；灵敏度提升关闭，自动累积的连续时间最高提升10倍；范围动态范围提升32倍；降噪可以选择自动或关闭；轮廓校正可以选择清晰度增强级别；逆光补偿可以选择关闭、防区和电平；增益可以选择自动（可选最大电平28dB）或镜头安装CS（镜头最大伸出长度5mm）自动温控，具备防雷电路
18	红外热像仪	镜头：内置红外镜头；焦距：120mm定焦；F数：1.0。红外热成像探测器：氧化钒非制冷焦平面探测器；像元阵列：336×256；像元尺寸：17um；响应波段：7.5um～13.5um；盲元率：不大于1%；视频输出：一路PAL制复合视频，一路cameralink数字视频，帧频，30Hz；主要控制功能：快门校正、自动快门校正、快门关闭（用于保护传感器、热像仪关闭前可先关闭快门）、背景校正、Gamma校正、极性设置、分化线显示、增益调节、输出像素值720×576、亮度调节、数字细节增强（边缘增强）、系统参数复位、自动温控，具备防雷电路
19	维护功能	系统前端软件部分具备远程管理及设备参数远程更新功能

（4）红外自触发照相机（地）

通过自主研发技术成熟的红外自动触发照相机（图 14-43），可解决林区林下火监测、周界人员监控、祭祀烧纸问题。该设备尺寸小巧、安装简单、隐蔽性强。支持触发报警，告警信息可通过 700MHz/4G/5G 回传至管理平台。针对林区实际场景提供专用的柔性太阳能发电板，即使天气恶劣，仅靠设备自身供电也可待机 6 个月以上，并且在睡眠状态下，也可直接唤醒相机作为实时监控设备。

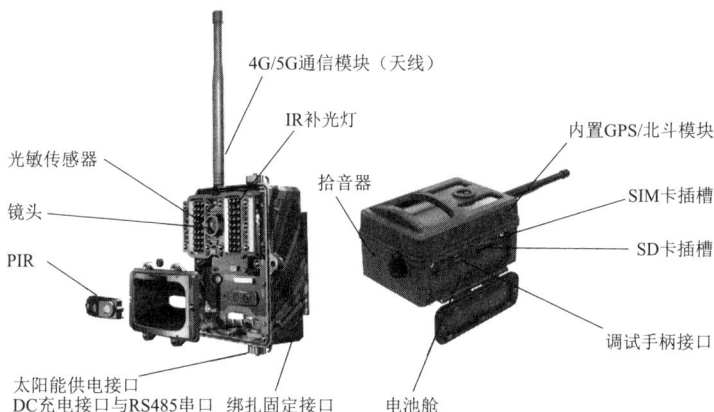

图 14-43　红外自动触发照相机结构图

红外自触发照相机通过 PIR 红外触发或定时拍摄完成视频信息采集任务，为后续系统的识别处理提供清晰、稳定的视频图像资料，并由前置的智能检测算法过滤无效误报图像，通过无线网络将图像回传至后端平台。

① PIR 灵敏度调节

PIR 灵敏度即红外触发拍摄的灵敏度，可根据现场监控环境对监控设备 PIR 灵敏度进行高、中、低三个档位的设置，以保证更高的拍摄准确率。

②拍照管理

可对拍照模式、图片分辨率、拍照间隔等拍照功能进行设置管理。

③录像管理

可对录像模式、视频分辨率、录像时长等录像功能进行设置管理。

④心跳功能

支持心跳管理功能，可通过心跳实时监测相机状态，并可通过心跳对相机参数进行设置，方便相机维护管理。

⑤水印功能

支持水印显示及管理功能，包括设备名称水印、日期时间水印、厂家 logo 水印及月相、温度水印，水印显示情况可单独设置。

⑥数据回传机制

实时回传：无线红外自动触发照相机具备实时数据回传功能，当红外探测器检测到林下火、外来人员、车辆时自动开启成像系统拍摄照片或录像，并在数据拍摄完成后关闭成像系统、开启无线图传系统，将数据回传至后端平台进行处理。

定时回传：无线红外自动触发照相机数据可选择定时回传，即合理设定相机数据回传时段，规避同时上传占用无线带宽较大的情况。

远程唤醒：用户可通过后台控制系统远程打开成像系统和无线图传系统，使无线红外自动触发照相机实现视频监控摄像机功能，实时查看林区视频影像。

⑦供电设备

根据相机安装环境等，可选用柔性的太阳能供电方式给野保相机供电（图 14-44），对环境生态影响小且便于安装，更加稳定、安全、环保。柔性太阳能电池板可以给相机持续供电，与相机同时绑缚在树干上即可，布置灵活，安装便捷。

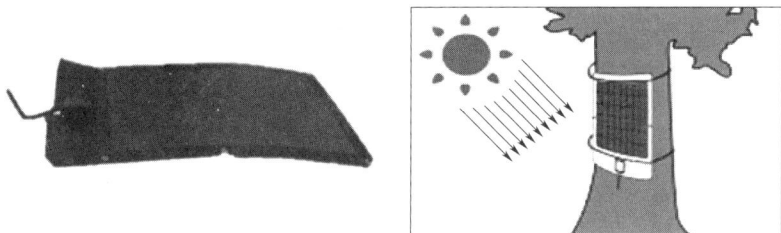

图 14-44　柔性太阳能板

⑧传输方式

无线红外自动触发照相机是在原红外自动触发照相机的基础上，增加无线图传模块，使其具有接入 700Mhz 无线网络的能力。照相机可通过无线图传模块与后端平台通信，以此来传输视频、照片和设备安装位置信息、运行参数等。

⑨相机架设

无线红外自动触发照相机与太阳能供电系统可直接绑缚在树干立柱上（图 14-45），根据监控目标可选择不同的安装位置。如常规监测，可将设备固定在胸径大于 16cm 的乔木或其他支架上，距离地面约 1.2m。如需要隐蔽安装，则可将设备固定在稍高的树上，可实现对人员、车辆、林下火的监控。

（5）道路卡口视频监控系统（地）

随着保护区及周边社区的发展，车辆管理问题亟待解决，保护区面

图 14-45　无线红外自动触发
照相机安装示例

临着车辆日常安保管理工作，尤其是对固定车辆和临时车辆的便捷管理成为迫切需要解决的难题。道路卡口视频监控系统（图 14-46）主要利用视频监控技术、人工智能图像识别技术等实现人脸识别、

行为识别、机动车抓拍、车辆号牌识别、驾驶员人脸抓拍等人车特征数据采集，可有效防止野生动植物资源非法流出和流入，保障区内生态安全，强化林火管理，以达到保护自然资源、控制人为干扰、减少火灾隐患、保障区内生态安全的目的。卡口设备通过识别人、车、非机动车等快速提取有效信息，通过设置好的黑名单，进行预警分析统计。

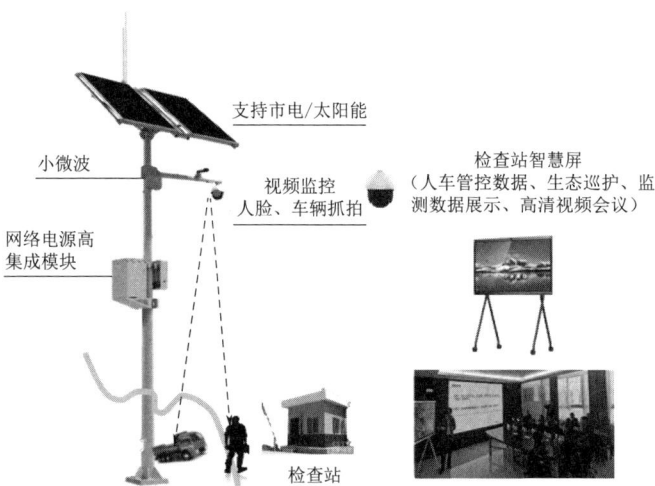

图 14-46　卡口视频监控示意图

14.4.5.2　AI 烟火识别算法处理系统

（1）多厂家设备接入

森林草原防火建设正逐渐从人工转向自动，从分时段、分区域的防控转到了全天候、无死角的监测，从被动的事后分析转到了事前预警、实时响应。其中，可见光烟火的自动识别与告警是未来森林草原防火建设的核心。在森林火灾监测方面，很早就建设了一些前端监控设备，但由于当前时技术能力有限，早期建设的设备大多不具备可见光烟火识别算法，只能作为前端监控摄像头使用。为加快自动化建设，且减少统一更换设备所产生的大量成本，需要一个可以给前端视频监控设备赋予自动化算法识别能力的平台，实现自动的全天候、无死角监测。

主要功能如下。

①平台具备可见光烟火识别能力，通过对接前端监控设备，对视频流进行人工智能识别，识别出视频画面中的烟火并进行告警，将告警信息推送给业务平台。

②平台支持中林设备、ONVIF 设备、GB28181 设备、第三方私有协议设备的视频、控制、预置位等信息的接入和管理。

（2）算法基础条件设置

在森林监测过程中，因为是室外场景，可见光烟火识别算法受天气、时间、地物场景影响较为严重，在雨天、雾天、雪天等特殊天气场景下，现场形成类似烟的效果后，算法极易产生大量误报而无法正常使用。为减少天气的影响，算法应具备天气适应能力和特殊场景适应能力，以及一天内不同时段的调节能力。

主要功能如下。

①平台算法支持前端监控设备多种巡航模式。可在不同的应用场景下，选择配置不同的巡航模式算法。可在不同时间、不同位置配置多种巡航模式和巡航参数，支持多种方案设置，依据当前季节和场景需求，切换相应的方案。

②平台支持算法参数配置，结合识别算法中众多维度设置算法规则，根据不同场景的需求形成多种算法模式，可设置对应不同天气、不同时段、不同场景的算法模式，达到"千景千算"的效果。

③平台支持标记特殊区域，针对场景中的特殊区域，支持调整相应的算法逻辑。

④平台算法支持重复告警过滤功能，规避同一点位反复在视频画面中出现并反复告警的问题。

⑤平台具备告警数据看板功能，可查看各设备的告警情况，并

突出展示告警较多的场景和位置。可根据数据情况调整对应设备的特殊区域的算法模式、算法逻辑等，从而降低误报，提升算法准确性。

（3）端边云结合

森林防火监控设备虽具备算法识别功能，但受设备算力、算法识别能力等影响，经常返回大量误报数据，需要对这些告警数据进行人工筛查，这样不但无法实现自动化监测，还给使用者带来了繁重的筛查工作。为了使自动化监测能用、实用、好用，需在边端和云端提供服务，通过更加智能的算法，将误报过滤掉，提高告警的准确性。

主要功能如下。

①前置嵌入式烟火识别引擎及前端识别能力

烟火识别引擎作为算法的运行分析平台，其工作原理及部署方式是决定烟火识别算法能力的关键，采用前置嵌入式烟火识别引擎，部署在前端监控设备内部，可进行高质量、无损的前端存储和图像识别，识别精度更高；板内数据传输的急速响应，使算法分析不存在延时，识别速度更快；前置算法火情不受带宽限制，可在窄带或短时断网情况下独立正常工作，待网络恢复后可将报警数据回传至后端而避免漏报；高集成度的嵌入式架构设计具有稳定性高、功耗小发热量小、故障低易维护的特点。

②边缘计算加强过滤功能

系统可读取监控终端回传的视频数据，并对实时视频进行分析识别，判断监控场景中是否有疑似火情。系统支持前端监控设备实时获取报警图片及报警视频，并能够对疑似烟火报警序列进行筛选及二次判别，进一步提升检测识别精度。为了满足不同场景下的识别模型适应需要，边缘计算烟火智能识别灵敏度支持1～100级可调。当出现大雾和阴雨等异常天气后，设备自动停止检测，当天气晴好时，设备自动恢复工作状态。

③云端烟火智能分析服务

通过购置云端烟火智能分析服务，基于大量云资源计算能力对前端监控设备与边缘端发出的报警信息进行最终烟火识别验证，实现火情精准识别，同时可根据实际林情特点、地形特征和环境干扰因素提升算法能力，并支持在线更新模型。

14.4.5.3　软件平台业务应用

（1）森林防灭火资源展示系统

目前，林业部门各层级的业务系统建设比较分散，各业务系统间没有形成数据共享，数据无法互通，这反映出我国的林业信息化建设普遍存在一些共性问题：一、决策所需的数据资源不够健全完整，在整合空间数据、多领域行业数据方面仍有较大提升空间；二、未能充分发挥林草防火业务数据治理、数据决策的作用，缺少统一的林草防火数据融合机制和平台，全方位数据挖掘和分析应用能力不足；三、数据维度、标准不一，大量数据有待治理；四、数据分析预测能力对灾害预警、政策制定等支撑能力不足。鉴于此，行业信息化建设需要具备森林防灭火一体化综合指挥系统，对各业务系统内数据进行整合并应用，提升森林防灭火智慧化建设的综合能力（图14-47）。

图 14-47　森林防灭火一体化综合指挥系统示意图

主要功能如下。

①系统需叠加多期高清遥感影像，展示辖区内的地形地貌、边界、等高线等。

②基于地理信息服务平台，对辖区林草资源进行数据查询，包括林龄、林种分布及详情。

③基于地理信息服务平台，查看火险预警、高山视频、"三员"、扑火队等资源分布和详情，查看各岗位人员的分布及出勤情况。

④系统具有火险等级查询功能，可查看辖区内各区域的火险等级。

⑤系统可对火情分布进行查询，查看多年的各时期火情分布情况，指导防火工作安排。

（2）火险预警发布系统

在林区或者森林管理机构中，一旦森林火险等级达到高级别及以上，就需要采取相应的防火措施，如加强监控和巡逻、限制火源等。此外，不同等级的森林火险等级也需要相应的应急方案和处置措施。火险预警的因子数据也可为指挥扑救提供相应的数据参考，辅助扑火方案的制定。系统可实现火险预报的科学化、一体化、移动化、实时化，解决了以往火险预报上下脱节、周期过长、精准度低等问题，为火险预报工作提供了大量科学、详实的数据支撑。

主要功能如下。

森林火险预警及发布通过后端模型精准计算火险因子数据，生成准确的火险等级，系统需支持多级上报功能，系统根据各乡镇林场上报的温度、风力、降雨、可燃物干燥程度等，通过火险算法模型自动计算各乡镇林场的火险等级，并可通过 GIS 地图精准查看，为各级管理单位制定防火措施、下达防火任务提供有效的参考依据。具体功能如下。

火险预警：查看辖区内的火险等级分布情况，同时可查看各区域的详情。

降水分布：以不同的颜色在 GIS 地图上显示各地区的降水分布情况和图例。

风力信息：以不同的颜色在 GIS 地图上显示各地区的风力情

况和图例。

积雪覆盖：以不同的颜色在 GIS 地图上显示各地区的积雪覆盖情况和图例。

态势分析：以柱状图、折线图等展示近三年降雨量形势、温度走势、风力走势等。

设置日期：设置春秋防火期，便于防期内进行工作任务安排。

通报列表：火险等级未填报提醒，可根据组织机构进行筛选，可清除通报信息。

信息发布：支持对信息的新建、发布、修改、删除、查看详情等功能，信息的新建、修改和删除由统一用户管理，其他用户只可查看。

参数管理：可对页面下拉选项参数进行维护。

火险上报：各级用户可根据所属区域的实际天气情况上报降雨量、降雨残留等参数。

（3）告警管理系统

实现防火相关告警的接收、展示、处理；可对所有的告警信息进行确认，判断是否为正报火情或其他内容；可对告警的信息通过调用周边资源（包括高山视频、瞭望台、管护站、"三员"等信息）进行核查确认；可录入告警信息，将群众、电话等无法进行信息化对接的告警信息录入平台，进行统一登记及管理存档。

主要功能如下。

告警接入：系统可接收接入网的视频监控设备告警、卫星告警等告警信息，实现告警汇聚、转发，并支持第三方系统告警接入。

告警展示：告警信息被接收后，告警记录会以未处理状态显示，提示用户需要处理该类告警，可通过 GIS 展示告警位置，并可查看告警信息，包括火情图片、实时视频（可见光及红外）、视频录像等。

告警处理：用户可对该告警信息进行人为确认，同时可对该条告警信息进行告警确认、交叉验证、纠正火根、确认火情等操作。

（4）视频展示管理系统

森林防火监测系统建设中，后端平台对应多套前端监控设备，包括高山视频架空设备、卡口监控设备、无人机等。后端平台需要同时对所有设备的画面进行监控，在同一画面中进行查看，并根据监控需求，对前端监控设备进行控制，同时可查看设备的预置位，及时发现设备故障并进行处理，保障设备稳定运行（图 14-48）。

图 14-48　视频展示管理系统示意图

主要功能如下。

系统具备视频墙功能，系统可接入全部高山视频、卡口视频、无人机视频等，实现视频画面的实时播放、对历史视频的查看。系统可通过单画面、4 画面、6 画面、9 画面、10 画面和 16 画面等方式播放各设备的视频画面；实现视频设备的方向控制、光圈控制、变焦控制、聚焦控制、透雾控制、巡航控制、转动速度控制等远程控制；可进行预置位管理；可进行闭环控制、语音对讲、3D控制、清理延时、打开或关闭雨刷、全屏、录像、连拍、截图等功能操作。

系统具备设备管理功能，包含设备信息管理、设备类型管理、设备项目管理、设备协议管理、设备通道管理、视频流模板管理功能。可对所有接入设备进行整体维护，包括设备编号、名称、IP、经纬度、高程、塔高等。支持设备信息导入，支持设备 ONVIF 和《公共安全视频监控联网系统信息传输、交换、控制技术要求》GB/T 28181—2022 对接，也支持定制化私有协议对接。

（5）"三员"管理系统

森林防火"三员"（巡护员、检查员、瞭望员）是制止火源进山、山上巡护和瞭望工作的一线工作者，目前各级的"三员"管理方式粗放，上级无法对"三员"出勤上岗情况、上报事件情况进行有效监督，安全生产管理存在一定风险，因此需要对"三员"情况进行科学化、精细化的管理。

主要功能如下。

"三员"管理实现了对巡护员、检查员、瞭望员的信息精细化管理、多级管理、分级统计。可结合 GIS 对"三员"分布、在岗状态、隐患发生位置进行可视化展示，并实现"一人一表"。通过历史数据的积累，帮助预警预防隐患。最终严格落实野外用火监管无死角，主要入山口设岗把守，认真做好入山人员排查，防止将火源带进山里。实现森林防火的人员动态管理。具体功能如下。

"三员"可视化："三员"可视化由"三员"统计表、"三员"在岗表、事件分布、当前事件、风险隐患预警等模块组成，将系统中主要的数据信息、分布信息在用户登录后第一时间清晰地展示出来。

"三员"网格："三员"网格由"三员"信息、当日在岗统计、"三员"网格三个部分组成。实现对管辖区内从宏观总人数情况、人员分布情况到每一个人的具体信息的掌握管控。

"三员"统计："三员"统计由三员信息统计和在岗信息两部分组成，通过点击切换页面，对"三员"汇总统计、"三员"基础信息、"三员"在岗情况、检查站瞭望塔启动情况以及加强岗信息进行统计、查询。管理人员可通过多维度筛选条件进行精准查询，并支持导出功能。

风险隐患：风险隐患由"风险隐患"和"事件预警"两部分组成，实现对管辖区内从宏观上隐患事件的统计、GIS分布到隐患事件具体信息的掌握管控。并对未来1~5天内可能有多发事件风险的地区进行预警排行展示。

（6）森林消防队伍管理系统

为贯彻"以人为本，科学扑救"的思想，坚持"专群结合，以专为主"的原则，进一步加强森林消防队伍建设和管理，推动森林消防队伍规范化建设，提高扑救森林火灾的能力，确保安全、高效、快速地扑灭森林火灾，保护人民生命财产和国家森林资源安全。需要使用科学的信息化手段，对扑火队伍、装备、通信设施、营房驻地、物资库、车辆等进行精细化管理（图14-49）。

图14-49　森林消防队伍管理系统示意图

主要功能如下。

森林消防队伍管理包括森林消防队伍的信息化、可视化、综合化管理等。

日常管理：森林消防队伍的人员、车辆、装备、物资等情况实时可查。以消防队伍为最小单位划分防火责任区，形成分级预案体系，发生火情时自动匹配相应预案，快速集结支援力量。

战时调度：一旦发生火情，可根据火场信息实行联防联控，建立扑救力量共享、任务明确、高效协同的指挥体系。

具体功能如下。

扑火队伍可视化：综合展示管辖区域的队伍、取水点、人工瞭望塔、视频监控点等的分布情况。管理单位可查看队伍信息汇总数据，包括队伍总数、队员总数以及当日队伍待命情况，并能通过图标查看统计情况，实现对队伍全方位的汇总监控。

灭火指挥：当发生火情时，通过新增火点或原有防火平台信息接入形成火点位置自动匹配预案。并可根据火场信息实行联防联控，最优化筛选扑救队伍，为火场指挥员决策提供意见建议，辅助各级指挥员决策调度，实现扑救队伍快速集结、快速出动、快速到达。

扑火队信息维护：以队伍为单位，精细化管理各个队伍的基本信息、人员、营房、车辆、装备，形成"一队伍一表"的管理模式。

（7）指挥扑救标绘

通过文字标注、图形标注等要素标绘，图形化呈现火场名称、起火时间、起火原因、前线指挥部、火场指挥、扑救队伍、扑火机具、天气、火场边界、火线火头、烟点、已灭火线、指北针、扑救方案等，展示火场现状和发展态势信息。

主要功能如下。

火场标绘：支持在 GIS 平台上绘制多种标识，包括态势专题、基础标识、行军箭头和军标标绘四类标绘操作，如可对火场边缘的形状、位置、扑火力量的分布、火场的天气、风向等进行标绘，直观展示火场态势。且可对行军路线方向、公共场所、案（事）件、战术动作等进行标绘，为指挥调度提供支撑，并支持同时开启多个同步标绘。

阶段管理：支持扑救阶段信息维护以及过火面积绘制，包括各阶段的详情、起火事件、扑火时间、过火面积、过火林地面积等。

分析火势：可根据火情信息、天气、地形等因素，分析火情的蔓延趋势。

（8）地理信息系统

系统调用地理信息系统服务，对前端监控点的球台进行实时投影、可视域分析、闭环控制、回传地图上实时视频、反向定位、火情管理、关联告警、多点联动、资源查询、执行预案、火险上报等远程调度操作，辅助防火业务应用。

主要功能如下。

实现三维地图基本操作功能，通过各类空间操作和分析方法，通过电子沙盘功能查看山形地势，实现功能区划地图叠加，标识资源定位。

用户可以对地图进行的基本操作，包括对地图的放大、缩小、移动等，地图使用者也可以通过鼠标拖拽来平移地图。

显示火场周围扑火队驻地、瞭望塔、水源地以及医院、村屯、机具库、检查站、输油气管等重要目标物和重大危险源信息，辅助进行扑火指挥。同时可显示各类资源所在地经纬度及资源详情。

发生火情后，根据接收到的火点经纬度，在地图上加载，并移动到火点位置，为后续的扑火指挥提供帮助。

（9）巡护管理系统

巡护管理系统是在地理信息系统的基础上，在管理和维护过程中实时记录护林员的巡护轨迹，支持野外调查监测表数据录入、现场拍照、录像等。采集表记录并自动填写地理坐标、采集日期时间、管理人员等信息。为巡护人员提供 SOS、轨迹测量、统计查询等通用功能，实现了数据动态回传与结果智能分析（图 14-50）。当巡护人员发现火情等事件时，可以通过平台添加和上传事件。数据采集流程简化，平台操作更加简单。

图 14-50　巡护管理系统示意图

主要功能如下。

实时分布：系统基于 GIS 平台，叠加高清影像图层，展示外业工作人员的在线人数与分布情况，可查看行动轨迹和上报事件信息，并通过即时通信功能辅助进行人员的指挥调度。

任务管理：系统支持对任务规划与完成情况的审核，可通过筛选条件对历史数据进行查询，查看执行人、行动轨迹、上报信息等。管理人员通过 PC 端派发任务，外业人员在 App 接收并执行任务。

事件管理：系统可通过筛选条件对上报事件进行查询，查看上报时间、事件类型、坐标、现场照片等，并对事件进行后续处理。

数据统计：提供巡护数据统计功能，支持按照时间段、保护区等条件对数据进行多维度的统计，包括任务里程、任务时长、任务次数、参与人数等，支持表格、柱图、饼图等多种展现形式，支持数据的导出。提供巡护覆盖统计功能，展示路线轨迹覆盖情况，支持按照网格统计任务次数，支持不同时间段的数据对比。提供上报事件的统计功能。支持根据日期、事件类型等维度进行统计，包括事件类型的占比、次数、频率趋势等，支持表格、柱图、饼图等多种展现形式，支持数据的导出。提供事件覆盖统计功能，展示各类型事件 GIS 分布情况，支持按照网格统计事件数量，支持不同时间段的数据对比。

巡护设备管理：系统支持按照设备类型、领用人、状态等条件进行筛选，统计设备分类占比与状态，可以进行设备的增加与删除，并根据设备的不同状态进行下发、归还等操作，可以查看设备详细流水记录。

14.4.6　深化发展

随着卫星遥感和无人机技术的成熟与进步，目前这两项技术已经逐步应用于景区安全防火。

卫星遥感检测系统是对用于监测和预警预报山火的不同来源的卫星数据进行收集、质检、整理、入库等，并将数据推送给系统进行天地联动，调用地面高山视频设备进行核查，查找附近瞭望台及瞭望员确认火情信息。

无人机是一种先进的无人驾驶飞行器。无人机森林防火应用系统集航空、气象、遥测遥感、通信、地理信息、人工智能图像识别、信息处理等于一体，涉及飞行控制技术、机体稳定控制技术、数据链通信技术、现代导航技术、机载遥测遥感技术、快速对焦摄像技术以及故障诊断等多个高尖技术领域。

常规巡查无法满足要求时，就需要借助一些高空智能巡查设备如无人机来确保林业安全。森林防火无人机应用具有受地形限制小、操作简单、可快速部署、巡查成本低等优点，特别是对于发现暗火和不法人员，具有得天独厚的优势，可利用红外摄像机发现肉眼无法看到的暗火和藏在树林中及夜间的人员和车辆，快速发现并同步上报危害和相关地理信息，给指挥人员提供快速、详细的危害预警信息。无人机可以搭载可见光和红外双光吊舱，具有昼夜监控能力，可进行全天候、全天时的监控，并可在指定目标上空悬停详查，利用任务吊舱获取危害及目标信息，发现情况即可定位目标位置，同时可以锁定和跟踪地面目标，探查目标细节，通过调配其他地面力量及时发现、威慑、制止破坏行为，并做现场取证。

升级并完善现有防火应用软件系统，打造"空天地"一体并服务于景区安全防火监控业务的综合性管理软件平台。平台集数据可视化、操作便捷化、功能实用化于一体，具有视频调用便捷、火情研判清晰、火点定位准确、处置流程合理、辅助决策可靠等特点。满足各级森林防火部门的实际工作需求，适用于森林防火部门与其他交叉部门的数据、业务交互、传递，可以协助业务部门处置各类森林防火事件。

项目升级建设集成遥感监测、无人机、大数据融合等技术，打破了原有各自为战的信息化孤岛发展模式，通过云存储、智能分析、互联互通，建成一套完整的森林防火监测后端平台体系和数据互认共享体系，以大幅提升景区的火险预防能力，保证区域内森林资源和生态环境的安全，保护生物多样性，维护生态平衡，产生巨大的社会和生态效益。

14.5 青城山—都江堰智慧景区旅游服务平台

14.5.1 案例概述

为响应国家数字经济战略，深入贯彻落实都江堰市委"五大新城"建设工作部署,按照国家级风景名胜区和世界遗产地的信息化要求,推动数字技术赋能"三遗"(世界文化遗产、世界自然遗产、世界灌溉工程遗产)保护,坚持智慧化建设落细落小,全面促进数字文旅消费提质增效、催生文旅行业新经济形态,2022年,都江堰市青城山—都江堰风景名胜区管理局(简称青都局)启动青城山—都江堰智慧景区旅游服务平台项目建设与应用,并取得阶段性成果。

　　青城山—都江堰智慧景区旅游服务平台包括"数字青城山""云上都江堰"两大主题(图14-51),基于大数据智能算法,通过打造全新的城市信息模型平台,构建"文旅智慧大脑",一端实现现有设备、业务、数据的"全汇聚",另一端实现管理、服务、营销的"新提升"。

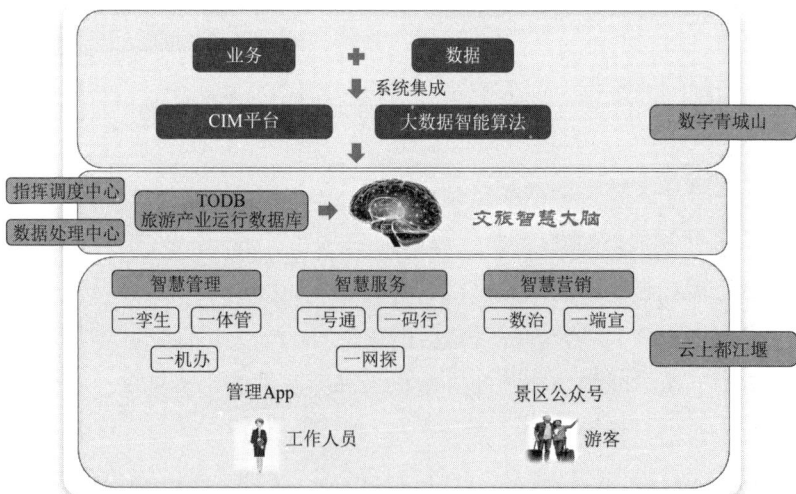

图14-51 "数字青城山、云上都江堰"图示

　　平台结合景区指挥调度中心和数据处理中心两个机构并配套管理机制进行常态应用,赋能景区的管理运营。

14.5.2 建设目标

项目依托青都局过去多年的信息化建设成果积累与知识沉淀，结合 IT 同期新兴与适用技术，聚焦"资源保护智慧化、经营管理智能化、产业整合网络化"三大目标，升级打造"数字青城山、云上都江堰"智慧景区旅游服务平台，提升"产业数字化、数字化治理"水平，夯实"数字产业化、数据价值化"基础，以大数据赋能景区数字产业"四化"融合，全力推进景区遗产保护高水准、文旅融合大创新、文旅经济新发展。

14.5.3 建设内容

通过升级打造，初步构建以"一库、两心"为核心，"三平台"为主体，"八个一"系统平台为主干，40 多个业务子系统为支撑的智慧景区旅游服务平台。其中，"一库"指旅游产业运行数据库，是所有业务数据汇聚体；"两心"指指挥调度中心、数据处理中心两个组织机构；"三平台"指智慧管理、智慧服务、智慧营销平台；"八个一"是指"三平台"下的业务支撑系统，简称"一孪生、一体管、一机办、一号通、一码行、一网探、一数治、一端宣"。

14.5.3.1 智慧管理方面

以元宇宙"虚实共生"为方向构建数字底座，实现"三个一"。

"一孪生"。新建地理信息系统平台，通过三维数字引擎及云端渲染技术，深度融合青城山、都江堰景区的高精模型、地形高程、高清卫片等数据，同步对景区内的水流、飞禽、游船等动态建模，对晴雨、风雪、云雾等气象效果及时间维度等全面仿真模拟，着力刻画"青城天下幽，古堰天府源"的奇妙景色，整体高度还原真实景区的孪生数字景区。

"一体管"。基于元宇宙"虚实共生"的理念，在数字孪生景区中深度融合景区现有视频监控、客流管控、空地巡检、指挥调度、逃票治理、交通管控、智慧厕所等业务系统和数据，将"虚"拟的数字孪生景区业务场景与"实"际的数字景区业务场景进行"虚实融合"，集成云端数字视讯技术并与 4G、5G 网络深度关联，提升景区"管理一体化、聚合可视化"水平，确保"看得见、联得上、呼得应、调得动"，管理"所见即所得"。

"一机办"。新开发"一机办"景区管理 App，分别赋予"市领导、局领导、部门端、员工端"四种角色不同的业务权限，分层分级掌握青城山、都江堰景区经营管理动态。"一机办"景区管理 App 融合应用 5G 通信技术，与智慧景区旅游服务平台高度集成，新建"网格治理、移动会商、空地巡检、多级调度、领导督办"等业务协同与管理系统，赋予景区管理人员对应的管理权限，确保"一机在手、管理无忧"。

14.5.3.2　智慧服务方面

以"游客体验"为导向，实现"三个一"。

"一号通"。全面升级都江堰市"96526"旅游客服热线功能，让游客可以通过电话、网络、现场等多种途径，完成投诉、咨询、求助和建议等服务，指挥调度中心实时分派任务至责任部门并督促快速处置，事件办结后自动生成"全过程"回溯报告，监管服务质量，实现"一号通办"。

"一码行"。在景区官方微信公众号开通全网实名预约功能，提升游客"快旅慢游"体验。网络购票环节，推广"零接触"购票，游客通过自助录入身份证号码和电话号码，进行分时分段预约。闸机验票环节，坚持"零延误"入园，游客可通过刷身份证、人脸、购票码等多种方式，实现 2 秒闪速入园。

"一网探"。通过互联网舆情洞悉系统，围绕游客关注的交通、配套、消费、服务、景观、安全、卫生和体验八个维度，第一时间采集并汇总游客的体验反馈意见，同时监测全网对景区的正、负面舆情反馈。对于正面舆情进行适时掌握并加大宣传力度，提升景区品牌影响力；对于负面舆情则及时响应并联动处置，将相关舆情的负面影响降低到最低，同时积极采取措施改进服务。

14.5.3.3 智慧营销方面

以价值化"产业数据"为驱动，实现"两个一"。

"一数治"。全新升级景区"大数据中心"，整体升级物理设备、安全设备和软件系统，新建智慧数据服务中台（wise data collection，简称 WDC）数据服务平台，按照"定标准、建模型、做分析、强服务"的思路，构建"景区大数据、全域大数据、三遗文化"三大类数据治理闭环，有效汇聚"吃、住、行、游、购、娱"全产业数据，深挖文旅行业全产业链数据价值，为贯通四川省、成都市、都江堰市各级文旅数据夯实基础，确保"云在算、数在转"，让数据"活"起来。

"一端宣"。按照"线上种草、线下体验"的思路，在景区官方微信公众号新开发游客服务功能模块，提升游客在"游前、游中、游后"的服务体验。游前，通过"画境青城山""云游都江堰"两个模块，以"直播青城山、图游青城山、影像青城山、游客分享、游记攻略"等，分别呈现青城山、都江堰的美景，方便游客在游前提前体验景区的盛景。游中，使用"快停车、一图游、晒行为、找客服"等模块，为游客提供景区近场贴心服务。游后，则采用"满意度调查"等模块，收集游客意见，把旅游服务的"后背"亮给游客来监督，既倒逼景区管理服务提升，又提高游客旅游服务的参与黏性。

14.5.4　案例架构

14.5.4.1　技术架构

（1）平台架构

业务围绕游客、景区工作人员、指挥调度中心、数据处理中心等业务参与方进行呈现和业务匹配，所有的业务与数据都汇聚在一个统一的业务平台上，呈"云在算、数在转"的营运态势，一方服务于业务，另一方则通过数据统计分析并输出，支撑营运决策以赋能景区的管理运营（图14-52）。

（2）数据及业务流示意

基于"管理质量戴明环"（plan-do-check-act，简称PDCA）思想，平台的建设充分考虑业务与数据的闭环化处理，以持续的应用与营运不断产生业务数据，通过数据来反馈业务的合理性和管理的有效性（图14-53），即通过汇聚智慧管理、智慧服务、智慧营销、物联传感及其他业务系统的数据，采用"数据服务中台（数据治理工具）+ 数据治理体系"，结合配套数据治理机制对数据进行持续治理，通过数据分析挖掘出价值数据并输出；以此数据为业务提供服务，包括支撑营运决策、数据报表输出、数据展示以及为第三方引用。新的决策会对业务进行调整与优化，同时需要对业务系统进行升级、迭代或扩容，赋能日常营运管理，以此循环。

通过数据的治理实现数据从源数据（数据的采集）到标准数据（数据的仓库）到主题数据（数据关联）的转换。

（3）数据业务处理架构

WDC数据服务平台是基于大数据、分布式计算、人工智能等技术，通过数据集成和数据治理，整合、加工、处理各种结构化或非结构化数据资源，汇聚到WDC数据库，并提供数据交换共享等能力的大数据产品集合（图14-54）。

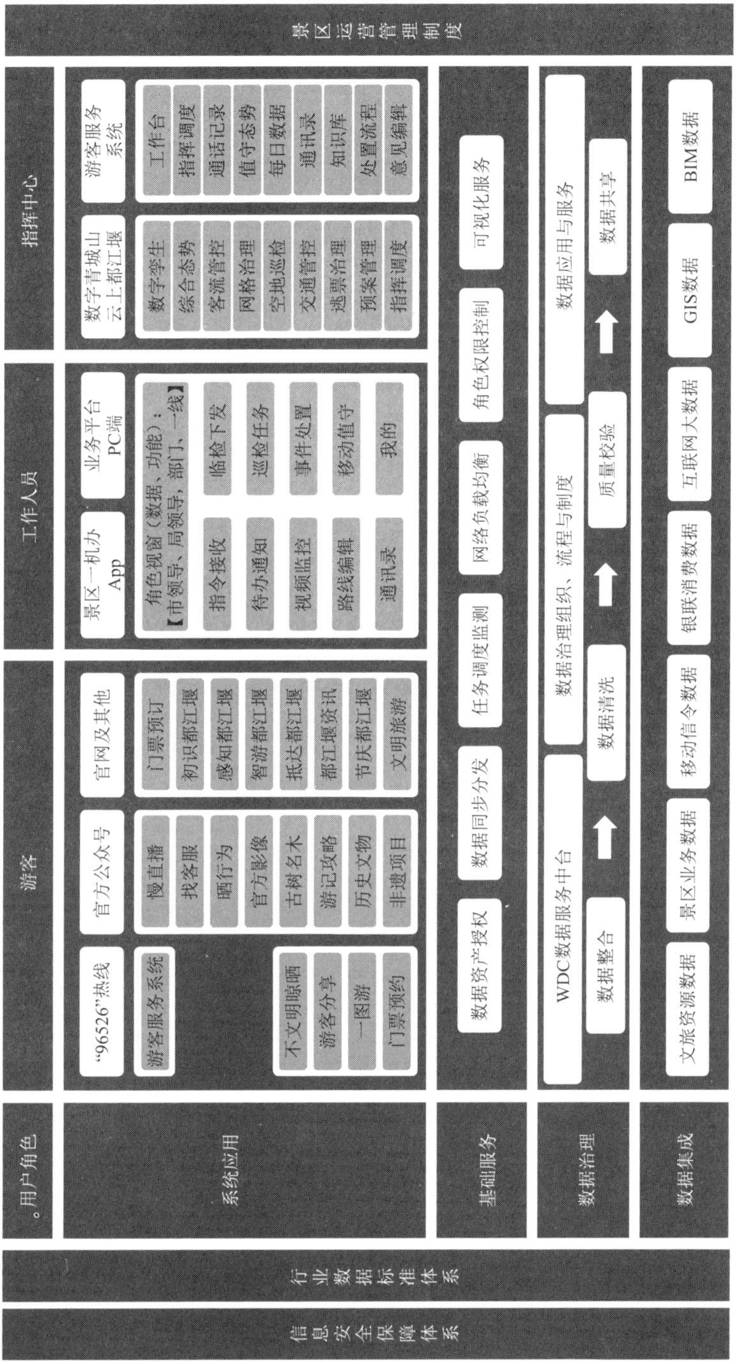

图 14-52 整体平台技术架构

用户角色	游客	工作人员	指挥中心

景区运营管理制度

行业数据标准体系

信息安全保障体系

系统应用

"9652"热线
游客服务系统

官方公众号
慢直播
找客服
晒行为
官方影像
古树名木
游记攻略
历史文物
非遗项目

不文明晾晒
游客分享
一图游
门票预约

官网及其他
门票预订
初识都江堰
感知都江堰
智游都江堰
抵达都江堰
都江堰资讯
节庆都江堰
文明旅游

景区一机办 App
角色视窗（数据、局领导、功能）
【市领导、局领导、部门、一线】
指令接收
待办通知
视频监控
路线编辑
通讯录

业务平台 PC端
临检下发
巡检任务
事件处置
移动值守
我的

数字青城山
云上都江堰

数字孪生
综合态势
客流管理
网格治理
空地巡检
交通管控
惠景管理
预案管理
指挥调度

游客服务系统
工作台
指挥调度
通话记录
值守态势
每日数据
通讯录
知识库
处置流程
意见编辑

基础服务

数据资产授权
数据同步分发
任务调度监测
角色权限控制
可视化服务
网络负载均衡

数据治理

WDC数据服务中台
数据整合
数据清洗
数据治理组织、流程与制度
质量校验
数据应用与服务
数据共享

数据集成

文旅资源数据
景区业务数据
移动信令数据
银联消费数据
互联网大数据
GIS数据
BIM数据

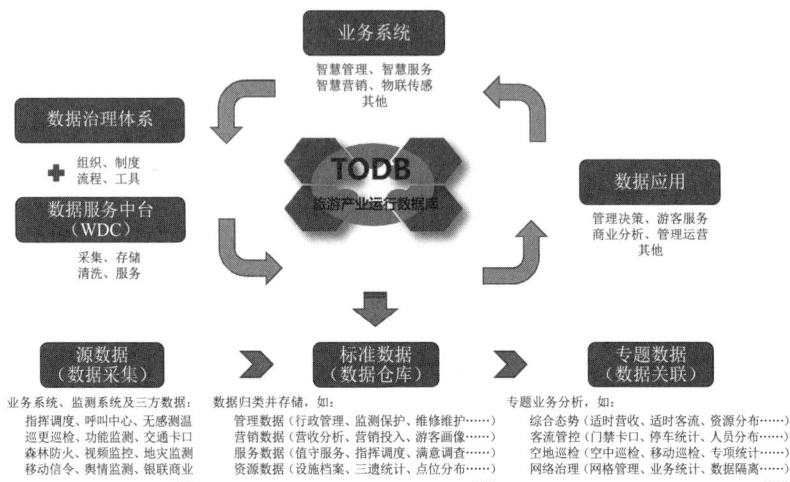

图 14-53 "数据 + 业务"流转闭环

图 14-54 WDC 数据业务处理架构

14.5.4.2 业务逻辑图示

通过构建统一的 CIM 平台，汇聚和整合景区各类业务系统、传感系统等，结合数据治理体系对外提供各类数据服务，为游客提供差异化的 OTA 近场服务，展示景区特色，激发游客旅游消费欲望。

游客通过游前体验并决定前往景区旅游，全过程体验"游前""游中""游后"提供的各类特色线上、线下服务，提出服务诉求或旅游反馈；景区通过各类监测、统计系统进行有效掌握，驱动内部管理服务体系积极应对游客的各类服务诉求，同时加强内部日常管理。

通过数据中心系统体系，汇聚前述所有数据，围绕"数字—数据—信息—知识—智慧—决策"的大数据进阶思想，产出各类业务数据支撑景区管理运营并进行决策，优化和提升景区运营服务机制，推进持续升级或迭代智慧系统，保持景区的管理与服务水平始终处于领先地位（图 14-55）。

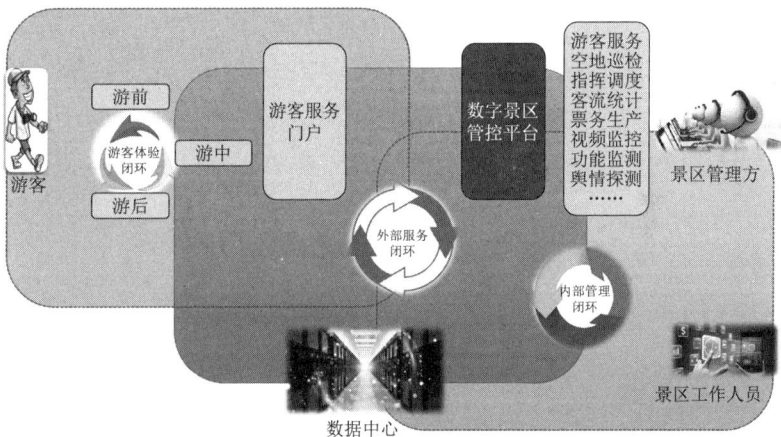

图 14-55　业务逻辑图示

14.5.5　主要业务功能展示

14.5.5.1　游客服务系统

聚合多种类型的游客服务诉求渠道（电话、网络、现场、上级分派等），统一到一个游客服务平台；聚合全景区的旅游服务信息，建立统一服务知识库，由专业服务人员集中应对并与指挥调度体系联动，做到游客服务专业、统一、精准且迅速（图 14-56）。

图 14-56　"一号通"之旅游服务系统图示

14.5.5.2　综合态势系统

基于位置的数据、业务和资源的可视化集成，为管理决策提供更为立体和完整的信息支撑（图 14-57）。

图 14-57　"一体管"之 GIS 态势系统资源及数据呈现

14.5.5.3 指挥调度系统

景区人员指令全网可达，结合网格化管理，快速定位事件区域及责任单位，移动指令实时可达，指挥中心掌握事件处置全过程并可实时通话掌握事件现场处置情况，高效、便捷、可追溯和可总结，事件处置完成自动生成回溯报告与效率分析（图 14-58）。

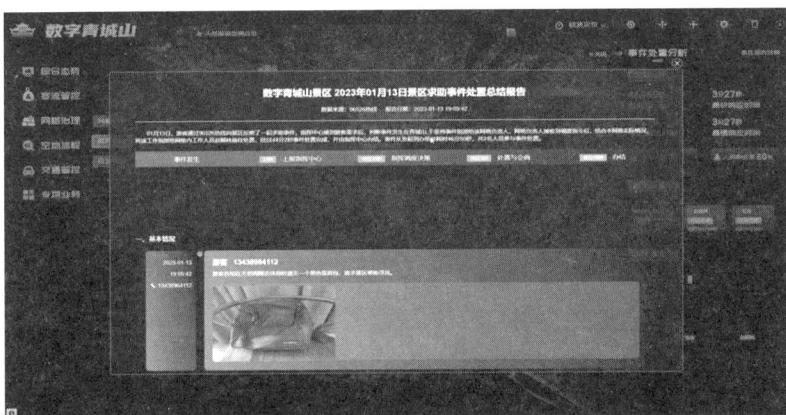

图 14-58 "一体管"之指挥调度事件总结报告

14.5.5.4 "一机办"App 系统

业务的移动工作场景汇聚，根据账号权限配置并赋予不同使用角色特定的功能进行数据与业务呈现（图 14-59）。

14.5.5.5 WDC 数据服务中台

结合数据治理工作，将相关的数据标准、模型等贯入 WDC 系统，由系统对相关数据进行采集、清洗、关联、分析等，最后对外提供数据共享服务（图 14-60），如展示、引用、统计及报表输出等，支撑业务或管理决策。

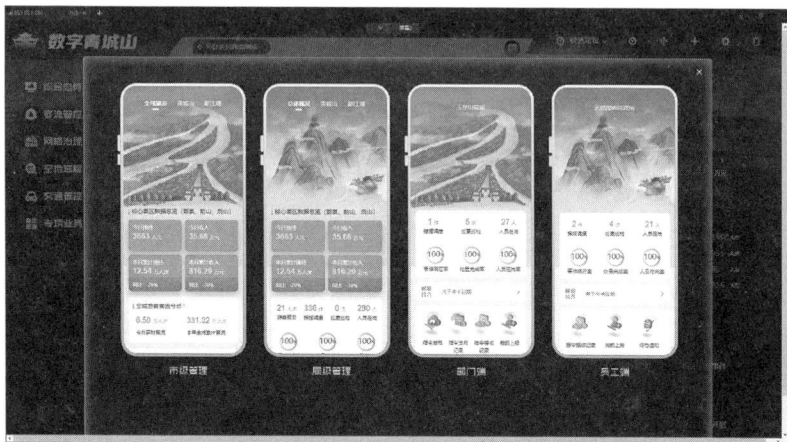

图 14-59　"一机办"之四级角色权限界面呈现

图 14-60　"一数治"之 WDC 系统登录

14.5.5.6　数字孪生景区

　　基于元宇宙"虚实共生"的思路，构建数字孪生景区系统，作为数字景区业务叠加的可视化底座。在数字孪生景区的基础上将景区业务和数据进行高度融合，确保管理"所见即所得"（图 14-61）。

图 14-61 "一孪生"之数字孪生景区系统

14.5.5.7 客流管控系统

基于数字孪生景区对真实景区场景的"虚"拟映射，以及对现场真实情况反馈的视频监控影像的"实"，再结合点位数据统计与分析，来呈现"虚实共生"的业务场景，极大地支撑景区的管理决策（图 14-62）。

图 14-62 "一体管"之客流管控

14.5.5.8　网格治理系统

通过网格化治理，完成青城山、都江堰两个景区以及下属各个管所、管所下级班组的多级、多层次管理。一方面基于总、分指挥中心方式实现分层级聚合管理；另一方面则通过网格化划分，实现快速且责任明确的属地化管理，从而实现景区管理"金字塔 + 扁平化"的有机结合，既保持原行政组织体系业务关系的平滑"继承"，又突出了智慧系统加持下的旅游服务快速、高效的特点（图 14-63）。

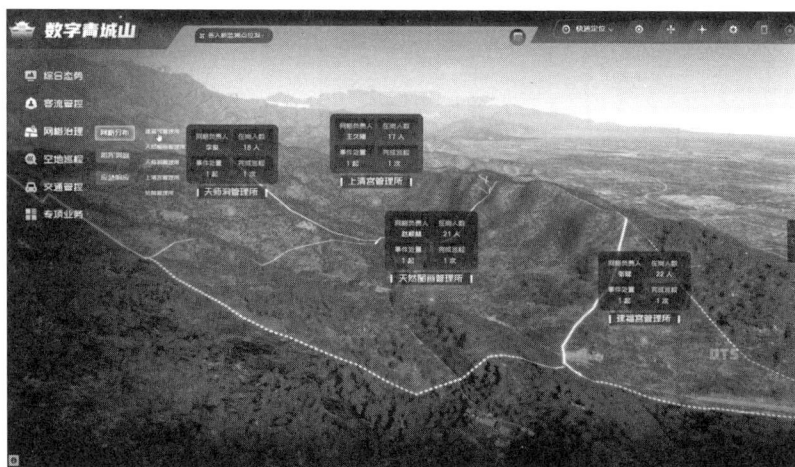

图 14-63　"一体管"之网格治理

14.5.5.9　空地巡检系统

包括无人机空中巡检和地面移动巡检。其中，空中通过无人机进行重点大范围区域巡检，而移动巡检则具体到各类景区员工通过移动终端来定位、打卡、记录和反馈工作（图 14-64、图 14-65）。

图 14-64 "一体管"之空地巡检 1

图 14-65 "一体管"之空地巡检 2

14.5.5.10 预案管理系统

通过系统把标准文档预案进行流程化优化并定义到系统中。当指挥中心结合事件情况决定启动预案时，预案流程中涉及的预案执行工作人员的工作内容会直接传递到移动终端，工作人员直接按指令执行相应操作并反馈执行情况即可，不再进行烦琐的日常演练或在启动预案时查阅预案内容（图 14-66）。

图 14-66 "一体管"之预案演练

14.5.5.11 游客端服务系统

着力于"游前""游中""游后"旅游全过程服务，构建景区近场特色服务体系。具体如下。

"游前"：通过"画境青城山""云游都江堰"两个模块，分别呈现青城山、都江堰的美景，方便游客在游前提前体验景区的盛景（图 14-67）；通过"游客分享"（图 14-68）、"游记攻略"板块，从实际体验维度来感知青城山的游玩场景和服务，为自己的出行规划提供决策支持。

"游中"：提供"快停车"，引导游客到景区；提供"一图游"（图 14-69），服务游客途中，让游客"身在此山中、云深也知处"；提供"晒行为"，积极鼓励游客参与景区的旅游服务监督；提供"找客服"，让游客感受多样化的游客服务入口。

"游后"：游客游玩后，既可以通过满意度调查入口对景区服务进行评价，又可以在互联网自媒体发布各类评价信息，景区则通过互联网舆情洞悉系统来实时监测游客满意度。

图14-67 游客端服务之"慢直播"

图14-68 游客端服务之"游客分享"

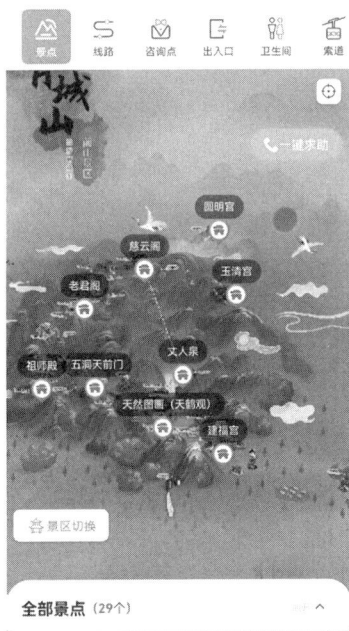

图14-69 游客端服务之"一图游"

14.5.6　应用成效

　　自2023年1月1日上线以来，该系统圆满完成青城山—都江堰景区游客接待服务1373余万人次，开展景区指挥调度516次，系统及时响应率99.5%，巡更巡检3400余次，完成率98%，有效率97.5%；受理全市游客咨询、求助、投诉等服务16.81万起，任务处置率达100%，游客满意率达99.8%；先后接待国家文旅部科技教育司、市场管理司、中国风景名胜区协会、四川省文旅厅、重庆市文旅委等上级部门，以及青岛崂山、黑龙江镜泊湖等40余家兄弟景区参观考察。

　　目前，系统运行主要取得以下阶段性成效：一是通过态势、业务、预测、评价的数据化，实现综合管理决策科学化；二是通过监测预约数、入园数、在园数等，实现高峰客流调控精细化；三是通过硬件来保障"看得见、联得上"，通过机制来保障"呼得应、调得动"，实现突发事件管控安全化；四是通过微博、微信、今日头条、门户网站、实时导航等平台，实时发布活动、交通、票务、酒店等信息，实现旅游资讯供给立体化；五是通过为游客提供7×24小时旅游服务，实现咨询投诉服务敏捷化。

　　但是，本期项目仍然存在不足，如：景区全员应用仍需进一步深化推进并保持常态；景区若干点位需要进一步完善监控监测传感器，来补充业务呈现的不足和完善业务体系；智慧工具体系需要更多的单位尤其是政府联动部门进行参与，才能进一步发挥其效能；消费端运营需要围绕游客体验维度，结合景区近场服务体系，构建一种沉浸式的旅游服务体系，从而促进二次营销等。

14.5.7　深化发展

　　下一步，青城山—都江堰景区将坚持科技赋能智慧景区建设发展道路，进一步整合元宇宙、物联网、云计算、VR、AR 等技术，持续深化"数字青城山""云上都江堰"发展内涵，创新旅游产品开发、消费场景营建、"文旅 + 数字"产业培育，在拓展文旅发展新空间上画好"同心圆"、找准"合伙人"、建强"朋友圈"，推动以文旅为核心的产业链"强链、延链、补链"发展，着力在建设世界级休闲旅游胜地中塑场景、促消费、稳增长，为旅游产业转型和复苏赋能。特别是要建设完善都江堰元宇宙文旅产业运营平台，打造景区元宇宙体验中心、元宇宙游戏、元宇宙剧本杀、元宇宙演艺等沉浸式体验场景，进一步丰富都江堰市旅游产业结构和产品供给，推动景区线上线下一体化融合，增强游客的文旅元宇宙消费体验黏性，努力打造具有国内领先水平的数字化景区元宇宙文旅新经济，不断塑造都江堰文旅高质量发展新动能、新优势。

14.6 九寨沟景区韧性决策分析系统

14.6.1 系统概述

14.6.1.1 建设背景

随着全球气候变暖，极端气象灾害不断发生，居民的生命财产安全屡受威胁，于是，绿色、可持续的发展理念日渐深入人心，"韧性"概念随之诞生。物质环境对灾害的承受能力存在极限，一旦灾害超过阈值便有可能引起防灾措施失效，甚至引起连锁反应，造成严重后果。同时，灾害过后系统能否高效恢复秩序和活力还要看系统的应急反应和学习能力。韧性的增强可缩短灾后恢复时间，且这种优势在长时间的恢复过程中更为明显。

九寨沟风景名胜区是国家级自然保护区、国家级风景名胜区、国家 AAAAA 级旅游景区、世界自然遗产地，景区面积 720km²，植被覆盖率 80.91%，湖泊总面积约 3.5km²，地灾点位 182 处。在这个系统性冲击不断增强的时代，需要对景区环境进行能力建设，以便景区在发生系统性冲击时能够处理这些问题，并从中学习，不断适应和成长。

14.6.1.2 系统目标

本项目的最终目标是"防灾减灾、永续发展、多元参与、社区治理"，对应将九寨沟的韧性细化为安全韧性、生态韧性、社会韧性，以建立景区面对压力和变革的适应能力、资源调动能力和学习能力。

系统从安全韧性、生态韧性、社会韧性三个角度建立韧性评价模型，生成九寨沟韧性评价指标体系。依据指标体系要求，通过基于时空大数据的智慧采集技术，应用视频监控、气象监测、卫星、无人机、巡护终端等多种传感器组成"空、天、地"一体化、全方位、立体化的监测感知体系，获取对景区综合环境要素的监测信息。

研究泛在网络下的应急监控与管理方法，融合韧性感知数据，加强韧性子系统及相关系统之间的交互，促进人与人、人与物、物与物之间协同工作，建立应急指挥的运营体系。同时，基于资源综合分析、野生动植物保护分析、森林防火辅助决策分析、林业有害生物决策分析等建设韧性决策分析体系。

14.6.2 系统架构

14.6.2.1 技术架构

韧性决策分析系统建设是一个长期、持续的过程，既要解决当前的实际问题，又要考虑未来发展需要，本项目借鉴智慧景区架构进行了技术体系构建（图14-70）。

基础设施层：包括感知设备、大数据中心和运营指挥中心，提供感知基础设施、大数据基础设施和运营指挥基础设施，可最大限度节约资源，为信息资源共建共享提供技术支撑。

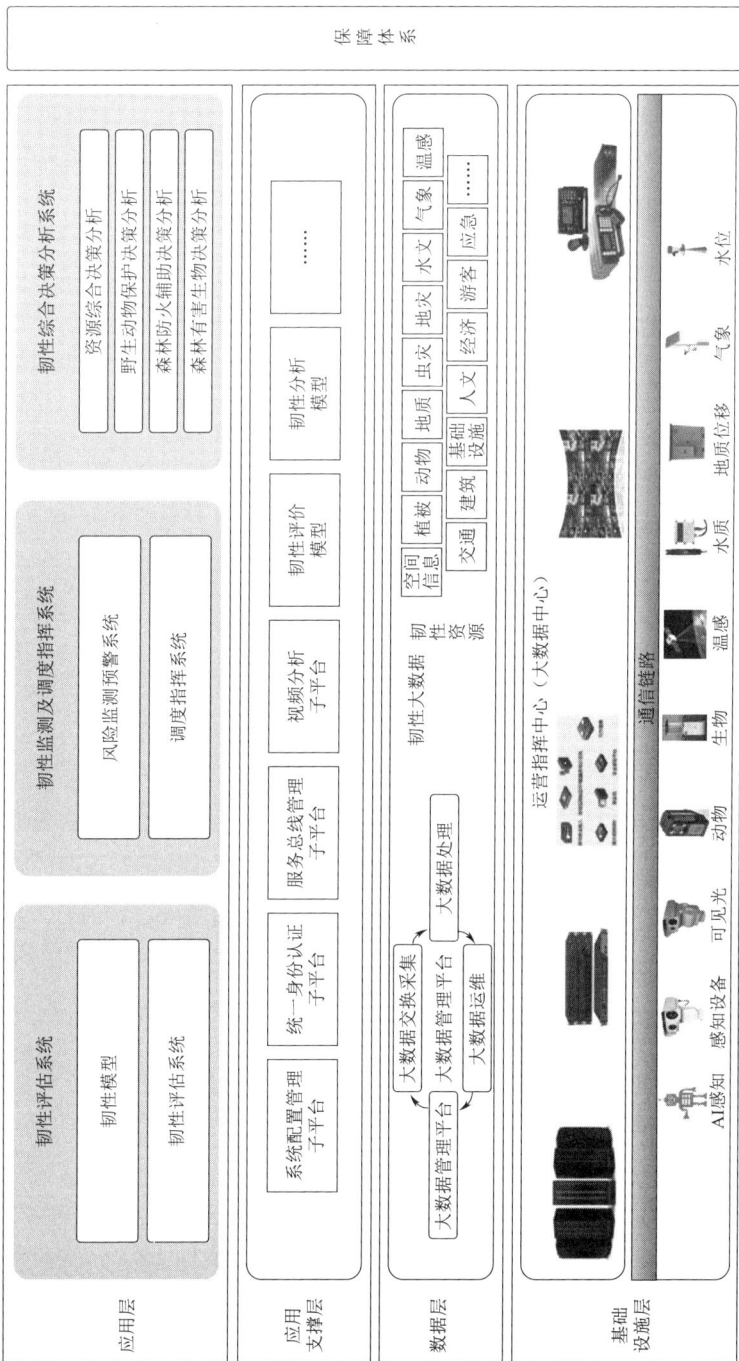

图 14-70 技术架构图

数据层：基于大数据处理技术，进行大数据汇聚、分析、挖掘、共享，满足智慧化应用数据需求，同时满足与县/州/省的数据共享需求。

应用支撑层：围绕身份认证、服务总线、配置管理、视频分析、韧性评价、韧性分析等构建面向全业务的应用支撑和协同体系，为智慧应用提供基础应用支撑、智能应用支撑等服务。

应用层：围绕"防灾减灾、永续发展、多元参与、社区治理"的目标，建设韧性评估系统、韧性监测及调度指挥系统和韧性综合决策分析系统，提升景区面对压力和变革的适应能力、资源调动能力和学习能力。

保障体系：参照国内外标准、安全要求等，编写标准规范体系、安全运控管理体系，为本项目建设提供标准规范保障、安全运控保障。

14.6.2.2 软硬件配置

（1）软件配置（表14-8）

软件配置表

表 14-8

序号	软件名称	系统描述
1	云计算平台	利用云计算虚拟化技术实现对业务资源需求的自动部署和动态分配，并根据不同业务的特点，计算资源池可划分成不同类型，资源池根据需求相互独立或逻辑互联
2	大数据系统平台	对所有内外部的数据（含业务数据、视频数据、空间数据、音频数据、遥感监控数据等）统一集中管理，提供数据交换采集、大数据处理、大数据运维、大数据管理、数据分析、大数据安全等基础的支撑服务
3	系统配置管理子平台	提供公共的系统管理功能（组织机构、用户权限、参数配置等），提供对子系统等应用资源的接入配置管理，提供对消息、微服务、安全令牌等资源的配置管理，提供对主操作界面和门户的个性化配置管理工具
4	统一身份认证子平台	提供统一身份认证管理服务，实现所有系统的单点登录，提供对身份认证、数字签名、电子印章的统一管理，提供对用户每一步操作的全要素记录和大数据分析

序号	软件名称	系统描述
5	服务总线管理子平台	构建统一消息引擎和消息服务器，实现对集成应用间的消息的分发与处理；构建企业服务总线（ESB），实现对业务系统的综合集成；构建微服务框架，实现对按微服务规范定义的各类服务的统一管理、运行和有效的访问控制

（2）硬件配置（表 14-9）

硬件配置表　　　　　　　　　　　　　表 14-9

序号	硬件名称	参数说明	备注
1	云计算服务器	2 颗处理器，单颗核心数为 12 核心，主频为 2.3GHz；内存为 128GB；4 个 10GE 光口；10 块 4TB SAS 硬盘	13 台
2	大数据服务器	2 颗处理器，单颗主频为 2.3GHz，单颗核心数为 16 核心；内存为 128GB；2 个 10GE 光口；2 个 GE 电口；2 块 4TB SATA 企业级硬盘，2 块 480GB 企业级 SSD 硬盘	5 台
3	分布式数据库服务器	2 颗处理器，单颗主频为 2.3GHz，单颗核心数为 16 核心；内存为 128GB；2 个 10GE 光口；2 个 GE 电口；2 块 4TB SATA 企业级硬盘，2 块 480GB 企业级 SSD 硬盘	3 台

14.6.3　系统功能

14.6.3.1　韧性评估系统

（1）韧性模型建设

韧性可以在不断变化的环境中为系统提供持续性的保障，使系统功能维持正常运转。对韧性的评估可以有效指导韧性九寨沟的建设。本项目采集景区基础数据，结合景区在管理、制度和应急等方面的制度和能力，建立景区韧性指标评价体系，综合衡量各种冲击状态下景区的适应能力，对灾害造成的影响与应对措施、损害程度、恢复力度等进行综合评价分析。从生态、环境、游客和居民、社会、经济等方面出发，评估九寨沟承载体的抗逆性、适应力、恢复力，最终构建九寨沟韧性评估模型（图 14-71）。

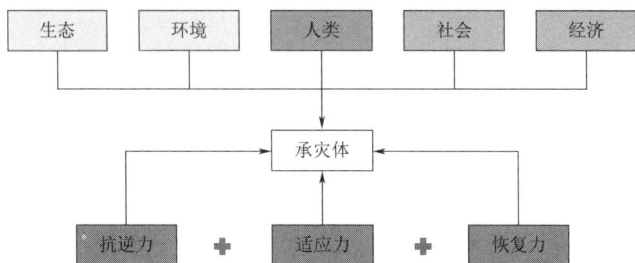

图 14-71　韧性评估模型

①建设韧性指标体系

对面对气候和灾害压力时的抵抗及调整能力、学习吸收和适应灾变的反思应变能力、面对突发事件的自我组织能力和协同能力等进行综合分析，并将其分为两个部分作为一级指标，即景区承灾系统韧性和安全韧性管理能力。其中，景区承灾系统韧性包括建筑、人员、基础设施、交通、生态环境和文化六个方面；安全韧性管理能力包括领导能力、资金支持能力、风险评估能力、监测预警能力、应急管理能力、恢复重建能力和区域协同能力七个方面。

②建设九寨沟灾害韧性因子数据库

从安全韧性、生态韧性、社会韧性三个角度建立九寨沟灾害韧性因子数据库，包括灾害风险研究数据库、景区安全生态韧性因子数据库，汇聚景区灾害历史文献、气象台站观测数据、水文观测数据、多源遥感影像、遥感数据产品、基础地理信息、地形地貌地质和社会经济等相关数据，进行入库保存并按需维护更新；编写地理信息系统分析语包，批量计算灾害风险指数并将结果入库。

③构建灾害风险特征、驱动力和成因分析蜘蛛图谱

利用遥感图像处理（使用 GRASS 和 GDAL 软件）、地理信息系统（使用 GIS 软件）、统计编程和大数据分析（使用 R 语言），制作洪涝灾害的时间序列曲线、空间分布地图、统计特征曲线、风

险空间地图、频率曲线特征和危害特征图，形成每次灾害事件唯一的特征蜘蛛图谱；根据成灾条件和原因，建立灾害多成因综合性评价体系，对景区的灾害事件进行分类和分级，并依据分类探索其成因和主要驱动力；对每次灾害的形成原因和驱动力进行定量分析和可视化，并计算灾害的危险性。

④建立景区安全生态的韧性评价模型

通过遥感动态监测、地理信息处理、时空序列分析等方法对景区灾害相关数据和人文经济数据进行时空间序列特征分析；采用综合因子分析、主成分分析、权重分析等方法，利用 GIS 软件绘制灾害风险区划图；然后从灾前防灾备灾能力、灾中应急适应能力和灾后恢复重建能力三个方面，建立基于蜘蛛图谱的景区安全生态韧性模型，通过计算指数来评价和诊断景区韧性。

（2）韧性评估系统

在韧性模型的基础上，建设韧性景区评估信息子系统，为九寨沟景区韧性动态监测和提升提供智慧化手段。主要提供对景区承灾系统韧性、安全韧性管理能力等指标阈值的预警和优化建议，供决策使用。进而在九寨沟形成不同形式的动态应对风险机制，通过深入分析景区韧性的影响因素，对景区重点区域进行整修整改，以期使景区具备长期抵抗风险的能力（图 14-72）。

图 14-72　韧性评估系统

14.6.3.2 韧性预警调度系统

通过多模感知建立泛在网络下的应急监控与管理系统，在九寨沟地质灾害频繁发生的背景下，消除信息孤岛，以使人与人、人与物、物与物协同工作，从而建立应急指挥的运营体系。围绕景区突发事件应急预案体系，立足已有 IT 基础设施和应用系统，结合自身实际特点，重点实现风险预警、综合研判、指挥调度等功能。根据指挥调度工作的要求与部署，统一规划、统一标准，统筹内部各级直属单位协调推进，建立九寨沟全域指挥调度"一张网、一张图、一张表、一盘棋"的基本格局，显著提高信息化工作水平。

（1）风险监测预警系统

对九寨沟生态环境进行全面监测，包括环境、地灾、森林防火、生态、林业有害生物、道路卡口等监管对象的多方位、立体化监控和监测，并实现生态环境专项的智能化监测和预警。

（2）综合指挥调度

利用信息技术，通过对信息资源开发利用和交流共享，重点实现对旅游资源、应急资源、人力资源、突发事件的指挥调度，提高景区事件处置水平，推动景区管理形势持续稳定，提供智能化调度、任务下达反馈、应急标绘管理、应急处置评估、事件管理和事件归档的功能。

14.6.3.3 综合决策分析系统

（1）资源综合决策分析

基于资源"一张图"，对林地资源数据、森林资源数据、公益林数据、征占数据、采伐数据通过文字描述、专题地图、统计图、统计表、多媒体等多种方式进行现状数据展示以及数据动态变化展示，使领导以及业务管理人员随时掌握最新的资源现状以及资源变化情况。

（2）野生动植物保护决策分析

对景区内物种多样性进行分析管理，支持对动植物的分布情况、痕迹数量、人为干扰等进行综合统计分析，如粪便、巢穴、食迹、尸体等，可通过三维可视化的方式，直观了解某物种在区域内的分布情况和种群密度，也可以线状图、柱状图、饼状图等形式，以时间为索引，展示历年的物种数量、监测数量、人为干扰数量，从不同的维度分析生物多样性的变化情况。人为干扰统计需根据偷盗猎、砍伐、放牧等人为干扰类型进行统计，并以饼状图、曲线图等形式展示人类干扰数量和类型变化情况。

（3）森林防火辅助决策分析

以森林防火为重点和主要对象，以地理信息系统为核心，通过林火预警监控反馈的森林烟火预警信息，结合基础地理信息数据库、土地利用现状数据库、林业地理信息数据库、卫星遥感影像数据库、DEM 数据库等空间数据库，实现了火情蔓延趋势推演、人员物资调度、扑救指挥辅助决策等功能。

（4）林业有害生物决策分析

对通过智能诱虫情测报灯和林间气象监测系统对各个监测点的病虫状况、空气温度、空气湿度、露点温度、土壤温度等植物生长过程中重要的参数进行实时监测，实现对树木生长环境、虫害种类的动态监测。对测报设备每天收集的害虫进行分类与计数，并形成数据库，通过数据分析与统计，即可判断某个区域某种作物发生某种虫害的趋势，并发出预警，提醒相关管理人员以及职能部门提前采取防治措施，真正做到防灾、减灾，为林业生产提供有力保障。

14.6.4　应用成效

14.6.4.1　加强防灾减灾能力，促进保护韧性能力提升

通过韧性监测及指挥调度体系的建设，增强景区环境风险识别能力和实时响应能力；通过韧性评估体系和韧性决策分析体系的建设，增强景区韧性态势感知能力，同时为未来提升韧性能力提供决策支撑。从而全面提升对景区管理的计划性、灾害的预见性以及灾中灾后的应对性，实现一体化、精细化的景区智慧管理，增强景区面对各类风险时的抵御能力、适应能力和恢复能力，创建高质量发展的"韧性九寨"。

14.6.4.2　响应国家政策，促进生态文明建设

践行《中共中央　国务院关于加快推进生态文明建设的意见》，通过景区韧性体系的建设，保护景区原始生态，减少破坏以及随意开发区域生态资源的行为，促进景区生态建设和环境保护常态化发展，释放景区的生态效应，保障景区可持续发展。景区作为宝贵的自然遗产、文化遗产资源，是中国文化传承的重要载体，积累协调保护与发展的经验，可为其他区域的生态文明建设提供科学借鉴，促进其生态文明发展。

14.6.5　深化发展

14.6.5.1　数据采集能力需要优化

本项目实施过程中，虽然通过各种手段实现了对几十类数据的采集，但目前仍然有部分数据存在采集频率和采集智能化程度较低等问题，需要提升数据采集频率，提高智能化采集水平。

14.6.5.2 评价模型需要不断优化

本项目围绕安全韧性、生态韧性、社会韧性建立了评价模型和指标体系，虽然对提升九寨韧性能力提供了很大帮助，但是随着环境的变化、应用的深入，仍然需要对韧性评价、韧性分析等模型和指标体系进行不断迭代和优化。

参考文献

[1] 党安荣，张丹明，陈杨. 智慧景区的内涵与总体框架研究 [J]. 中国园林，2011，27（9）：15-21.

[2] 章小平，邓贵平. "智慧景区"建设浅探（上）[N]. 中国旅游报，2010-01-18（007）.

[3] 邓贤峰，李霞. "智慧景区"评价标准体系研究 [J]. 电子政务，2012（9）：100-106.

[4] 葛军莲，顾小钧，龙毅. 基于利益相关者理论的智慧景区建设探析 [J]. 生产力研究，2012（5）：183-184，225.

[5] 汪侠，甄峰，吴小根. 基于游客视角的智慧景区评价体系及实证分析：以南京夫子庙秦淮风光带为例 [J]. 地理科学进展，2015，34（4）：448-456.

[6] 张敏宁. 生态旅游发展视角下的智慧景区建设研究：以鼎湖山景区为例 [J]. 对外经贸，2020（4）：113-115.

[7] 魏占慧. 国土空间规划背景下新时代旅游规划转型发展探析 [J]. 当代旅游，2021，19（33）：78-80.

[8] 邓贵平，邵振峰. 基于视频巡航的九寨沟智慧景区管理与服务 [J]. 计算机工程与设计，2011，32（11）：3920-3924.

[9] 张菲菲. 黄果树智慧景区建设研究 [D]. 重庆：西南大学，2015.

[10] 李苗裔，曹哲静，党安荣，等. 基于社交网络数据的智慧景区客流分析与情感探测：以黄山风景名胜区为例 [J]. 中国园林，2018，34（12）：52-56.

[11] 黄蔚欣，张宇，吴明柏，等. 基于WiFi定位的智慧景区游客行为研究：以黄山风景名胜区为例 [J]. 中国园林，2018，34（3）：25-31.

[12] 吕燕. 大数据时代下智慧景区管理与服务探讨 [J]. 度假旅游，2018（2）：124-126，135.

［13］曾欣蕾. 文化遗产旅游地数字化转型研究［D］. 南昌：南昌大学，2023.

［14］文化和旅游部，国家发展改革委，教育部，等. 文化和旅游部 发展改革委 教育部 工业和信息化部 公安部 财政部 交通运输部 农业农村部 商务部 市场监管总局关于深化"互联网＋旅游"推动旅游业高质量发展的意见［Z］. 2020.

［15］北京市市场监督管理局. 智慧旅游景区基本要求及等级评定：征求意见稿［Z］. 2021.

［16］上海市经济和信息化委员会. 新型城域物联专网建设导则（2022版）［Z］. 2022.

［17］国家市场监督管理总局，国家标准化管理委员会. 公共安全视频监控联网系统信息传输、交换、控制技术要求：GB/T 28181-2022［S］. 北京：中国计划出版社，2022：12.

［18］中华人民共和国住房和城乡建设部，国家市场监督管理总局. 安全防范工程技术标准：GB 50348-2018［S］. 北京：中国计划出版社，2018：5.

［19］王琳琳，梁留科，张孟梦. 基于服务角度的智慧景区建设思考［J］. 商，2016（32）：149.

［20］董磊. 智慧景区信息化管理服务系统设计与实现［D］. 杭州：浙江工业大学 2019.

［21］王亚博，曾现进，王珺. 文旅大数据：理论与实践［M］. 北京：中国建筑工业出版社，2019.

［22］陈艳秋，贾晓敏，王引. 浅析市场营销观念及方法的创新［J］. 中国商界，2011（3）：281.

［23］张军玲. 我国网络舆情信息挖掘研究综述［J］. 情报科学，2016，34（11）.

［24］周辉. 互联网信息监测系统研究［M］. 北京：知识产权出版社，2015.

［25］李莉. 战略性新兴产业高端化：理论与实践［M］. 北京：经济管理出版社，2021.

［26］缪佳辉，包先雨，黄孙杰，等. 海关数据湖的构建与应用［J］. 武汉工程大学学报，2022，44（5）：572-577.

［27］孟贤，鲍红焉，石孟宇，等. 基于区块链的电网物资供应链合作伙伴选择［J］. 计算机仿真，2023，40（12）：434-440，469.

［28］段永利. 元宇宙［J］. 科技创新与品牌，2022（1）：44.

［29］游锦媛. 古籍数字藏品：新时代古籍活化的路径探索［J］. 图书馆研究与工作，2023（4）：30-34，41.

［30］傅贤惠，潘伟华，陈昌鹤，等. 中小城市数字政府建设实践及路径研究［J］. 江西通信科技，2023（4）：36-39.

［31］陈月华，陈发强，王佳实. 新型智慧城市网络安全发展探析［J］. 信息安全研究，2022，8（9）：947-951.

［32］李宁. 智慧城市标准化建设理论与实践［M］. 杭州：浙江大学出版社，2016.

［33］江西省市场监督管理局. 智慧景区建设指南：DB36/T 1234—2020［S］. 2020.

［34］中华人民共和国财政部. 政府采购货物和服务招标投标管理办法［Z］. 2004.

［35］中华人民共和国国务院. 中华人民共和国招标投标法实施条例［Z］. 2011.